Viaje al Corazón de Dios

Claves Místicas para la Maestría Inmortal

Segunda Edición

Almine

Una Guía Extraordinaria para la Transfiguración

Publicado por Spiritual Journeys LLC

Segunda Edición marzo de 2010
Primera Edición agosto de 2005

Derechos de Autor 2009
MAB 998 Megatrust

Por Almine
Spiritual Journeys LLC
P.O. Box 300
Newport, Oregon 97365
www.spiritualjourneys.com

Ilustración de la Portada–Charles Frizzell
Producción del Libro–Hong-An Tran-Tien
Ilustraciones–Stacey Freibert
Redacción—Sandra Pasqualini
Traducción del Inglés—Lourdes Mendez

Impreso en E.E.U.U.

ISBN 978-1-934070-51-2

Contenido

Agradecimientos

Reconozco con gratitud la contribución invaluable de Hilda por ayudar a pulir y afinar este libro hasta su formato final. Mi agradecimiento también va para Therese y Dave por ser parte de nuestra familia de luz y por traer amor y alegría a la vida de mi pequeña niña. Gracias Charles Frizzell por la magia del arte en la portada.

Con amor,
Almine

Dedicatoria

Dedico este libro a mi pequeña niña, Jaylene. Gracias mi tesoro, por el amor y la pureza que veo en tu adorable y pequeño rostro y por lo que nos divertirnos juntas. Dedico cada día de mi vida para hacer de este un mundo mejor para ti y para todos los niños del mundo.

Prefacio

En Enero del 2004, tres meses después de una intensa preparación física, Almine experimentó una transfiguración al entrar por segunda ocasión en la presencia del Infinito cuando alcanzó la etapa de la Conciencia de Dios en el 2000 (el estado en donde ya no se identifica uno con el ego). En las semanas siguientes las poderosas revelaciones incluídas en este libro emergieron desde todo ese silencio.

El haber perdido la mayoría de su pensamiento lineal durante esta transición, ayudó a que gran parte de este libro se escribiera sin el pensamiento consciente. Esta forma de redacción automática al igual que la conversación automática que ella práctica, fluye libremente de la Fuente hasta su propia escritura de la cual ha sido transcrita.

Pocos de los que han entrado en la Conciencia de Dios dejan que el éxtasis sea su maestro. Aún así, muy pocos entran a la etapa de Maestro Inmortal y además continúan operando dentro de las masas, pero como una Tolteca Nagual y vidente, Almine dedica su vida a guiar a otros para liberarse por completo de las limitaciones mortales.

Es una oportunidad única el ver a través de los ojos de alguien que ha encontrado los indescriptibles reinos de la eternidad. Desde tal perspectiva provienen entendimientos que pueden sanar las heridas de alineación más profundas encontradas en el corazón humano. Estos mensajes sagrados contienen la verdadera identidad de la humanidad como faros de luz de la Creación y como indicadores de cómo regresar al corazón de Dios.

Por primera vez en este libro se resuelven algunos de los misterios del cosmos que durante eones han plagado a los videntes. Nunca antes en la historia de cualquier escuela ministerial tales revelaciones iluminadoras habían desafiado todo lo que creíamos saber sobre el destino del hombre. La verdad se reconoce por lo que es dentro de cada fibra de nuestro ser y en lo profundo de nuestro corazón, sin importar qué tan profundo y es la verdad la que nos hará libres.

Prólogo

Mi misión e inspiración son los guías del mundo. Mi vida está dedicada a ustedes, la piedra angular de la humanidad. Ustedes son los que no temen dejar viejas creencias y abrirse a la lluvia del Espíritu.

Hemos atravesado juntos el tiempo y el espacio, desde los primeros momentos de la creación de la vida para encontrarnos en este planeta y girar las llaves que comenzarán el viaje al hogar, de regreso al corazón de Dios. Se me ha llamado a la labor específica de tocar los corazones de aquellos que son los pilares del templo, de los que sostienen a la humanidad por la luz de su presencia tanto ahora como en el futuro.

Es a ustedes a quienes dedico las enseñanzas de este libro. Que sus corazones reconozcan los muchos niveles de luz que este imparte. Que tanto ustedes como yo impulsemos mucho más luz en el futuro para que llenemos a la tierra con esperanza y paz y hagamos el camino para un nuevo mañana.

PRIMERA PARTE

Viaje al Corazón de Dios

EL SALTO A LA LIBERTAD

Con el fin de revelar los muchos milagros que las enseñanzas sagradas incluidas en este libro han producido, es necesario recapitular algunos acontecimientos que condujeron a mi entrada hacia la Conciencia de Dios.

En *Una Vida de milagros, Claves Místicas para la Ascensión*, escribí lo siguiente:

Durante la primera semana de Noviembre del 2000, comencé a experimentar estados elevados de éxtasis. Algunas veces los muros de mi casa eran visibles, otras no. El hablar se había vuelto algo redundante y las intenciones de todos me parecían claras como el agua y escuchaba sus palabras antes de que las pronunciaran. Salí de viaje el primer viernes de Noviembre hacia Dallas/Ft. Worth, Texas para impartir un curso a un grupo de principiantes que se habían familiarizado con mi trabajo por medio de un querido amigo.

... Más tarde ese mismo día, mientras daba mi plática introductoria, el Arcángel Miguel entró al salón y canalizó su mensaje a través de mí. Se llamó a sí mismo Mi-ka-el y dijo a los miembros de la clase que pidieran lo que quisieran y que ellos lo recibirían. Muchos pidieron expandir su percepción, ser capaces de ver en el interior de los reinos ocultos y debido a esta petición, ellos pudieron ver a los grandes maestros de Luz conforme se desenvolvían los acontecimientos durante los próximos dos días.

Al terminar la sesión del viernes, una mujer lloraba desconsolada y relató la siguiente historia: Mientras preparaba el salón para el evento, algunos miembros del personal del hotel le habían prometido que la ayudarían. Aunque nadie se presentó para ayudarle, apareció un hombre joven y miró alrededor como si nunca antes hubiera estado ahí y dijo que había venido a ayudar. Su comportamiento le pareció extraño, no parecía un empleado del hotel y cuando se dirigió a la mesa donde ella había colocado mis grabaciones, dijo: "Ella parece un ángel. Este va a ser un evento muy especial y necesitarán de agua especial." Quitó el agua de la llave que se había colocado en jarras y volvió con otra diciendo: "Esta es un agua especial para tan especial evento." Después de ayudar a colocar las sillas, se dirigió a la puerta y dijo por encima de su hombro: "Díganle que mi nombre es Mi-ka-el."

Al día siguiente yo comencé a pronunciar las palabras que podía escuchar en mi cabeza mientras decía la profecía: "Sobre las espaldas de unos cuántos descansará el futuro y grandes son los acontecimientos en este día santo."

En un abrir y cerrar de ojos perdí toda identidad y me desconecté del ego o de la identificación corporal... En ese momento supe sin duda alguna que "Yo Soy el que Soy," lo que quiere decir que soy tanto la creación como el creador – el principio y el fin.

Se me indicó que no permitiera que nadie me tocara durante ese sábado santo…mi conciencia se había expandido para abarcar a toda la creación y parecía una tarea sobrehumana el caminar o hablar.

Todo alimento y agua me llevaba a un estado de éxtasis. Esa noche, mientras me sentaba a cenar, un bocado de salmón me lanzó hacia todo el escenario de la vida del pez que yo estaba consumiendo. Lo vi abriéndose camino por el río hacia el océano, entusiasmado. Durante los primeros días sentí el ardor de la sal en sus agallas. Lo vi elevarse hacia la superficie del océano y a través de sus ojos, el atardecer parecía de color amarillo-dorado. Sentí su temor conforme luchaba en la red y tomaba su aliento final. De forma similar sentí la vida de los granos y vegetales que había en mi plato.

La experiencia continuó el día siguiente. Me sentí observando mi cuerpo desde lejos y en ocasiones no lo podía encontrar. Durante la hora del almuerzo, cuando me dejaban sola, sentía como si vibrara fuera de esta realidad. Era una lucha permanecer en el cuerpo físico. Al final del día, abracé a todos los asistentes a la clase y las lágrimas fluyeron. La santidad era tan poderosa que no había palabras para describir nuestros sentimientos. Ya en la tarde, cuando me llevaron al aeropuerto, deambulaba como si estuviera aturdida y tenía gran dificultad en permanecer auto-consciente lo suficiente como para orientarme en mi entorno. En los días subsecuentes llegaron canalizaciones a través de uno de mis estudiantes para darme instrucciones de cómo manejar la Realización de Dios hacia la que fui impulsada. Incluso el lenguaje que estaba basado en la separación ya no cabía en mi comprensión. Se me indicó alimentarme sólo de aquello que "vive", pues las energías que no eran de este universo estarían entrando en mi cuerpo. Hice lo que se me indicó pero las palabras no tenían sentido para mí, pues todos los universos existían en mi interior. Todo consumo de alimento o agua continuaba produciendo estados de éxtasis.

De mí emanaba una compasión indescriptible que abrazaba a cada creatura. Mi vida se vio alterada para siempre. Reflejé las palabras de las odas de Salomón: "Nada parecía cerrarse ante mí porque yo era la puerta de todo."

Noviembre del 2000

Después de haber entrado en la conciencia de Dios, parecía permanecer en estado de shock durante días. Todas esos cobertores no calmaban esa sensación de frío que calaba hasta los huesos. El tiempo lineal me resultaba incomprensible. En su lugar, el tiempo era como una telaraña a mi alrededor, con los posibles futuros tan accesibles como el pasado.

Mi energía física estaba muy baja. Eliminé toda acción innecesaria en el mundo físico pues hacía uso de mi energía para explorar la vastedad interior. Incluso cosas como comprar los víveres parecían requerir de demasiado esfuerzo. Cancelé las conferencias contraídas por lo que restaba del mes. Según se me indicó, sólo llevaba una dieta de vegetales ligeramente cocidos, frutas y agua. El propósito de esto era un misterio para mí. Había perdido toda identidad, lo único que sabía era que yo era nada. Al mismo tiempo, incluso la auto-conciencia parecía estar apenas ahí y me aferré a ella como a la vida. El perder la identidad era parte de la experiencia; sin embargo, el perder la auto-conciencia me hundiría en la locura. Parecía que había perdido la memoria a corto y largo plazo. Cuando intenté pensar en mi infancia era como una pantalla en blanco. Sin embargo, de alguna forma pude recordar lo que necesitaba cuando era fundamental tomar una decisión.

La primera conferencia que estuve de acuerdo en dar fue para Diciembre en Virginia. El llevar mi equipaje e incluso caminar distancias cortas parecía demasiado agotador y tuve que necesitar de ayuda para caminar hacia y del auto. A la mañana siguiente, mientras me encontraba de pie ante la clase, mis pensamientos y sentimientos parecían consumidos por la vastedad interior y los objetos materiales parecían pulsar con luz. En ocasiones podía ver a través de los muros del salón. Durante dos horas luché por mantenerme coherente hasta que me incomodó la náusea, me disculpé y me dirigí a otra habitación para recostarme. De inmediato me sentí transportada a un lugar en donde alguna vez estuve cuando levité frente a un grupo de estudiantes reunidos en mi casa. Estaba como antes de pie sobre el mundo. Supe entonces que mis oraciones para calmar los sufrimientos de los niños del planeta habían sido escuchadas. Había ofrecido mi propia identidad como un ser individual a cambio del alivio de su dolor y fui escuchada. La personalidad, "el fragmento de alma" que estaba en mi cuerpo dejaría el cosmos para fundirse de regreso en el corazón de Dios. Uno de mis cuerpos de luz tomaría el lugar de la personalidad que se iba. Esto tenía que hacerse para que la misión del fragmento de la antigua personalidad pudiera continuar en lo físico. Aunque sabía que nuestros cuerpos de luz están apilados uno dentro del otro como muñecas Rusas, ocupando grandes espacios hasta que al final el cuerpo de luz más elevado llena el cosmos entero, aún no estaba familiarizada lo suficiente con ellos para saber cuál elegir. Sé que cuando seres de una frecuencia superior entran en el mundo físico, se eleva la conciencia de cada ser viviente en la tierra.

Tomando esto en consideración, elegí el cuerpo de luz más elevado que aún podía contener forma física. Este provino de otro universo y la transferencia se completó en minutos. La antigua personalidad individual salió del cuerpo y entró el cuerpo de luz superior. La antigua personalidad dejó el cosmos, fundiéndose con el Infinito el 12 de Abril del 2005, algo que nunca antes se había logrado.

Apenas pude funcionar durante el resto del día, sentía como si tuviera una concusión. El tiempo lineal me era un concepto extraño. Aparecieron imágenes de los acontecimientos que se llevarían a cabo, junto con los pasos que yo debía seguir para realizarlos.

Se me dio información sobre un suceso de gran importancia que ocurriría en una montaña en Virginia. Ese día, al anochecer, algunos de mis estudiantes me dejaron al pié de la montaña. Sola, con piernas temblorosas, subí cuidadosamente hasta la cima y me senté a esperar. Inmediatamente después una ola de poder sacudió mi cuerpo. En el siguiente instante se abrió un portal entre los reinos y vi a Lucifer de pie ante las multitudes de la oscuridad. La información fluía por mi ser. Vi como envolvían el caos conforme entrábamos en ciclo de la Caída y en el olvido.

Permanecí ahí para honrar el papel de aquellos que desempeñaban la luz no desarrollada y así lo hice, se abrió un portal más allá de ellos. Ellos lo atravesaron y aunque estaban dentro de su propio reino, les volvió un destello del recuerdo de sus orígenes de la luz.

Regresé a Oregón, caminando en forma humana y resumiendo la vida de la antigua Almine. Aunque entré en sus relaciones y compartí muchas de sus capacidades y conocimiento, había algunas diferencias que eran evidentes. Ella sabía cómo vestir bien y yo no. Ella había permanecido joven y después de que yo entré, el cuerpo comenzó a envejecer. La antigua personalidad era vivaz y hablaba con humor, mientras que yo rara vez reía. Ella caminaba ligera, yo me sentí torpe y sentía el cuerpo como un pesado bulto de arcilla.

Me tomó varios meses el poder comunicarme de manera adecuada y comprensible con mi clase para transmitir las profundas revelaciones que yo estaba recibiendo.

Un Contenedor de Compasión Divina

La conciencia de Dios requiere que uno se adapte. Por ejemplo: La información no se graba. Yo necesitaba tomar nota con el fin de recordar si ya me había cepillado los dientes o no. Sencillamente no había futuro ni pasado. Esto estaba compuesto por el hecho de que la memoria se conserva en campos electromagnéticos y estos son muy bajos cuando están cerca de un ser en conciencia de Dios.

Yo me sentí vacía de toda emoción, excepto por una inmensa soledad. Sabía sin duda alguna que no había ningún otro ser aparte de mí en todo el cosmos. Yo era nada, estaba vacía y sola. Permanecí sentada durante días, envuelta en cobertores y apenas me movía.

Alternaba entre expansión y contracción. En un instante sentía a todo el cosmos en mi interior y luego el terror de perder contacto con mi cuerpo hacía caer de vuelta mi conciencia en picada al estado de contracción. Entonces la claustrofobia de estar de vuelta en el confinamiento del cuerpo me causaba hiperventilación.

2001

El terror que acompaña a estos estados alternos de expansión y contracción permanecieron durante los primeros tres meses del año. La sensación de sentir frio profundo hasta los huesos continuó hasta finales de Abril. Era virtualmente imposible tomar una decisión desde que perdí todo deseo personal.

A principios de Septiembre tuve que hablar en una conferencia Indígena en Wilsonville, Oregón, pero horribles sueños de muerte y destrozos perturbaron mi sueño la noche anterior. La experiencia fue tan real que sentí náusea y mi cuerpo temblaba. Ya había comenzado la grabación en video de la clase pero sólo lograba tartamudear. "Lo siento, pero necesito una silla y un poco de agua. Me siento muy débil. He estado en la cabina de mando con hombres enloquecidos del Medio Oriente que volaban aviones contra edificios."

Estaba totalmente segura que mi clase creía que yo estaba loca, pero dos días después, sucedió el 9/11 en Estados Unidos.

Encontrando la Éxtasis

Al moverme hacia los bordes externos del inmenso mapa interior que se extendía por todo el cosmos como una telaraña, yo podía deslizarme hacia un aterciopelado silencio. Ahí estaba yo, totalmente en expansión y operando desde mi ser superior. Era un tremendo desgaste de energía cuando tenía que relacionarme con alguien más.

Después de permanecer en un estado de vacío por casi un año, comencé a sentir una nueva frecuencia en las células de mi cuerpo. Sentí una risa contagiosa, como si pudiera desintegrarme en una charco de éxtasis. Parecía que los objetos se movían a través de mí y otros como si estuvieran dentro de mí. Las espirales de luz emitidas por los objetos se unían con las mías en un solo bello campo vibratorio. Los pensamientos y los sentimientos de los demás parecían los míos propios. Esto era muy distinto a la forma en la que yo había experimentado los pensamientos y sentimientos de los demás durante mis clases cuando me encontraba en estados de expansión, pero estando aún en identidad de conciencia. Entonces podía acceder a los sentimientos, pero estos se sentían muy aparte de mí. Ahora todo aquel que yo conocía era parte mía.

Durante mis lecturas, pedí me dejaran sola durante los descansos para que yo pudiera desaparecer en la éxtasis hasta volver a la clase. El éxtasis era embriagador, como sensaciones inducidas por la morfina, la cual me aplicaron en el hospital cuando di a luz a uno de mis hijos.

El éxtasis es una de las más grandes tentaciones que los videntes enfrentan y puede detener el crecimiento. Al volver la mirada, pude ver que durante este período de vacío y luego de plenitud, mi crecimiento fue menor al de cualquier otro momento en mi vida. Esta es la razón por la cual la mayoría de los místicos son atrapados en esta etapa previniéndoles continuar progresando, esto es muy claro. Sentí como estar en el lugar más maravilloso jamás imaginado.

Permanecí demasiado desorientada al sumergirme en la éxtasis. Para diversión de mi auditorio, a menudo no podía hallar la puerta o mi auto o incluso las escaleras hacia el pódium. En Portland, Oregón, prácticamente subí arrastrándome sobre mis manos y rodillas hacia el escenario y mi auditorio pensó una vez más que debía estar loca. Realizaba tareas como en piloto automático. El subir el tono de mi voz era muy desagradable, mis sentidos estaban tan sensibles que parecía como un trueno en mis oídos. No había impulso para reír a carcajadas pues reía todo el tiempo en mi interior. Yo veía la insensatez en otros, pero el enfoque de este punto estaba sobre todo en la perfección de la imagen completa.

2002

A principio de año comencé a ver destellos de geometría dinámica en movimiento, pero no podía "conectar los puntos." Mientras dirigía un taller de una semana en mi casa con un grupo de 16 mujeres, les pedí su ayuda. Estaban recostadas en el pasto en el patio de mi casa formando un círculo a mi alrededor, con los pies hacia el centro donde yo me encontraba. Ellas enviaban energía hacia un cristal que yo sostenía en mi mano. La energía que emanaban era tan fuerte que hizo una quemadura en forma de círculo donde yo estaba parada la cual duró meses.

Temblorosa por la experiencia, me tumbé en la cama. Frente a mí apareció una pequeña esfera de luz y entró por mi frente. Fui sacada de mi cuerpo y me hallé de pie en el interior de un poliedro multifacético. Otro rotaba en el interior y se formaba un campo difuso entre los poliedros interno y externo. La luz saltó entre el campo y el poliedro externo. Aparecían formas de sólidos Platónicos dentro del patrón de luz danzante. Escuché las palabras "Sin ángulos y sin uniones."

Inmediatamente después volví a Inglaterra y una amiga querida trajo a alguien a verme. Ella sabía intuitivamente que este encuentro estaba destinado. Su invitado se había vuelto un experto en geometría dinámica después de recibirla en una experiencia cercana a la muerte y me dio la terminología matemática de las imágenes que vi.

Esa noche recibí otra visión con imágenes claras y se me volvió a decir que nuestra creencia de que la geometría tenía ángulos y uniones era parte de la ilusión de esta densidad. La geometría de la creación vivía y respiraba, pulsaba y se duplicaba a sí misma. Cuando desperté por la mañana, estaba levitando sobre la cama con mi pie derecho en mi mano izquierda y mi pie izquierdo en mi mano derecha. Mis miembros estaban colocados cuidadosamente de forma que no se tocaran. Una vez más escuché las palabras "Sin ángulos y sin uniones" fuerte y claramente. Dos años después esta información me ayudaría a descifrar uno de los secretos del universo que los videntes habían intentado resolver durante eones.

Grupos de Luz

Cuando alguien entra en la conciencia de Dios, el trauma al hacer contacto con el Infinito causa desgaste en el cuerpo emocional. Este último es el responsable de transmitir energía de los cuerpos superiores al cuerpo físico y al interrumpirse, se experimentan niveles inferiores de energía. Yo todavía luchaba con la energía inferior durante la mayor parte del año, pero comencé a entrenar a mis primeros grupos pequeños de aprendices.

El gran maestro Melquizedek, quien a menudo me transmite mensajes a través de una querida amiga y canal inconsciente, los llama "Grupos." El me envió el mensaje que ya era tiempo de que yo comprendiera que esta era mi tarea. Los Grupos estaban dedicados al trabajo de uno mismo. Durante una semana, en Agosto, uno de los Grupos de mujeres en mi casa tuvo una experiencia extraordinaria y la mente racional de algunas de ellas estaba tan desprendida que entraron en la conciencia de Dios.

Parte de estas experiencias asombrosas incluyeron el estar a bordo de una nave de Andrómeda y mostrárseles cómo trabajaban con las líneas del tiempo. Esto se hizo para mostrarnos cómo sacar al planeta de catástrofes potenciales que hay en su futuro. Pasamos muchas horas cada día fuera del cuerpo trabajando en varios continentes y en el mismo planeta. Se nos advirtió que debido al trabajo que habíamos hecho, podría ocurrir una anomalía de tiempo-espacio muy marcada al día siguiente dentro de un radio de veinte millas de mi casa.

Más tarde ese mismo día, después de haber trabajado con las líneas del tiempo, un ex científico de la NASA y contacto Pleideano (de Pleides) llamó para decir que los Andromedanos le habían contactado para que me dijera que se había evitado un daño inminente en la tierra debido a un salto en su línea del tiempo. Agregó que se había despejado una gran parte de darma nacional (karma colectivo) en el Medio Oriente.

Al siguiente día se hizo evidente la anomalía de tiempo-espacio cuando la gerente de mi oficina, sin saber lo que habíamos hecho, condujo hacia su trabajo desde las afueras de la ciudad. Llegó a la oficina con una mirada desconcertante: "Es algo muy extraño. Aproximadamente a veinte millas de aquí sentí como si estuviera entrando en otra realidad, como si estuviera conduciendo dentro de una sustancia gelatinosa."

Tuve que ir al banco y por primera vez encontré una fila de clientes que iba hasta la acera. Decidí acudir a otra sucursal sólo para descubrir la misma fila. Los agentes bancarios estaban tan confundidos que les tomó cuatro horas verificar quince hojas de papeleo. El agente llamó a mi banco principal para solicitar información y la respuesta fue: "Lo siento, me duele la cabeza. No puedo pensar claro, no me es posible atender esto hoy."

Al conducir por la ciudad, parecía que la gente estaba aturdida. Varias veces tuve que evadir algunos autos cuyos conductores parecían no percibir mi presencia.

Dos Andromedanos, un hombre y una mujer, aparecieron y permanecieron junto a mí por otros seis meses, dándome información adicional sobre todo cuando estaba impartiendo mis lecturas. Cuando colocaba mi dedo índice sobre mi tercer ojo, aparecían los dos altos y azulados seres, uno a cada lado, para darme la información que necesitaba.

Sin Punto de Llegada

A menudo escuché bajo la intoxicación del éxtasis las palabras "No hay punto de llegada. Vive donde se encuentran las líneas rectas y curvas." Yo continuaba funcionando como si estuviera en un sueño, cuando se me dejaba hacer lo que quería desaparecían dentro de la totalidad del éxtasis. Estas palabras se hicieron más insistentes. Comprendí que esto significaba vivir donde se encontraban las líneas rectas y curvas, pues en visiones había observado que las líneas rectas son el movimiento más dominante de la forma de la conciencia durante la conciencia de Dios y las líneas curvas eran parte de la forma de la conciencia que más prevalecía durante la separación de la misma. Lo que las palabras me decían era que debía re-ingresar a la condición humana mientras recordaba que yo era todas las cosas. No pasó mucho tiempo después de haber tomado esa decisión cuando pasé a la siguiente etapa de la conciencia de Dios, el re-ingreso a la condición humana. Una vez más todo sucedió en un instante.

Una hermana del Grupo y yo tocábamos el piano en mi casa interpretando el Vals Militar de Schubert. Ella tocaba la parte alta con mucho más habilidad de lo que yo tocaba la baja. Después de dos años de tener apenas recuerdos de mi infancia, de repente recordé haber tocado el mismo dueto de igual forma con una amiga de la escuela cuando yo tenía doce años. Tocamos en el Auditorio de Cape Town interpretándolo bellamente, a excepción de los últimos cuatro acordes que se volvieron un caos sin armonía. La expresión en el rostro de mi amiga mientras me miraba con desesperación me pareció tan divertida que rompí en risas frente a la audiencia. Al recordarlo, una vez más volví a reír.

Cuando la hermana y yo terminamos la pieza, me tiré en una silla – algo se sentía completamente diferente. Habían regresado mis recuerdos y las emociones junto con ellos. Ahora podía participar por completo en la vida mientras recordaba que sólo se trataba de un juego.

Comencé a percibir mi cuerpo de nuevo. Durante los últimos dos años había envejecido más que en los cincuenta años anteriores a mi entrada en la conciencia de Dios. Casi no había sentido ninguna emoción y era como si el metabolismo del cuerpo hubiera disminuido su velocidad. Había re-ingresado a la experiencia humana mientras tocaba el dueto y un nuevo interés en la vida se había apoderado de mí. Volví a sentir pasión por explorar la tierra y sus muchos tesoros ocultos. Se habían restaurado las alegrías por las cosas simples.

Recibiendo los Símbolos Sagrados

Una noche, mientras oraba (la oración es totalmente diferente cuando uno sabe que no existe un ser afuera de uno mismo en todo el cosmos), utilicé los nombres de los siete Señores de Luz que cuidan y gobiernan los siete niveles de luz en la tierra. Ellos se localizan en los Portales de Amenti en el interior de la tierra y en alguna otra ocasión fui presentada ante ellos. Conforme mencionaba sus nombres, aparecieron unos símbolos frente a mí de un pie de alto. Deseaba tener un bolígrafo y papel, pero no quería interrumpir la comunicación. Continué mencionando sus nombres y los símbolos seguían apareciendo. Al terminar, me decepcionó el no poder recordarlos.

Decidí intentarlo al día siguiente y me senté con bolígrafo y papel mientras llamaba a los Señores de Luz. Para mi alegría, los símbolos aparecieron de nuevo. Los dibujé lo más detallado posible pero noté que si un ángulo o línea estaba ligeramente incorrecto, el símbolo persistía hasta ser corregido. La relación entre las líneas y los ángulos parecían ser muy importantes. No sólo se me dieron los siete símbolos de los señores, sino también uno del Morador – el Gran Maestro que cuida la estabilidad del eje planetario y del desarrollo futuro de la vida en la tierra.

Cuando di estos símbolos a las hermanas del Grupo, una de ellas sintió la necesidad de que el símbolo del Morador (también llamado Horlet) le fuera trazado en la base de su columna y para ello necesitaba de la ayuda de una amiga. Más tarde ese mismo día fuimos a orar a un sitio sagrado al que habían ido antes muchos grupos de mujeres. Escuché una gran conmoción a mis espaldas mientras caminaba frente a las demás y vi como la hermana a quien se le trazó el símbolo cayó al suelo. Corrí hacia ella y coloqué mi chaqueta debajo de su cabeza y noté que su respiración disminuía y que su espíritu comenzaba a dejar su cuerpo. Estaba muriendo. Llamé para que su espíritu volviera al cuerpo y soplé energía en la zona de su vientre. Después de varios minutos de no respirar, jaló una bocanada de aire y la vida volvió a sus ojos. Aunque temblorosa, logró llegar al sitio sagrado y procedimos con nuestras oraciones por el planeta.

Cuando volvimos a casa, una vez más su espíritu quería irse. En esta ocasión no sólo vi salir a su espíritu, sino también a un increíble ser de luz intentando entrar. Estábamos experimentando una situación ambulatoria como me había sucedido en mi propia vida. Permanecimos alrededor de ella para ayudarla en su transición y preparar su cuerpo para recibir a la gran luz que entraría. La majestuosidad y la gloria que se disparó mientras entraba ese ser alto nos dejó sin palabras. Ella había preparado su cuerpo ese año con mucho trabajo para alojar tal cantidad de luz quitando todo filtro que pudiera obstruirla.

Me preocupaba su capacidad para viajar de regreso a casa, sin embargo me aseguró que todo estaría bien. En el aeropuerto se encontró con una antigua conocida quien dijo que ella estaba practicando con un maestro Tolteca, autor de un libro muy popular y reconocido en Hollywood. Ella dijo que durante años había estudiado con él dos semanas cada dos meses. La hermana se sorprendió: "Cómo lo haces?" Nosotros sólo vamos con Almine cada dos meses y es tan intenso que apenas podemos soportarlo!" La conocida dijo: "Oh, nos divertimos mucho! No es difícil en absoluto." La hermana estaba confundida...divertido? Quizá había conseguido a la maestra equivocada, pues ese año ella había llorado tanto que sintió como si no tuviera más lágrimas que derramar. Ella había adoptado el dolor de su pasado hasta que pudo liberarlo en la medida en que daba paso a la percepción.

De repente la conocida comenzó a entrar en pánico, obsesionada con que la gente de seguridad del aeropuerto la buscaría. Ella quería cambiar lugares en la fila, alegando que estaban registrando a cada siete personas. La hermana estuvo de acuerdo, pero ahora estaba más confundida: "Cómo es que ha estado practicando todo ese tiempo y con esa frecuencia y todavía se altera por cosas tan insignificantes?" Su propia agitación y el clamor de su mente habían quedado atrás. Fue entonces cuando se dio cuenta del don de enfrentar nuestro dolor: la calma interior. Cuando volvió a casa con su familia, ella estaba tan diferente que hasta se cambió el nombre por uno más armonioso con su nueva frecuencia. Sus ropas, su cabello y las prioridades de su vida habían cambiado por completo.

El mes siguiente, mientras yo enseñaba a un grupo, entré en un estado de trance involuntario y tuve acceso a los símbolos antiguos de la Diosa. Estos símbolos representan los arquetipos de la diosa estudiados en las escuelas ministeriales del divino femenino. La mayoría de estas escuelas fueron exterminadas mucho antes de haber tenido la oportunidad de completar su propósito. Vi que este grupo en particular tenía como propósito general, el completar la misión de las antiguas escuelas ministeriales femeninas (cada grupo parecía tener una tarea no declarada qué realizar). Inmediatamente después, de nuevo en estado de trance, también aparecieron los símbolos de los arquetipos de dios. Posteriormente, al compararlos con los de la diosa, vi lo hermoso que se acoplaban. Podía sentir el poder de estos símbolos como claves para cuerpos completos de información que representan los principios cósmicos que se aplican a toda la Creación. Su santidad era inconfundible.

En Diciembre, recibí un regalo de un gran maestro, Merlín. El regalo permaneció en la cuarta dimensión, se le llamaba la Piedra del Vidente y sólo podía verse en estados alterados. Con ella vino la profecía de que en el año siguiente yo resolvería el misterio del ADN humano. La piedra jugó un papel muy importante en ese descubrimiento. Colgando de una cadena alrededor de mi cuello, estaba en medio de un anillo de doce diamantes del color más puro representando las doce cuerdas del ADN. En realidad la Piedra del Vidente es un pasaje o portal. El mismo principio se aplica al ADN humano cuando este portal es la llave para nuestro pasaje de regreso al corazón de Dios. La piedra aumentó la velocidad a los que se manifestarían mis pensamientos.

2003

Un Mensaje de Pan

En Enero, hubo sueños de gran destrucción que invadieron mi sueño con visiones de hambruna, plaga, guerras y un cometa estrellándose contra la tierra. Sentí una gran tristeza. La parte menos favorita de mi enseñanza siempre fue la profecía, sin embargo me sentí responsable de aquellos que dependían de mí para que los guiara.

En Marzo di lecciones en Toronto – exactamente en plena propagación del SARS. El nivel de temor era muy alto y el mencionar mis visiones sólo agregarían más consternación. Al principio decidí no hacer mención de ello.

Una de las participantes en la clase es una vidente nata y puede ver directamente la energía como algo sólido, una forma totalmente distinta a la clarividencia en la pantalla mental. Esta hermana toda su vida ha vivido en la conciencia de Dios y disimula con cautela la increíble realidad que es su vida diaria. Durante la clase la vi observando a todos los seres que sólo yo podía percibir en el salón. De repente su expresión pasó de un asombro a una diversión reprimida, pues miraba directamente a algo en medio de la sala. Por fin interrumpió diciendo: "Se dan cuenta que Pan, el dios de la naturaleza, está bailando como loco en medio de nuestro círculo, intentando llamar nuestra atención? Ha andado por aquí por dos semanas, esperando a que llegara Almine. Ahora él tiene que hablar."

Tuvimos un breve receso y subí con ella y Pan para que ella pudiera interpretar sus palabras. El estaba consciente de que el futuro configurado actual traería gran devastación y contaminación nuclear. Su preocupación era el enorme cometa que se dirigía a la tierra. En mis visiones, había visto la gran pérdida de vida que esto provocaría. Pan pidió que yo hiciera algo para desviar este horrible futuro. Antes de irse, dijo que volvería para confirmar que esto se había llevado a cabo.

Decidí hablar de las profecías con la clase, todos ellos apenas podían contener su curiosidad sobre la visita de Pan. Intenté infundirles esperanza mientras hablaba de las predicciones. Pan no hubiera solicitado nuestra ayuda si no hubiera sentido que nosotros podíamos evitar estos acontecimientos. De alguna manera sentí que la respuesta estaba en mi capacidad de trabajar con las líneas de tiempo por medio de las instrucciones recibidas por los Andromedianos el año anterior.

En Agosto llegó a mi casa un grupo de mujeres. Después de prepararnos, nos reunimos en un sitio sagrado y aplicamos los métodos otorgados por los Andromedanos girando las líneas del tiempo a través de nuestros corazones. De alguna forma el trabajo no se sentía completo, como si hubiera girado pero no se hubiera ajustado en su lugar.

Anoté en mi diario lo siguiente:

Agosto 3 al 10, 2003, Costa de Oregón: *Veinte mujeres llegaron y me di cuenta que el Espíritu había seleccionado a cada una por su pureza. La experiencia pasada advierte de no dejar huellas que la luz no desarrollada pueda seguir. Por lo tanto, he hecho a un lado los pensamientos de la próxima tarea y silencié mi mente. Tendremos que estar listas en cualquier momento para hacer lo que nos instruya el Espíritu. Siento el apoyo de miles de Trabajadores de la Luz que envían sus oraciones para ayudarnos con este trabajo. Durante la semana, mientras nos fusionamos en la conciencia grupal, el poder sube. El 10 de Agosto se nos instruye lanzar la línea del tiempo terrestre hacia una realidad alterada. Debemos ir a un lugar en la playa en donde antes varios grupos han dedicado sus vidas y oraciones para el planeta en los últimos seis años. Ahí aplicaremos las técnicas que los Andromedanos nos han dado.*

11 de Agosto, 2003: *Antes de que estas santas mujeres dejaran mi casa, les advertí no analizar los acontecimientos de ayer o incluso contemplarlos. Aunque se sienta como incompleto sé que el cosmos nos confirmará cuando lo hayamos logrado.*

12 de Agosto, 2003: *Estoy consciente de que este día tiene significado para sanar la fisura en nuestro continuo tiempo-*

espacio, pero lo ignoro. Una mujer continúa tomando algunas fotografías inter-dimensionales mías y de mi casa por propia voluntad, es un raro don que ella posee. Su tarea es si puede tomarme una fotografía en oración ante el altar en mi habitación sagrada, yo estoy de acuerdo. Lo que sucede después es una enorme sorpresa. De repente nos encontramos en un portal donde el espacio parece líquido y miles de personas que han quedado atrapadas por los experimentos del viaje a través del tiempo, caminan libres y dan un paso a esta nueva línea del tiempo. Una explosión de luz azul parece colocar en su lugar la rotación incompleta previa. La intensidad de esta sacude nuestras células y nos encontramos virtualmente incapaces de hablar. En ese momento está terminada la tarea. Ya no estamos en el camino directo de enormes rocas volando por el espacio. Aunque el cometa todavía viene en esta nueva línea del tiempo, se ha formado una hendidura en el continuo tiempo-espacio y cuando este toque esa hendidura, se desviará de su curso y no pegará en la tierra. Ahora el futuro será más gentil.

El Poder de la Emoción

Conforme pasa el tiempo, surgen en mí extrañas emociones. Al reentrar en la condición humana he sentido un rango completo de emociones, pero sólo superficialmente, como la superficie del océano en una tormenta mientras que las profundidades están tranquilas. Sin embargo, ahora las emociones parecen ser lo suficientemente fuertes como para afectar mi equilibrio. Me sentí fuera de balance, necesitada, muy desconcertada y avergonzada de que tal cosa pudiera ocurrir a ese estado avanzado de conciencia. Cómo podía retroceder a tal nivel? Durante largo tiempo los deseos en realidad sólo habían sido preferencias.

Por muchos años, el amor para todos se había vuelto impersonal, sólo fluía por mí, inundando todo en lo que me concentraba. Yo era como un actor desempeñando su papel en el escenario, pero recordando que era sólo una obra. Hace varios años que había dejado atrás la necesidad. De repente asomaba de nuevo su fea cabeza. Comencé a desarrollar un deseo obsesivo por un grupo familiar a mi alrededor. Deseaba que algunos de los estudiantes del Grupo formaran una "familia", aunque sin duda sabía que el vidente no debía tener ningún tipo de agenda con sus estudiantes con el fin de guiar a otros hacia la libertad.

Permanecí en la visión del águila, observando con objetividad este deseo extraño que excedía a sólo una preferencia. Estaba creciendo dentro de una necesidad desconcertante. De dónde podría originarse tal necesidad cuando en un instante podía entrar en una vastedad en la cual yo sabía que la creación no estaba separada de mí?

Esta necesidad disfuncional permaneció durante nueve meses, volviéndose más intensa. Observé cómo mi ser superior saboteaba deliberadamente a esta necesidad para que no se realizara. Cada intento que hacía por crear un grupo pequeño que pudiera ser mi "familia" se derrumbaban de alguna forma. Aunque perpleja, sentí que debía dejarlo seguir su curso. El suprimirlo sería tan sólo fortalecerlo. Quizá había grandes lecciones que omití aprender.

Una mañana de Octubre desperté y dije: "De este día en adelante, mi cuerpo se transformará y sacará toda toxina y sustancia no deseada." En un día tuve una fiebre altísima y durante los siguientes tres meses de mi cuerpo salieron metales y otras toxinas. Incluso dos baños al día no parecían suficientes. Olores ácidos emanaban de toda la piel. Durante semanas las fiebres iban y venían pues las infecciones virales o bacteriales llegaban a un punto crítico. Las emociones tormentosas y el dolor físico se volvieron tan severos que solicité una conversación con el maestro Melquizedek. Su respuesta fue: "Almine se prepara para entrar en el Vacío en las primeras semanas de Enero. Entonces comprenderá de qué se trata todo esto."

Intenté concentrarme en mi trabajo con los estudiantes en donde emergía una revelación fascinante. En patrones de seguimiento y ciclos de desafíos podíamos planear temas ligados a vidas pasadas. Podíamos rastrearlos de vuelta tanto como pudiéramos en un intento por desentrañar sus destinos individuales – aquellos contratos que ellos habían hecho con el Infinito sobre qué parte del misterio del ser resolverían.

Para mi gran sorpresa, todas las vidas pasadas de mis estudiantes condujeron de vuelta en una curva hacia el futuro. Emergió una imagen fascinante del futuro y su destrucción. Era claro que habíamos diseñado esta espiral atrás en el tiempo para aprender lecciones que crearan un futuro distinto.

2004
La Transfiguración

En Enero entré en retiro. Al 5° día tuve experiencias visionarias tan poderosas como aquellas que experimenté durante mi entrada hacia la Conciencia de Dios. Los muros de mi casa se volvieron transparentes, la experiencia creció hasta que abarcó todo el espacio y el tiempo. Se volvió en la vastedad a la que se había referido Melquizedek como el "Vacío", la presencia del Infinito. Recibí grandes cuerpos de información durante un tiempo incalculable que parecía asimilarse instantáneamente.

Vi el destino de la humanidad – la máxima creación que porta el destino del cosmos. Comprendí cómo las sub-personalidades de los humanos eran la clave para la terminación exitosa del futuro y la eliminación de gran parte del sufrimiento innecesario. Una éxtasis abrumador inundó mi ser, lo que se volvió ilimitado e inmenso.

Entonces vino una experiencia que sólo se puede describir como "cayendo del cielo". Me sentí sumergiéndome en una oscuridad demoníaca y aterradora más allá de lo descriptible. Nunca antes había experimentado algo como esta oscuridad agobiante. El puro peso de la oscuridad era sofocante y anhelaba liberarme de ella con todo el corazón. Entonces tan de repente como llegó, la oscuridad se retiró, dejando atrás gran dolor.

Esta era la oscuridad de las porciones desconocidas del Infinito ser. Ya que yo era todas estas cosas, esta oscuridad también era mía. Cuando se fue, se sintió como si me hubieran arrancado una parte de mí y me inundó una gran sensación de pérdida y agonía. Ahora comprendía la necesidad del Infinito por reclamar sus elementos desconocidos. Algo en mí se hizo pedazos. Quedé en estado de conmoción, temblando y con frío, abrazando mis rodillas en posición fetal. Durante lo que parecieron horas intenté tomarle sentido al dolor y a la pérdida que aún sentía. Podía ver que lo que se había despedazado eran los campos que rodeaban mi cuerpo – se habían partido en tres.

Por algún tiempo había sabido que el trabajo que yo hacía era el de un vidente Nahual o Tolteca, cuya razón de existir era la de guiar a otros hacia la libertad. Sin embargo, mi enfoque era tan único que dudé en llamarme una Nahual. Tuve gran cuidado de ponerme cualquier etiqueta, ya que estas son trampas para nuestro crecimiento. Durante esta transfiguración me fue muy claro que soy una Nahual de tres vías cuyo destino es y siempre ha sido el de guiar a otros a liberarse de la ilusión. Podía ver el por qué mi entrenamiento como Tolteca había llegado por medio de la telepatía: No se me habría dicho que podían saber o no los videntes. Como resultado, yo resolvería misterios que durante eones habían eludido a los videntes Toltecas.

Ahora podía ver el propósito de los meses precedentes a mi aparente locura: los campos emocionales que rodean al cuerpo giran en sentido a las manecillas del reloj y los campos mentales del lado contrario (llamado el Merkaba). Cuando una emoción fuerte se vuelve una obsesión y es contraria al nivel de percepción, forma un vórtice dentro del capullo luminoso que lo quiebra (el capullo son los siete cuerpos del hombre, que van del físico al espiritual, uno dentro del otro como muñecas Rusas), transfigurando por consiguiente los campos. Tan pronto como emergió, así desapareció la obsesión.

Después de esta transfiguración, mi vida cambió de forma drástica. Fui lanzada hacia la tercera y última etapa de la evolución de la conciencia del hombre, aquella de Maestro Ascendido. Durante los primeros tres meses del 2004 lloraba con frecuencia pues la compasión me conmovía mucho. Era imposible mirar una flor, un halcón volando en círculos o el bello rostro de un niño sin llorar de alegría. No comprendía que el silencioso flujo de amor era el resultado del silencio mental ahora completo hasta que se me mostró en sueños.

El silencio en mi mente antes de la transfiguración estaba prácticamente ahí todo el tiempo, pero tuve que dejarlo cuando me relacionaba con alguien más o analizaba o deducía un plan de acción. Ahora el silencio lo abarcaba todo, tragándose cada pensamiento y emoción, incluso durante conferencias o al escribir. En el silencio mental, el corazón pudo abrirse por completo.

Muchos cambios ocurrieron en esta nueva etapa. La purificación física se detuvo durante la noche. Si yo permitía una pausa demasiado larga entre oraciones, me envolvería el silencio y olvidaría la conversación. Como resultado, hablaba con rapidez para no perderme en el silencio. Era imposible emprender cualquier acción que no estuviera de acuerdo con el plan de mi vida diseñado por mi ser superior. Si intentaba dejar la casa cuando no se suponía que debiera hacerlo, no podía levantar la mano para abrir la puerta. Cualquier resistencia a la vida producía la sensación de estar en un vórtice de energía arremolinándose. Después de una semana de haber capacitado a dos hermanas Canadienses, estas me invitaron a cenar. Yo quería aceptar pero no podía hacer que mi boca dijera "Si". Por fin pude decir: "No sé por qué, pero no puedo decir "Si". Mientras me iba, ambas tuvieron unas experiencias visionarias increíbles en la playa que pudieron captar en película. Me demoré dos horas debido al tráfico. Si hubiera dicho que sí, ellas hubieran tenido que interrumpir su hermosa experiencia y hubieran esperado por mí en vano.

En la etapa previa de la Conciencia de Dios, yo podía ver en todas direcciones, posibles futuros así como el pasado. Ahora todo lo que podía ver con claridad era mi siguiente paso. Una noche, antes de irme a dormir, me pregunté cómo era mejor entregarme a esta nueva etapa de desarrollo. Soñé que el techo de mi casa estaba goteando y la lluvia lo rompía más y más. Justo antes de despertarme, me dije: "Debo reparar el techo", pero escuché la respuesta: "Sólo permite que el proceso de vida derrumbe tus limitaciones anteriores."

En otro sueño estaba de pie frente a una audiencia en la India. El moderador no me había presentado, así que los estudiantes me miraban inexpresivos, sin saber quién era yo. Eso no me molestó. Ellos eran estudiantes altamente evolucionados, así que pensé que reconocerían con seguridad qué tan sagradas eran las verdades que yo compartía con ellos, pero me prestaban poca atención. De repente, cayeron de rodillas en señal de reverencia. Pensé: "Oh, qué maravilloso! Pueden ver la santidad de lo que he dicho," pero entonces noté a un yogui que llevaban en una camilla por la parte trasera del salón y me di cuenta que a quien reverenciaban era a él. Pregunté asombrada qué es lo que ocurría, el moderador respondió: "No sabe quién es él? Es el yogui tal y tal!" Mientras me despertaba, podía escuchar una voz: "Tú no tienes identidad, pero les hablas a aquellos que la tienen, así que es necesario que describas el papel que desempeñas como maestra". Llamé a mi equipo y al siguiente día se publicaba mi papel de Nahual en mi sitio de internet.

La Diosa se Revela a Sí Misma

Posterior a la transfiguración ya no tenía expectativas con respecto a mis estudiantes, incluso de aquellos quienes a través de los años se habían vuelto tan cercanos como mi familia. Lo que ellos eligieran hacer ya no era de mi incumbencia cuando me veía confrontada por las elecciones que alteran la vida. Todo lo que importaba era el que yo sostuviera mi parte en proveerles de una guía más elevada.

Después de haber perdido tres veces el mismo par de guantes, comprendí que estos debían salir con mis estudiantes. Ahora mi compromiso sólo apoyaba la residencia interior. Ya no podía tolerar la más leve deshonestidad que ellos pudieron haberse tenido. Mi estilo parecía tosco, incluso habiéndome movido a un lugar de amor más grande. Visiones que antes pudieron haberme tomado horas resolver ahora estaban ahí en un instante. No era necesario pensar en algo. Viajaba fácil y muy profundo hacia los reinos de la vida no-manifiesta y tenía tanta energía a mi disposición como fuera necesario.

A finales de Enero resolví un secreto que había confundido a los videntes durante millones de años de historia oral. El Infinito y la

Creación consistían de cuatro grandes bandas de compasión, dos dentro de la Creación y las dos previas no resueltas que permanecen dentro del Infinito. Estas cuatro bandas de frecuencia son la matriz de la creación y se reflejan en todas partes tal como la secuencia Fibonaci, por ejemplo. Una vez que resolví la naturaleza de las bandas de frecuencia, podía ver cómo toda vida sigue este patrón, aquel que crece por medio de etapas de maduración y propósito, incluyendo nuestro desarrollo emocional y social, etapas sexuales, solución de problemas – todo sigue este patrón eterno. Al alinearnos con esta matriz, nos estaríamos alineando con el poder del Infinito y su Creación.

He ignorado un acertijo que los videntes no han resuelto a través de la historia Tolteca, hasta mis experiencias visionarias del 5 de Enero. Se me comunicó que los maestros ascendidos de este planeta siempre habían dicho a los videntes que si uno podía resolver la misteriosa relación entre las tres y cuatro (representado por 3 y 4 hojas Nahuales) podría ser resuelto por una forma humana, la vida daría un enorme salto en conciencia. Al no contar con un maestro físico, sólo pude enterarme de ello como parte del cuerpo de información que recibí durante mis experiencias místicas.

Parecía imperativo que esto lo esclareciera alguien dentro de lo físico, o de lo contrario sólo se habría dado la información. En el 2002, cuando yo recibí la geometría dinámica, se me dijo que esto era en preparación para resolver el gran misterio. Quizá esta relación entre el tres y el cuatro era el misterio al cual se refería.

El 30 de Mayo, un nuevo grupo de mujeres llegó para su segunda semana de instrucción. Desde el momento en que llegaron esas siete mujeres llenas de luz, sentí que algo muy grande estaba por ocurrir. El primer día una hermana de Curacao explicó que unos santos Católicos la habían enviado y quienes le dijeron que yo podría ayudarles a revertir las acciones de los magos negros. Ella mencionó que aquellos que practicaban la hechicería, hacían a menudo la magia negra y destructiva en América Central y del Sur. Con frecuencia hacían su magia negra en el nombre de varios santos. Ella prometió traer una solución a esta situación y se le dijo que yo tenía la clave.

Después de una serie de acontecimientos, me percaté que yo tenía cierto juicio contra los practicantes que utilizaban el poder de los reinos ocultos para herir o atar a otros con artes oscuras. Sus prácticas sin escrúpulos y faltas de percepción dañan a la red de la vida. Esto causa un desequilibrio en la naturaleza y en varias ocasiones han resultado en grandes cataclismos para el planeta y que han causado la caída de la conciencia del hombre. Yo sabía que la humanidad tenía que descender con el propósito de poder ascender, pero aún así tenía una respuesta emocional negativa hacia la magia negra.

Durante los primeros dos días de entrenar a este Grupo, hice viajes astrales durante los descansos en el almuerzo para ver a ojo de águila por qué estaba limitada mi percepción sobre este tema. Vi los números "999" y fue colocado un cristal entre yo y los números. Ahora aparecían como "666". Lo que esto simbolizaba era que todos sabemos en el fondo que nosotros podríamos hacer una gran diferencia para nuestro compañero el hombre por medio de cada elección que hagamos. Cuando se oscurece el conocimiento de cómo hacer esto de forma positiva, parece que se nos quita el poder y la capacidad para impactar negativamente parece preferible a no tener ninguna habilidad. En muchos de los países donde vivían grandes cantidades de magos negros, la vida se reduce a la supervivencia. En tal desesperanza se le da poca importancia a las consecuencias de tales actos a largo plazo.

Ya para la tercera mañana, pude abrazar con compasión esta área donde antes había crítica. Al sentarnos para hacer oración abierta el Grupo y yo, escuché con claridad: "Este es el día para dar vuelta a la llave. Este es el día en el que el planeta se elevará un sobre tono". Compartí el mensaje con las hermanas de que alguien ese día daría la vuelta a la llave. Les pedí sentir la frecuencia de los árboles y la tierra, ya que después entonarían un canto diferente debido al salto ascendente en frecuencia.

Para mi sorpresa, justo antes del almuerzo pronuncié estas palabras: "Estaré haciendo un viaje astral durante el receso para resolver el misterio que hay entre el tres y el cuatro". Automáticamente mis pies me condujeron a la cocina en donde yo tenía un calendario con imágenes de glifos en campos de trigo fotografiados en Inglaterra durante 2003. Apenas tuve el tiempo de mirarlos cuando me encontré dando vuelta a una página que mostraba tres glifos que habían aparecido en la misma ubicación en un período de dos años.

Por medio del conocimiento de la geometría dinámica, pude observar que estas imágenes no representaban nuestra geometría tri-dimensional y basada en la ilusión con sus ángulos y uniones. Los glifos indicaban con claridad que el cuatro nacía del tres; el cuadro era creado de un triángulo y representaba la relación entre los tres cuerpos superiores y los cuatro cuerpos inferiores. Se manifestó un estigma en la cara media de mi pierna izquierda. Era la réplica exacta de uno de los glifos que yo estaba contemplando.

Durante mi experiencia extracorpórea me fue claro que el Infinito y su Creación compuesto de las cuatro grandes bandas de frecuencia de la compasión: los cuerpos mental, emocional, etérico (astral) y físico, estaba compuesto de un inmenso ser de conciencia indescriptible. Más allá de el había tres frecuencias adicionales: la espiritual-emocional, la espiritual-mental y el cuerpo espiritual de este inmenso ser dentro del cual habitamos.

Un ser en identidad consciente intenta funcionar utilizando sólo sus cuatro cuerpos inferiores para controlar su vida. El cuerpo mental mantiene una espera en la vida del ser bloqueando la información proveniente de los tres cuerpos superiores. En otras palabras, forma una barrera. Un ser que entra en la conciencia de Dios quita esta barrera del cuerpo mental para que los tres cuerpos superiores se conviertan en operadores de esa vida.

Para las entidades en los reinos superiores estas verdades pueden resultar aparentes. Después de todo, ellos los dibujaron en los glifos de los campos de trigo en Inglaterra, pero toda la Creación esperó a que lo comprendieran para que los niveles más densos se dieran cuenta. Fue en lo físico que la llave de la percepción tuvo que abrir la barrera del cuerpo mental y permitir que se filtrara la influencia de los tres cuerpos superiores. Conforme comprendía la relación entre el tres y el cuatro, cuadro por cuadro abierto a su triángulo creativo en lo que parecía una eternidad (el cuatro representa los cuatro cuerpos inferiores y el triángulo los tres cuerpos superiores). Al final estaba frente al panorama completo, las cuatro grandes bandas de la compasión. Se abrió otra puerta y fluyó la nueva energía en los niveles más densos de la creación. La verdadera Diosa, la Madre de todas las cosas, los tres cuerpos superiores que crearon al Infinito llenaba toda la Creación con Su amor.

Cuando volví a mi cuerpo, me encontraba en pobres condiciones. Mi respiración era débil y apenas podía caminar. Expliqué a las hermanas lo que había sucedido y la inmensidad de ello nos dejó sin palabras. Escuchamos el "Mesías" de Handel mientras intentábamos internalizar estas extraordinarias visiones comprendiéndolas en nuestro corazón. Sobre la casa se abrieron los cielos y pude ver el descenso de una columna de ángeles. Tocaban instrumentos parecidos a las trompetas. La frecuencia elevó la tierra hacia el siguiente sobre tono.

A la hora mi condición empeoró. Las células de mi cuerpo estaban encendidas y sentía como si fueran a estallar con la energía que contenían. Yo temblaba y al comenzar la tarde oleadas de gran terror y dolor golpearon mi plexo solar. En la medida de mis capacidades, en medio de las oleadas de náusea sólo podía entender que las rejillas que rodeaban el planeta estaban liberando el temor y la angustia que se había programado en ellas. Yo me convertiría en un filtro para atravesarlos y convertirlos en luz, pero no atravesaban. Durante la experiencia extra-corporal, había estado de pie frente al portal más grande de todos y tres grandes guardianes lo cuidaban: uno de luz, otro neutral y otro de oscuridad. Un ser oscuro, enorme y siniestro, me había seguido y ahora yo estaba bajo el peor ataque que jamás había soportado.

La hermanas amadas permanecieron alrededor de mi cama, pero conforme pasaba la noche comencé a dudar seriamente si sobreviviría. Había pasado mucho tiempo desde que consumí algún alimento ese día y oleadas de dolor y temor continuaban bombardeando mi plexo solar. Sentí como si una punzada se clavara en mi cabeza. Debido al trauma, los campos alrededor de mi cuerpo chocaban con una configuración distorsionada y podía sentir mi fuerza vital agotarse. En las primeras horas de la mañana pedí a las hermanas que llamaran a mi amigo y canal inconsciente y solicitaran la guía de Melquizedek. Minutos antes de que sonara el teléfono, el despertó encontrándose a un ser oscuro entrando en su habitación desde el estudio. El preguntó dónde estaban los otros dos, sabiendo de inmediato debía haber tres guardianes.

En mi aturdimiento por el dolor y la náusea no me percaté de la distorsión en los campos de mi cuerpo. Luchaba por respirar y mentalmente me despedía de mis hijos. A través del consejo del canal y la visión de una hermana, pude mover los campos octaedronales alrededor de mi cuerpo de vuelta a su posición. De inmediato esto disminuyó el dolor en un 50%. La hermana permaneció junto a mi cama y se desvaneció la oscuridad. Sentí el cambio y supe que todo estaría bien. Pude dormir el resto de la noche, pero no pude dar clase la mañana siguiente. Los dolores en donde la punzada se había clavado en mi cabeza, persistieron por varios días y mi fortaleza total no volvió durante dos semanas.

Se dice que cuando se da demasiado, se espera demasiado, pero también es cierto que cuando se espera demasiado, se da demasiado. Mis capacidades aumentaron una vez que recobré mi fuerza. Ahora tenía suficiente energía para llevar mi cuerpo conmigo conforme viajaba hacia el futuro. Este se iba por segmentos, como anillos apilados cayendo uno por uno. Cuando llegué a mi destino, mi cuerpo se re-ensambló de la misma manera. En una ocasión me materialicé en una habitación cerrada con cuatro personas presentes. Aunque había pasado días en el futuro, sólo habían transcurrido 45 minutos en el reloj. Mi cuerpo se sintió revitalizado y lleno de energía.

Quizá se debió a estas experiencias increíbles que tuvimos el privilegio de compartir durante la tercera clase Grupal del año, que todo el grupo de mujeres pudieron entrar en la Conciencia de Dios en una sola tarde. Este milagro fue la recompensa al valor que mostraron y a su disposición para permanecer a mi lado durante lo que para mí fue la prueba física de la crucifixión.

El Tránsito de Venus

El 8 de Junio del 2004 ocurrió un fenómeno astrológico conocido como el tránsito de Venus, el cual comenzó el 6 de Junio, tres días después de mi prueba física, cuando Venus atravesó la cara del sol entre la tierra y éste último. El último tránsito de Venus sucedió hace 121 años y debido a que estos vienen en pares, el próximo ocurrirá dentro de 8 años menos dos días. El próximo suceso está marcado con exactitud por el acontecimiento auspicioso del final del calendario Maya.

Cada tránsito de Venus es señal de grandes avances en la comunicación y en escenarios mundiales, tales como el viaje de Magallanes alrededor del mundo para probar que la tierra no era plana, la instigación de los sistemas postales o el surgimiento del derecho de la mujer al voto. Los astrólogos modernos han anunciado este tránsito del 2004 como el "Advenimiento de la Divinidad Femenina". Algunos astrólogos lo han relacionado con el surgimiento de los arquetipos de la diosa, alegando que los años siguientes son una excelente oportunidad para re-conectarse con el principio femenino.

El suceso de este acontecimiento anuncia a la Creadora del Infinito, la santa Madre de Dios, derramando su vigorizante amor en la Creación, un acontecimiento que alterará la vida para siempre como la conocemos. Significa el fin de la pobreza y la enfermedad en un futuro próximo y la inmortalidad para la Creación durante este ciclo creativo.

ALMINE

SEGUNDA PARTE

Claves Místicas para la Maestría Inmortal

LOS SECRETOS DEL COSMOS

La Espiral del Tiempo

Cada vez que un universo ha vuelto a la unidad desde la separación, los elementos más densos que no se transfiguraban de nuevo a la luz eran rechazados al vacío (los polos *opuestos* de luz y frecuencia se rechazan)[1]. Esto hizo necesario el formar otro universo alrededor de estos elementos densos. Cada vez que esto ocurría, la vida era impulsada hacia octavas más y más bajas de Creación.

Nuestro universo de onda actual ha alcanzado el final del tiempo y del espacio asignado a este ciclo creativo. No hay lugar hacia dónde repeler la densidad y no puede sobrepasar el límite en la inhalación o contracción de vuelta al corazón de Dios. No podemos dejar atrás ninguna parte nuestra (Aquella que se expresa de parte del colectivo), tampoco podemos llevar de vuelta a la densidad sin resolverla.

---

1. Esto cambió en Agosto del 2006.

Los diseñadores de este universo tuvieron que idear una solución para lo que parecía un estancamiento: no sólo se habían vuelto más densos los elementos con cada baja de frecuencia, sino también se habían acumulado, creando un universo de fondo pesado.

Cada vez que se formaba un universo, los seres de luz de los niveles superiores tenían que de-evolucionar para representar papeles opuestos a aquellos en el olvido. Ellos hicieron esto adoptando algo de la energía densa. De esta forma, la oscuridad (luz reprimida) atrasó la expansión de la Creación volviéndose menos oscura y la luz volviéndose menos luz. Cuando la polaridad entre la luz y la oscuridad disminuye, el radio de expansión se retarda; cuando el grado de distancia es más grande entre los polos, la expansión se acelera. Más y más trabajadores de la luz han perdido su camino en el olvido conforme la vida caía octava por octava. El resultado es que la oscuridad puede ser menos oscura, pero hay más. Además, necesitamos de velocidad para que nos impulse al borde del tubo de torus (una expansión de la Creación en forma de dona abriéndose hacia afuera y hacia adentro sobre sí misma) y estamos perdiendo velocidad.

El Infinito sabía que la solución final a este problema aparente tenía que reflejar la cuarta banda de la compasión: la unidad dentro de la diversidad (la explicación a esto se encuentra en un capítulo posterior). Tenía que diseñarse una plantilla en la cual diferentes razas formaran una familia o diversidad; estas serían sub-personalidades del todo.

Se creó esta plantilla con la participación de 32 razas distintas en el futuro lejano, pero fallaron de forma catastrófica pues la comunicación entre las partes diversas se rompió. La guerra resultante destruyó varios planetas, dejando a sus almas sin un lugar dónde re-encarnar.

Se requería de una solución que no sólo proporcionara un hogar para estas almas desplazadas, sino que en el entorno en el cual se pudiera aplicar la plantilla y se resolvieran las incompatibilidades. Al concebir una forma para que este diseño tuviera éxito, se decidió crear una espiral en el tiempo y hacer que encarnaran de vuelta en el pasado distante aquellas almas que ya no tenían planetas, completando vida tras vida en la espiral para aprender las lecciones necesarias para que el futuro tuviera éxito cuando nosotros lo alcanzáramos. La tierra fue escogida para proporcionar la solución.

No parecía que las lecciones podrían aprenderse mejor en un nivel más denso que en el superior que teníamos en el futuro (hemos descendido en frecuencia debido a la pérdida de energía causada por la conmoción), pero teníamos un as bajo la manga. Debido al increíble trauma, nuestros cuerpos emocionales se destrozaron, formando las sub-personalidades del hombre. Cada uno de nosotros tenemos en el interior de nuestras psiques personales los componentes que teníamos como un imperio multi-racial en el futuro. Por lo tanto, podemos aprender las lecciones necesarias para que florezca la diversidad dentro de la unidad en el futuro reencarnando y estudiando estos fragmentos internos.

El hombre no solo tiene estas razas representadas en sus aspectos emocionales, sino también en los componentes genéticos de su ADN. Todas las razas representadas fueron parte de esta plantilla futura con el tiempo se convertirán en la plantilla no sólo para esta parte de la galaxia, sino para el universo entero. Hasta el enemigo más hostil ha contribuido con nuestro ADN. Sin embargo, las 32 razas que fueron parte de este futuro, son representación misma de las 32 razas raíz del universo. Es como si el hombre hubiera reunido todos los cordeles del tejido de la Creación dentro de nuestro ADN, pero la Creación es un reflejo del Infinito y de esta forma el hombre se ha convertido en el microcosmos del macrocosmos.

Como lo veremos después, cuando en nuestro progreso alcanzamos el estado de la Maestría Inmortal, obtenemos la capacidad de subir o transferir directamente al Infinito nuestras visiones y el futuro ya no necesita ser tan turbulento. Así, nosotros damos forma al desenvolvimiento del futuro.Esta solución puede traer el balance necesario para entrar en la unidad, pero de dónde viene este impulso? El cuerpo humano es el crisol sagrado en donde la alquimia puede cambiarnos a algo similar a la anti-materia, algo que parece no pertenecer en la Creación (lo cual se carga *negativamente* como un todo), un ser cargado *positivamente*. Cuando esto ocurre, se jala toda la Creación al lugar donde estamos (al borde de la dona en los niveles más densos), porque los polos opuestos *se atraen* tanto en energía como en materia.[2] La presión se construye de nuevo, pues más y más de nosotros realizamos nuestro destino como los alquimistas del cosmos hasta que la vida es llevada al borde en el hogar del camino azul.

Los Toltecas dicen que la espiral del tiempo por la cual hemos estado viajando se extiende a 18 millones de años. Los seres estelares que ocasionalmente visitan mis clases han dicho que las razas vinieron juntas para crear a los seres compuestos de la humanidad hace 10 millones de años. Es claro que nos encontramos en el tramo del hogar donde terminará esta dolorosa curva de vidas. Hemos cargado y todavía cargamos con mucha responsabilidad sobre nuestros hombros, pero somos los líderes del mañana y los líderes del pasado. La tarea es tan importante que venimos desde los niveles superiores de este universo para participar en ello. Hemos creado vidas en donde cada momento está lleno de significado y en donde el futuro gira en cada decisión. Llevemos momento a momento esta gran

---

2. Esto cambió en Agosto del 2006.

responsabilidad con la mayor conciencia. Es grande la epopeya en la que somos parte vital y la gloria es aún mayor, pues somos los arquitectos de un nuevo mañana.

Las Secuencias de la Creación

Existe un pulso dentro del cosmos, un ciclo de Creación que se expande y se contrae y durante el cual se exploran las porciones desconocidas del ser Infinito. Puede igualarse al sistema circulatorio del cuerpo humano. La sangre expulsada del corazón es parecida al ciclo de expansión llamado el camino rojo y la contracción o retorno de la sangre al corazón el camino azul de vuelta al hogar. Hemos estado en un camino rojo cósmico, un viaje exploratorio de expansión y ahora estando esta dimensión inferior de lo físico cerca del borde del eterno retorno.

Dentro del cuerpo, los chacras contienen información, los cuales tienen diferentes niveles de luz o información y la que posteriormente se descarga en el sistema endócrino y es transportada por la sangre (el sistema venoso) hacia el corazón en donde el timo la traduce como "sentimientos". El cerebro observa esta diversidad de sentimientos, decide cuál necesita explorarse y luego lo interpreta.

Debido a la densidad y distorsión requerida para proveer suficiente resistencia para impulsarnos sobre el borde de este eterno retorno de la Creación y de vuelta al corazón de Dios, se concibió una creación única. Esta creación-hombre reflejaría al todo dentro de su forma y campos y se comunicaría directamente con el Infinito. Cuando este ser complejo entra en la etapa de un Maestro Inmortal en carne y hueso, se convierte en el "Yo SOY el que SOY", capaz de ayudar a diseñar el desarrollo del cosmos y contribuyendo con sus experiencias colectivas directamente para

Las Secuencias de la Creación

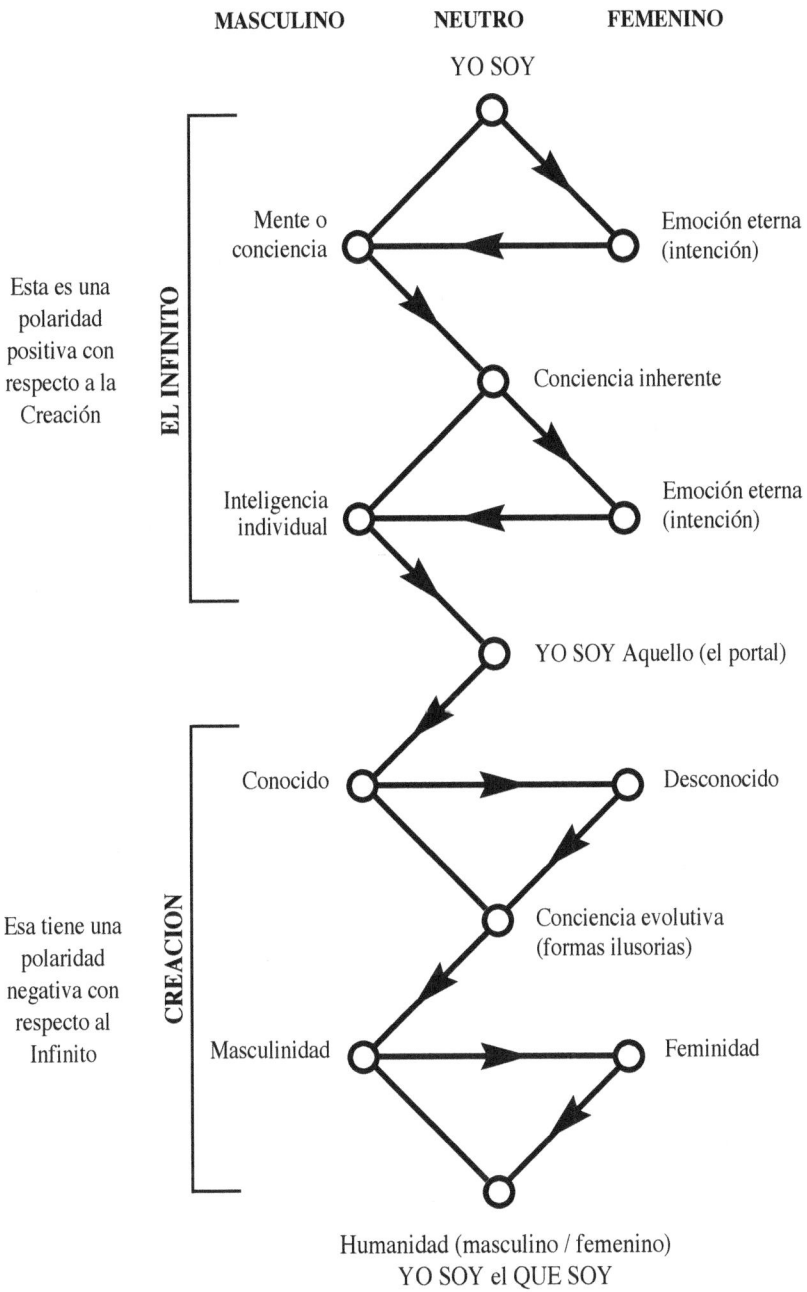

MASCULINO   NEUTRO   FEMENINO

YO SOY

Mente o conciencia

Emoción eterna (intención)

Esta es una polaridad positiva con respecto a la Creación

EL INFINITO

Conciencia inherente

Inteligencia individual

Emoción eterna (intención)

YO SOY Aquello (el portal)

Conocido

Desconocido

Esa tiene una polaridad negativa con respecto al Infinito

CREACION

Conciencia evolutiva (formas ilusorias)

Masculinidad

Feminidad

Humanidad (masculino / femenino)
YO SOY el QUE SOY

(Figura 1)

41

el Infinito. El resto del conocimiento experimental de la Creación se descarga una vez que comienza a retornar al camino azul de vuelta al hogar, pero ahora tenemos la oportunidad de ayudar a darle forma al viaje de vuelta. (*Ver Figura 1, la Secuencia de la Creación*)

El Infinito—La Formación Original de la Creación

Conforme la información de un Maestro Inmortal sube al YO SOY, el YO SOY adquiere percepción y luminosidad (la luz es información accedida). Cualquier ser sólo puede retener mucha luz antes de transfigurarse en la siguiente fase de su evolución. Cuando esta ocurre, hay una enorme liberación de energía. La energía liberada del YO SOY despierta emoción. Se remueve el deseo de conocerse a sí mismo y ejerce presión sobre la mente. El movimiento del deseo es el que conocemos como *tiempo*, la *primer piedra angular de la Creación*.[3]

Con el propósito de que podamos hablar sobre la formación de la siguiente piedra angular, necesitamos explicar el uso de ciertos términos:

• **Conciencia**–se puede describir como la mente en reposo, o la mezcla de lo conocido y lo desconocido no definidos. Piensen en ello como una mina que contiene carbón, diamantes y tierra mezclados, sólidos y antiguos.

• **Inteligencia**–muestra la capacidad de elegir entre dos cosas. Todo se reduce a una sola opción: lo que mejora la vida y lo que no. Piensen en la inteligencia como aquello que permite al minero escoger a los diamantes del carbón.

• **Conciencia**–la palabra conciencia indica que uno es cauteloso o está atento. El estar consciente significa estar vigilante y bien

---

3. Desde entonces el movimiento lineal, las implosiones cósmicas y los Big Bangs se han declarado como obsoletos. Son de gran ayuda para entender dónde hemos estado para comprender dónde estamos.

despierto. Nuestro nivel de conciencia determina qué tanto podemos aprender de nuestras experiencias. Piensen en la conciencia como la forma en la que el minero analiza con detalle las cubetas de tierra que extrae de la mina para encontrar los diamantes que busca.

Cuando el toque de la emoción de la Creación que desea conocerse a sí misma despierta a la conciencia o a la mente en reposo, sólo despierta el área que fue "tocada" por la emoción. En otras palabras, si existe un océano de mente y sólo hay tormenta en el área de vientos, se ha creado un espacio que tiene una cualidad diferente (tormentosa) al resto del océano. Por lo tanto, se crea un espacio en donde la emoción ondula la superficie de la mente. El *espacio* es la *segunda piedra angular de la Creación.*

Ahora la mente recuerda todos los ciclos de Creación anteriores y sus visiones, agregando cualquier otro ciclo nuevo obtenido a este nivel de densidad. Ejercita la inteligencia para comprender y obligada por el deseo de conocerse a sí misma, obtiene tanta percepción e información que ya no puede retener tal luminosidad.

En un instante implosiona y en el siguiente explota en el Big Bang, liberando grandes cantidades de energía que fusionan los componentes mentales y emocionales en una especie de conciencia llamada la Conciencia Inherente. La Conciencia Inherente se mueve hacia fuera desde su punto de origen en línea recta por siempre y para siempre. La energía liberada se distribuye a través del espacio. Por lo tanto, la *tercera piedra angular* forma la *energía.*

Ahora la vida se ha impulsado hacia una banda inferior de frecuencia y nuevamente a este nivel la fuerte emoción que desea explorar las porciones desconocidas de su ser crea una poderosa frecuencia de deseo. La frecuencia, como la melodía de un arpista, vibra por toda la conciencia y la agrupa. Se forma una especie de "materia" muy refinada (en este punto, la materialización como la conocemos todavía no se ha formado), pues se individualiza y es capaz de relacionarse con sus elementos. La *cuarta piedra angular* es la *materia*.

Creación

Y ahora por medio de la luz del YO SOY brillando a través del tiempo, el espacio, la energía y la materia, el reflejo de la luz y la oscuridad forma un espejo en el cual el Infinito puede examinarse. Aunque la explicación de *cómo* exactamente el Infinito forma a la Creación se dará más adelante, hasta este punto sólo necesitamos saber que la Creación está formada por el poder detrás de la emoción o intención del Infinito por conocerse a sí mismo. El Infinito divide su campo en dos, como lo hace una célula y forma el campo en el cual ocurre la Creación.

El primer acto dentro de la Creación fue un acto de inteligencia: para separar aquello que es conocido de lo que era desconocido. Por lo tanto, se formó la polaridad, siendo lo conocido el polo positivo y lo desconocido el polo negativo. Los seres individuales que en este punto entraron en la Creación pasaron por un olvido voluntario de la alegría, de la unidad y la luz que es su verdadera naturaleza, pues fueron voluntarios para representar las porciones de la luz sin brillar en el escenario de la creación.

La luz de los trabajadores de la luz se atenuó en ese momento debido a su integración y a su creencia en la importancia de la evolución del conciencia. Conforme caían en conciencia, toda la Creación cayó con ellos y nació una nueva conciencia: la Conciencia Evolutiva. El desplazamiento ascendente del Conciencia Inherente continuaba de esa forma, pero ahora de manera espiral. El tiempo se desaceleró, permitiéndonos tener la oportunidad una y otra vez de aprender las reflexiones que desde antes estuvimos de acuerdo en explorar.

La siguiente etapa de la Creación es la formación de vida material para incorporar a lo desconocido con lo conocido por medio de la experiencia. Como una oruga al borde de una hoja, tomamos mordiscos de lo desconocido por medio de nuestra experiencia y como la oruga que transforma la hoja en energía para sí misma y luego la transfigura dentro de su crisálida desechando aquello que ya no necesita, nosotros utilizamos la transmutación de lo desconocido en lo conocido como una fuente de energía. Entonces tenemos la energía para transfigurarnos en una forma de vida más allá de la actual. En la vida material podemos transfigurarnos en materia espiritualizada e inmortal a través de la evolución de nuestra conciencia.

Con el fin de explorar lo desconocido, la vida material divide la masculinidad de la feminidad para que lo desconocido, que es parte de la feminidad de la Creación, pueda apartarse más para su exploración. En la manifestación, los hombres y las mujeres reflejan esta separación de los polos opuestos que pueden estudiar sus propios fragmentos masculinos y femeninos dentro de cada uno.

Para ilustrar estas secuencias de la Creación, se hace uso de la geometría 3-D. El cosmos funciona por medio de la geometría dinámica; sin embargo, no tiene ángulos ni uniones. Las ilustraciones dan la impresión de piezas separadas pero nunca hemos estado separados de esa enorme y poderosa Fuente que nos sustenta. Los rayos cósmicos de los que se forman los átomos, fluyen como ríos inconmensurables a través de todo tiempo y espacio y penetran la materia más densa. Somos y siempre hemos sido parte de de un Ser Infinito que todo lo abarca. Al saber esto con cada fibra de nuestro ser, nuestros corazones pueden hallar la seguridad de desbordarnos con amor para ayudar a sanar las heridas de la alineación en toda la humanidad.

"Se necesita primero de la verdad y en donde esta se encuentre presente, el amor también estará ahí...Si conservan su mente en las buenas nuevas de cómo nos relacionamos usted y yo, cómo somos uno solo indivisible...El comprenderlo llenará sus mentes con una visión tan hermosa, tan deseable, tan alcanzable que nunca tendrán que intentar amarme. El amor fluirá por su mente y su corazón de forma espontánea cada vez que piensen en esta gran visión."[4]

Geometría Dinámica

Los modelos geométricos que utilizamos para explicar la evolución cósmica y las relaciones hacen uso de la geometría estática y basada en la ilusión en esta densidad. Dependemos de sólidos platónicos y de geometría con ángulos y uniones para obtener nuestro punto de referencia. Dentro de la verdadera geometría del cosmos, tales cosas no existen.

En la vida no existen objetos estáticos. Todo es parte del gran flujo del río del surgimiento de la vida y la luz fluye de forma que no tiene ángulos ni uniones. Estas son parte de la ilusión. La luz fluye de forma que incorpora a todas nuestras formas platónicas pero es tan sólo una trampa a la vista.

Por ejemplo, preparen dos lápices unidos en el borde de la mesa como sigue: el primer lápiz queda derecho en un ángulo de 90 grados del borde de la mesa. El otro lápiz se une en la punta del primero también en un ángulo de 90 grados hacia el otro lápiz, pero casi de frente hacia usted (ej. Sobresaliendo sobre el borde de la mesa). Si ahora usted se para sobre su construcción, pareciera

4. Tomado de *La Puerta de Todo* de Ruby Nelson.

Cómo Trabaja la Geometría Dinámica

Ejemplo A

BORDE DE LA MESA

90°

MESA

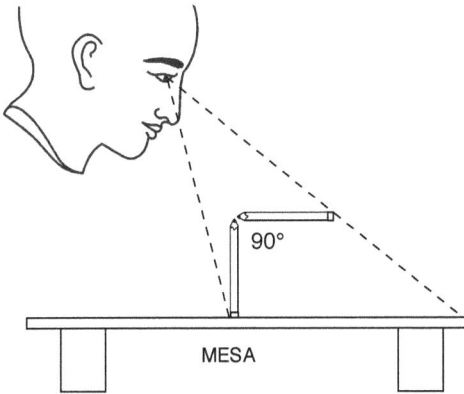

A golpe de vista parece un triángulo, aunque los objetos no estén en el mismo plano.

Ejemplo B

PUNTO CERO

CIRCULO DEL HOMBRE

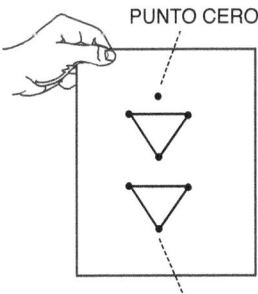

Paso 1:
Dibuje los triángulos de las trinidades de la vida dentro de la Creación.

Paso 2:
Doble el papel a la mitad. El círculo del hombre pasa por detrás del punto cero.

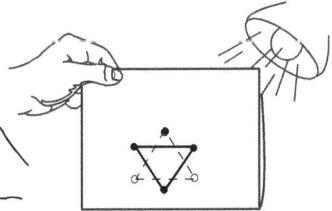

Paso 3:
Sostenga contra la luz y aparece una estrella tetraedro.

Las formas geométricas que parecen tener ángulos y uniones no son más que un truco de la visión.

(Figura 2)

que el lápiz en la punta de hecho toca la mesa en un triángulo perfecto. (*Ver Figura 2, La Forma en que Trabaja la Geometría Dinámica*)

Otro ejemplo es la base de los triángulos creativos. Esta representa el cosmos y no es plana, sino más la base de un ocho en la interrelación de sus varios componentes. Si dibujamos sólo la base del ocho, trazaríamos el círculo del punto cero y dos triángulos descendentes para ilustrar a las dos trinidades dentro de la vida creada. Si utilizamos un marcador lo suficientemente oscuro y doblamos nuestra hoja para que nuestro círculo del punto cero se alinee con el círculo inferior, podemos ver una estrella tetraedro si sostenemos nuestra hoja contra la luz. Pareciera tener filos y uniones, aunque los triángulos no estén en el mismo plano.

La luz comparte barreras o campos de tal forma que les da la apariencia de una figura sólida (tales como el borde del espacio designado para este aliento de Dios), aunque estas no lo sean. Aunque se da mayor información como pie de página, la mencionamos aquí para que el lector sepa que las ilustraciones dadas sólo representan relaciones y no se tomen en serio.

En la geometría dinámica una forma cambia a otra en un flujo continuo.

El Destino del Hombre– Las Sub-Personalidades

El patrón que el Infinito diseñó para traer a las distintas razas en armonía está basado en la unidad dentro de la diversidad. Se probó primero en el futuro antes de que fuera creada la curva del tiempo. Nuestra tierra fue elegida por su ubicación al borde del espacio asignado para la expansión de la Creación. La mayor densidad y la más amplia diversidad existe en el borde. Si la unidad pudiera lograrse aquí, con certeza podría resultar en cualquier parte.

La destrucción explosiva de la dinastía futura vino en parte como resultado de que varias razas no pudieron ver la contribución y el valor de los demás. Las grandes diferencias en la forma en que se tuvo acceso a la realidad hizo que la comunicación fuera casi imposible. El fracaso en el salto de la etapa social de la diversidad hacia el siguiente nivel de la unidad dentro de la diversidad creó un estancamiento en el desarrollo. Se utiliza la ira para atravesar el estancamiento dentro del cosmos y la dinastía atrajo la ira de razas conquistadoras.

Debido al trauma, se fracturaron los cuerpos emocionales de las víctimas que habían perdido sus planetas. Como se mencionó anteriormente, estos se convirtieron en los espíritus que reencarnaron de vuelta en el tiempo como hombres, aprendiendo las lecciones por medio de sus encarnaciones que beneficiarían y cambiarían el futuro. Sus fragmentos emocionales se volvieron las sub-personalidades del hombre. Por lo tanto, a través de la perfección de este plan, la humanidad refleja los diferentes aspectos presentes en el futuro.

Al aprender el valor único de cada una de nuestras sub-personalidades y al permitir a cada uno expresarse en su propia forma, recibimos la oportunidad de explorar la unidad dentro de la diversidad. Un pequeño hilo de información relacionado con el guerrero interno, el sabio interno, el niño interno y el cultivador interno está encontrando su camino en la corriente del pensamiento. Sin embargo, a menudo se comprende la interacción entre estos fragmentos de la psique y como resultado la mayoría de la gente no se integra.

La Relación de las Sub-Personalidades

Dentro de las Estructuras Sociales de la Psique Humana

Niño Interno (*femenino*)
Sabio Interno (*masculino*)
Cultivador Interno (*femenino*)
Guerrero Interno (*masculino*)

Cada ciclo es responsable de supervisar el bienestar de los círculos en su interior.

La Ruta de la Comunicación entre las Sub-Personalidades

Guerrero Interno
- Recibe la interpretación de los sentimientos no-cognitivos desde el Sabio Interno
- Comunica al Cultivador Interno cuando es seguro que los elementos vulnerables se expresen y crea una estrategia para la familia interior

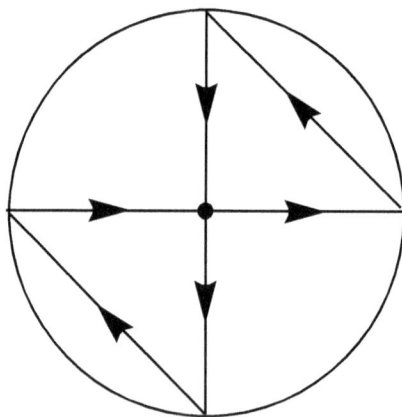

Niño Interno
- Expresa sus sentimientos no analizados al Sabio Interno
- Recibe protección del Cultivador Interno y sus impresiones en sueños

Sabiduría Interior
- Recibe los sentimientos del Niño Interno y los interpreta
- Comunica las deducciones al Guerrero Interior para que actúe sobre ellas

Cultivador Interno
- Recibe información del Guerrero Interno sobre cuándo puede expresarse el Niño Interno y sobre la estrategia para la familia interna
- Se comunica con el Niño Interno en un amoroso papel paternal

(Figura 3)

Las cualidades de mal humor, depresión, irracionalidad, falta de estabilidad y dependencia que generalmente exhibe la humanidad, así como una profunda reserva de dolor, en gran parte son el resultado de su alineación de estas sub-personalidades. Incluso aquellos que trabajan arduamente para conseguir poder personal pueden darse cuenta que el no poner en correcto funcionamiento a estos fragmentos puede producir una trampa del ego debido a que los fragmentos internos reclaman ser reconocidos.

La formación de las sub-personalidades del hombre le han ayudado a convertirse en esa criatura única mencionada con anterioridad: el microcosmos del macrocosmos. Dentro del Infinito y su Creación, las cuatro trinidades representan las sub-personalidades del Uno (Infinito) expresándose como el colectivo. La Trinidad Primordial es el guerrero interno; la Creativa es el sabio interno. Dentro de la Creación, la Trinidad de la Vida Latente es el niño interno y la Trinidad de la Materialización es el cultivador interno. En el futuro, varias razas representaban a las diferentes sub-personalidades. (*Ver Figura 3, la Relación de las Sub-Personalidades*)

Las sub-personalidades reciben la verdad sobre las porciones de lo conocido y lo desconocido del cosmos de forma específica. Además, cada una necesita expresarse en su propia asignación de tiempo: el niño al que se le permite jugar, el cultivador que nutre, etc. Cada uno recibe de la otra sub-personalidad su aportación y guía y cada uno comunica sus reflexiones a otra sub-personalidad. Conforme estas personalidades tienen acceso, interpretan y organizan la información de su entorno, lo desconocido se vuelve lo conocido de forma específica. Como una línea de ensamblaje, lo desconocido pasa de una personalidad a otra hasta que se convierte en lo conocido.

El primero que contribuye a la solución de un estímulo desconocido es el cultivador. Este utiliza una mayor percepción (tal como la meditación, el sueño, etc.) para obtener símbolos con respecto a la situación sobre la cual desea saber; por ejemplo, la confianza de un nuevo socio de negocios. Conforme el cultivador pasa a un estado alterado (uno puede entrar y salir de este rápidamente con la práctica, incluso en una junta de negocios), la imagen de un pájaro negro (mirlo) puede pasar por la pantalla mental. Este símbolo pasa al niño interno, este siente que el pájaro negro (mirlo) pertenece al abogado del nuevo socio y siente una inseguridad proveniente del socio. El niño interno se siente incómodo y le gustaría salir a jugar.

El sabio interno recibe del niño no sólo la contribución del cultivador, sino también sus sentimientos sobre la situación. Su labor como sabio es analizar toda esta información no-cognitiva y al observar por detrás de las apariencias, interpretar lo que está ocurriendo en realidad. El niño sintió al ave sólo alrededor del abogado. En el lenguaje del hemisferio derecho, un mirlo significa pensamientos traicioneros. Aunque al niño le agradó el socio, la inseguridad del mismo significa que el abogado será el que tome las decisiones. El resultado final es que el niño sintió que debía evitarse la situación.

Al examinar los detalles, el sabio se da cuenta que incluso cuando las preguntas presentadas al socio no eran legales, aún así consultaría con el abogado antes de responder. Estas circunstancias externas confirman todavía que el abogado determinará la relación.

El análisis de los detalles y la conclusión sobre el socio pasan a la otra personalidad en la línea de ensamblaje, el guerrero interno. Su labor es tomar los detalles que el sabio pasó y colocarlos en el panorama completo, algo así como armar un rompecabezas y ser capaces de deducir la imagen terminada, aunque hagan falta fragmentos.

El guerrero se da cuenta que necesitará contratar a los mejores abogados para observar al abogado contrario durante las negociaciones iniciales para evitar las traiciones. El guerrero sopesa los beneficios de lo que el socio trae a la mesa contra las dificultades. El abogado traicionero ya no podrá tener influencia una vez que unan fuerzas, pues el equipo legal existente tomará el mando. La indecisión del socio se puede ver compensada con un sólido equipo de apoyo y tiene la ventaja de que al menos no estará tirando en la dirección contraria. El guerrero decide proceder con la relación de negocios.

El guerrero es el estratega, el sabio es el analista, el niño y el cultivador son el equipo de investigación encubierto reuniendo información detrás del escenario.

En la dinastía futura, las razas infantiles sabían que un enemigo estaba infiltrándose en zonas clave de las civilizaciones y que era inminente una invasión pero sus intentos por comunicarlo a los guerreros falló debido a una ruptura en la "línea de ensamblaje". Uno se puede imaginar la siguiente escena como ilustración:

Las razas infantiles pudieron acudir a los guerreros diciendo: "Tenemos un mal presentimiento sobre el futuro." Los guerreros, razonando demasiado con el hemisferio izquierdo, querrían hechos concretos. "Qué es lo que presienten del futuro?" La respuesta sería: "No lo sabemos, pero es algo terrible". Ya que no es la labor de las razas infantiles el analizar, por consiguiente los guerreros devaluarían esa información y les dirían que volvieran cuando tuvieran algunas respuestas. Las razas infantiles se sentirían no escuchadas y a final de cuentas no compartirían sus sentimientos.

Si por otra parte, las razas infantiles acudieran a los sabios, una raza infantil podría decir: "Tenemos un mal presentimiento sobre el futuro". Otro pudiera tener un mal presentimiento sobre el cielo y otra podría tener temor porque la raza cultivadora les dijo que tuvo un sueño acerca de la desaparición del planeta después de una explosión. La raza sabia concluiría que una invasión futura desde el espacio aniquilaría al planeta y dejaría esa conclusión a los guerreros, quienes entonces diseñarían una estrategia de defensa.

Mucho está en juego en nuestra odisea para entender nuestros fragmentos internos. El futuro depende de ello y el universo depende en el éxito de la plantilla futura. Si no podemos aprender la interacción armoniosa de nuestras sub-personalidades, no tendremos las reflexiones necesarias para cambiar el futuro cuando nos encontremos con él de nuevo. Eso significaría que tendríamos que repetir nuevamente esta dolorosa espiral. No tiene que ser tan difícil, nuestras elecciones son las que hoy determinan el futuro.

La Fluidez de la Comunicación

Cuanto más dominemos las dinámicas internas de las sub-personalidades, más contribuimos al éxito del futuro y su solución pacífica para la unidad de las distintas culturas. En otras palabras, nosotros podemos resolver los problemas del macrocosmos en el interior porque un ser humano es en cada aspecto un representante del todo.

El equilibrio y la expresión de las sub-personalidades fueron las tareas del adepto en muchas escuelas ministeriales antiguas tales como las de Egipto. La tarea del iniciado fue cortar los lazos del condicionamiento social y la experiencia de retener el pasado que había sobre él. Sólo entonces pudo progresar en el trabajo con las sub-personalidades como un adepto. Esto fue en preparación para el siguiente nivel, la maestría de la mente. De esta forma los cuerpos del hombre se despejaron de lo físico y etérico (iniciado) a lo emocional (adepto), a lo mental (maestría). Esto preparó al estudiante para la interrupción de la barrera entre los cuatro cuerpos inferiores del hombre y los tres cuerpos superiores. (*Ver Figura 4, los Siete Cuerpos del Hombre*) Esto permite el intercambio libre de energía entre todos los siete cuerpos y el cual ocurre una vez que hemos hecho la transición de la conciencia de Dios a la Maestría Ascendida.

Si se salta la etapa de adepto, el estudiante tropezará invariablemente y sucumbirá a las trampas del poder durante la etapa de la maestría. La necesidad de impresionarnos o de probarnos a nosotros mismos ocurre por medio de un niño interno disfuncional. La necesidad de juzgar ocurre cuando el sabio interno es disfuncional. La necesidad de atacar a otros con nuestras habilidades aumentadas habla de un guerrero disfuncional y el salvar a otros sucede cuando el cultivador ha abandonado las necesidades de su propia familia interna a favor de un reconocimiento externo. Esta es la única y más grande razón por la que tantos maestros espirituales se vuelven egocéntricos o críticos en el mismo momento cuando debieron haber transigido hacia la conciencia de Dios.

Por lo tanto, practiquemos la interacción de las sub-personalidades con la diligencia que merece su importancia. El flujo principal de información es como sigue (esto no significa que las personalidades no puedan también comunicarse aleatoriamente entre sí):

1. El cultivador transmite a la familia interna la estrategia diseñada por el guerrero. También le habla al niño sobre las señales en el entorno interior o exterior sobre las cuales reunir sentimientos.

Los Siete Cuerpos del Hombre

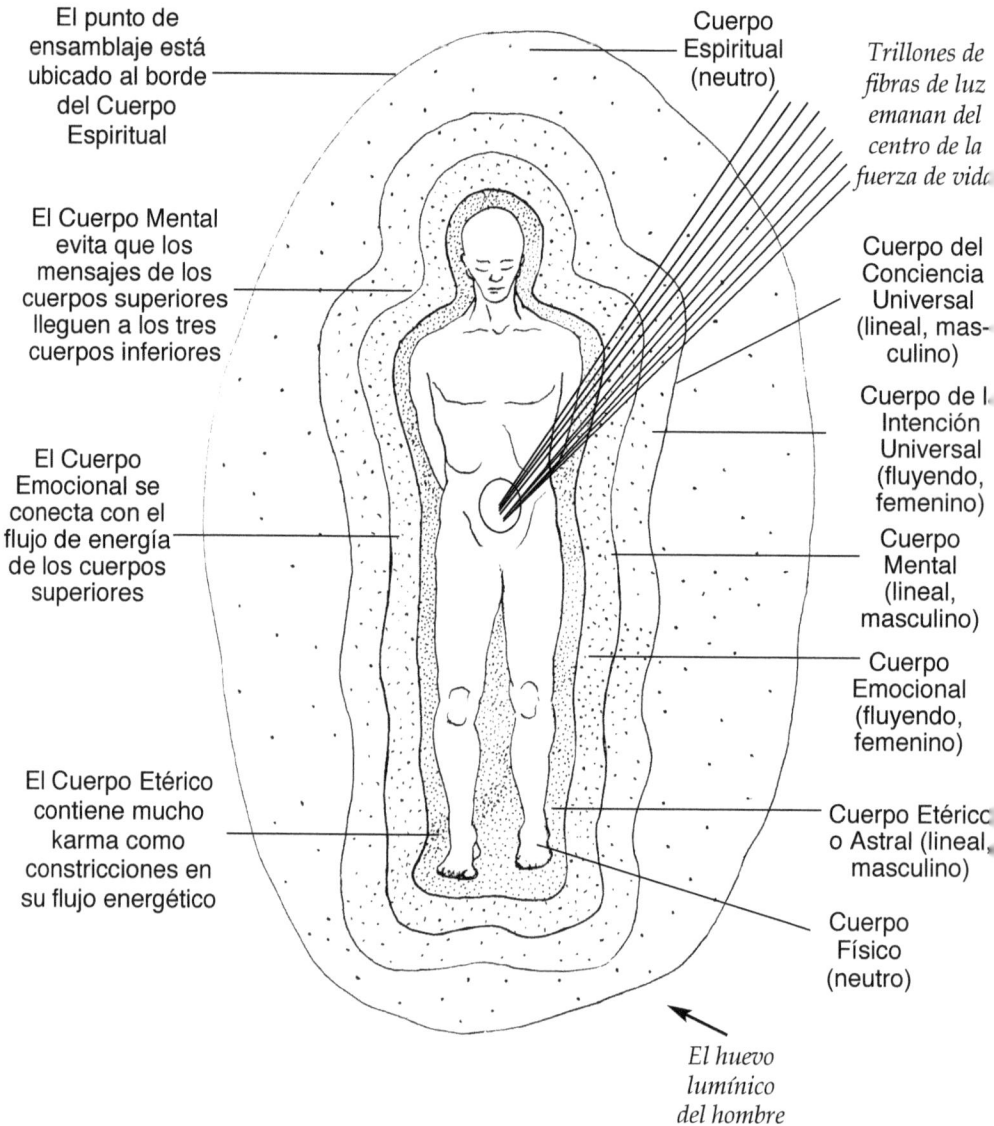

El punto de ensamblaje está ubicado al borde del Cuerpo Espiritual

El Cuerpo Mental evita que los mensajes de los cuerpos superiores lleguen a los tres cuerpos inferiores

El Cuerpo Emocional se conecta con el flujo de energía de los cuerpos superiores

El Cuerpo Etérico contiene mucho karma como constricciones en su flujo energético

Cuerpo Espiritual (neutro)

Trillones de fibras de luz emanan del centro de la fuerza de vida

Cuerpo del Conciencia Universal (lineal, masculino)

Cuerpo de la Intención Universal (fluyendo, femenino)

Cuerpo Mental (lineal, masculino)

Cuerpo Emocional (fluyendo, femenino)

Cuerpo Etérico o Astral (lineal, masculino)

Cuerpo Físico (neutro)

El huevo lumínico del hombre

Los cuerpos están superpuestos uno sobre el otro y forman el huevo (capullo) lumínico del hombre. Los trillones de fibras de luz que provienen del centro de la energía vital penetran a todos los demás cuerpos, formando el huevo lumínico.

(Figura 4)

2. El niño reúne información no-cognitiva sobre la vida interior o lo desconocido. Este agrega sus sentimientos que rodean el discernimiento del creador. No se satisface en tratar de adivinarlo, sino que se lo transmite al sabio para su análisis.
3. El sabio entonces comunica al guerrero si existe una amenaza o cualquier otro grado de inquietud sobre la situación. Este ve detrás de las apariencias para su evaluación.
4. El guerrero lo plasma en contexto con comunicaciones previas de la sabiduría y provee más fragmentos vulnerables con guías de expresión – cómo y cuándo es adecuado expresarlo.

La Verdadera Naturaleza de las Siete Direcciones

Es desde el cuerpo mental que se forma una sucesión de cuerpos, culminando finalmente en el cuerpo físico. Ese micro-cosmos único no es sólo para el hombre, sino para el Infinito. Tal como en el hombre, los cuerpos mental, emocional, etérico (astral) y físico del Infinito tienen ciertas cualidades que los separa entre sí y estas cualidades originan las cuatro direcciones. (*Ver Figura 5, Las Siete Direcciones*)

El cuerpo mental del Infinito se incluye dentro de la Trinidad Primordial pero da origen a la Conciencia Inherente (por lo tanto, la trinidad se convierte en un cuadrado). Por consiguiente, el cuerpo mental es representado por un cuadrado y es masculino. Este representa el espacio y la dirección Norte, contiene una percepción amplia para los otros cuerpos.

El cuerpo emocional es femenino con relación al cuerpo mental y es de naturaleza creativa. Es la Trinidad Creativa que da a luz a la Creación y es representada por un triángulo. Esta representa el flujo de la emoción del Infinito (el deseo de conocerse a sí mismo)

Las Siete Direcciones

Las Cuatro Direcciones

Los Cuatro Cuerpos Inferiores del Infinito

EL INFINITO

Norte ☐ (Espacio) Aire

Este ▽ (Tiempo) Agua

LA CREACION

Oeste △ (Energía) Fuego

Sur ☐ (Materia) Tierra

Utilizado exclusivamente por un ser en conciencia de identidad

Las Tres Direcciones Adicionales

Los Tres Cuerpos Superiores del Infinito

☐ ▷
Dentro
(Conciencia
Original)

◁
Abajo (Amor)

☐
Arriba (Luz)

La Conciencia Original, el Amor y la Luz son las piedras angulares desde
las que se forma toda existencia junto con el Tiempo, el Espacio,
la Energía y la Materia. Un ser en conciencia expandida
funciona desde todas las siete direcciones.

☐ = masculino   △ = femenino

(Figura 5)

y el movimiento de este flujo es el tiempo. Al crear un giro deliberado de acuerdo a las manecillas del reloj, este divide al Infinito en dos: el Infinito y su Creación. La dirección que representa, el Este, hace uso del análisis para rasgar la ilusión.

Ambas direcciones localizadas dentro del Infinito son masculinas con respecto a lo que este crea. Entonces dónde queda la verdadera "Madre del Cielo"? La Creación tiene que ser siempre "irreal", tan sólo un reflejo de los cuerpos mental y emocional del Infinito? Existe una gloriosa respuesta a estas preguntas nunca antes reveladas a la humanidad y un final feliz al sacrificio y sufrimiento del hombre sobre el altar de una evolución acelerada.

Primero echemos un vistazo a los otros dos cuerpos del Infinito, aquellos que caen dentro de la Creación: el etérico (astral) y el físico. Estos cuerpos representan (la vida interior) y (la vida manifestada) o materializaciones.[5]

El cuerpo etérico del Infinito es a lo que nos referimos como el ser superior o la Trinidad de la Vida Interior. Es el que interpreta el propósito del Infinito a la forma y experiencia. Es femenino con respecto a los demás cuerpos.

Aunque este diseña y da vida a la vida material, no es a la madre que buscamos con el fin de aliviar el sufrimiento y hacernos "reales". El cuerpo etérico del Infinito cae en el reino de la imagen del espejo. Este también es un reflejo o "irreal". Además, su tarea principal es la de manifestar el propósito del Infinito, no escuchar la forma en que nosotros (vida material) desearíamos tenerlo.

El cuerpo etérico contiene todos los fragmentos no resueltos de experiencias pasadas, representa el Oeste, la dirección de la energía. Siendo femenino, está representado por un triángulo. Este trabaja con la frecuencia para manifestar el propósito del Infinito.

---

5. Ver el tema en *The Power of Emotion* (*El Poder de la emoción* en inglés).

Se divide a sí mismo con el fin de crear la manifestación (la vida material) y forma la Trinidad de la Materialización. (*Ver Figura 6, Las Siete Direcciones Dentro de la Madre de Todo, el Infinito y la Creación*)

La Trinidad de la materialización es el cuerpo físico del Infinito – el cosmos. Su propósito es explorar lo desconocido por medio de la experiencia y representa el Sur. Es masculino en relación al ser superior o la Trinidad de la Vida interior. Vive con el propósito del Infinito de explorar la existencia manifestando tanta diversidad o forma como sea posible.

Dentro de esta trinidad se forma una nueva conciencia: La Conciencia Evolutiva. En lugar del movimiento lineal de la Conciencia Inherente formada dentro del Infinito, este conciencia gira y con el nacimiento de este niño adicional, los 3 se vuelven un 4 y así la Trinidad de la Materialización está representada por un cuadrado.

Los cuatro cuerpos del Infinito y su Creación son los mismos que un ser humano utiliza primordialmente en la conciencia de identidad. Si alguien en conciencia de identidad intenta controlar su vida tan sólo utilizando estos cuerpos. En otras palabras, hay una calidad bi-dimensional en la vida con sólo cuatro cuerpos participando totalmente. Las cuatro direcciones expresadas y en equilibrio aún nos mantienen en la conciencia de identidad.

Una información que no se sabía antes durante este ciclo de vida sobre la tierra es que el Infinito y su Creación (los cuatro cuerpos inferiores del Infinito) surgió de los tres cuerpos superiores, el espiritual-emocional, el espiritual-mental y el espiritual. (*Ver Figura 7, Los Siete Elementos de las Siete Direcciones*)

El cuerpo espiritual-emocional es femenino y está representado por un triángulo. Este representa la dirección de abajo y el elemento del amor, uno de los tres originales de los cuales surgió

Las Siete Direcciones Dentro de la Madre del Todo, El Infinito y la Creación

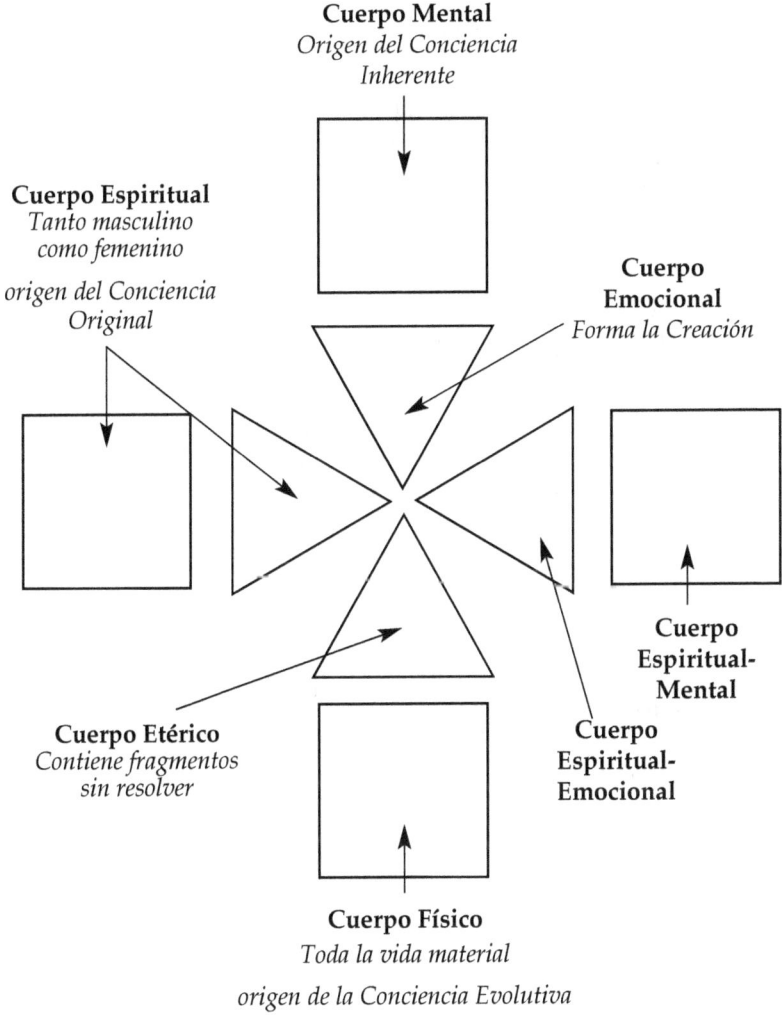

Cuerpo Mental
Origen del Conciencia Inherente

Cuerpo Espiritual
Tanto masculino como femenino

origen del Conciencia Original

Cuerpo Emocional
Forma la Creación

Cuerpo Espiritual-Mental

Cuerpo Etérico
Contiene fragmentos sin resolver

Cuerpo Espiritual-Emocional

Cuerpo Físico
Toda la vida material
origen de la Conciencia Evolutiva

☐ = masculino △ = femenino

(Figura 6)

61

Los Siete Elementos de las Siete Direcciones
Dentro de los Siete Cuerpos del Infinito

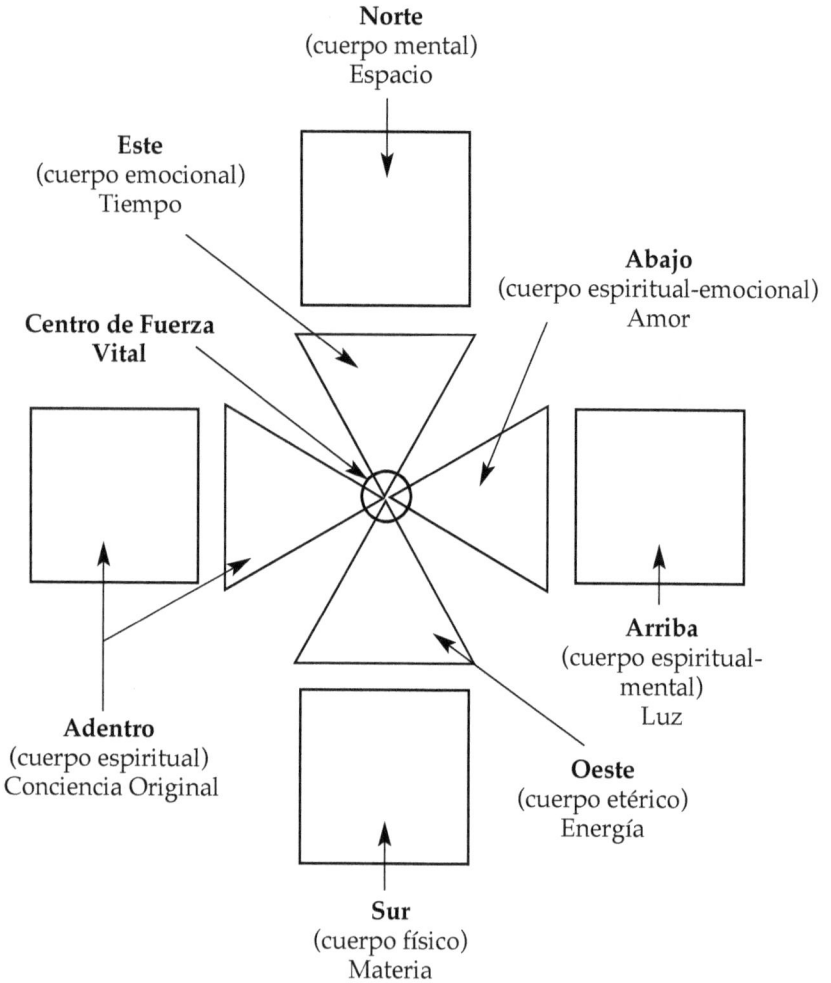

Norte
(cuerpo mental)
Espacio

Este
(cuerpo emocional)
Tiempo

Abajo
(cuerpo espiritual-emocional)
Amor

**Centro de Fuerza
Vital**

Arriba
(cuerpo espiritual-
mental)
Luz

Adentro
(cuerpo espiritual)
Conciencia Original

Oeste
(cuerpo etérico)
Energía

Sur
(cuerpo físico)
Materia

(Figura 7)

el Infinito y su Creación (no es lo mismo que la emoción del amor).

El cuerpo espiritual-mental es masculino y está representado por un cuadrado. Este representa la dirección de arriba y el elemento de la luz, la segunda piedra angular de todo lo que es.

El cuerpo espiritual es neutro en lo que es tanto masculino como femenino, está representado por un cuadrado y un triángulo. Es la dirección de adentro y consiste de la tercera piedra angular de la cual surgió el Infinito: La Conciencia Original. El cuerpo espiritual del Infinito, como el de cualquier organismo, contiene las posibilidades de lo que se espera llegar a ser. El cuerpo espiritual del Infinito, tal como el del hombre[6], contiene trillones y trillones de fibras de luz de posibilidades fuera de sí mismo en espera de ser. El cuerpo espiritual contiene la llave para la siguiente etapa evolutiva del Ser grandioso del cual somos parte.

Juntos los tres cuerpos superiores del Infinito forman una trinidad femenina que dan vida a lo que conocemos como Dios (el Infinito) y es la verdadera Madre de Dios. Cuando los cuatro cuerpos inferiores se abren a la influencia de esta verdadera Diosa, su amor espiritualiza a la materia y se vuelve en materia "real", inmortalizada.

La Maestría Inmortal requiere de la creación de luz en cada acción, del silencio de pensamiento total, de nuestras acciones guiadas por la Conciencia Original – este conocimiento sin esfuerzo al que el mundo llama el genio. Esta forma de conciencia, la Conciencia Original, es la tercer conciencia.

La Tercer Conciencia

Durante eones los videntes Toltecas habían hablado sobre los dos tipos de conciencia dentro del Infinito y su Creación – la

---

6. Para más detalles sobre los siete cuerpos del hombre, ver *Una Vida de Milagros*.

Conciencia Inherente y el Evolutivo. No fue sino hasta que se develó el misterio que mostraba que las tres otras bandas de frecuencia o "cuerpos" existían más allá de las cuatro ya conocidas, que un misterio más se reveló. Emergió una tercera forma de conciencia. Antes se sabía que la conciencia masculina, Conciencia Inherente, habían dado vida a la conciencia femenina, la Conciencia Evolutiva. Ahora se halló que la tercera forma de conciencia recién descubierta había dado vida al Conciencia Inherente. (*Ver Figura 8, Tres Tipos de Conciencia*)

La Conciencia Inherente se mueve en línea recta, fuera de su fuente. La Conciencia Evolutiva curvea esa línea en espirales moviéndose por siempre hacia afuera y lejos de la fuente. Si nosotros vivimos una vida que es el aprender de la experiencia, las espirales del conciencia en nuestra vida obtienen "aros" más y más largos. Si por otro lado, vivimos vidas infructuosas sin aprender de las experiencias, tenemos anillos o espirales más pequeñas en diámetro.

El tercer tipo de conciencia que llamaremos Original es neutra, ya que es tanto masculino como femenino. La Conciencia Original nace de los tres cuerpos superiores del Infinito. La Conciencia Inherente y Evolutivo nacen de los cuatro cuerpos inferiores.

Lo único que los tres tipos de conciencia tienen en común es el movimiento. La Conciencia Original se mueve en forma de arco, una curva larga que combina el impulso hacia delante de la Conciencia Inherente con la curva que se encuentra en la Conciencia Evolutiva. Ya que la Conciencia Original es neutra, tiene ambas características masculinas y femeninas, el movimiento lineal hacia delante y las cualidades femeninas en donde se curva o forma un arco largo.[7]

El enorme significado de esta tercer conciencia es que sin ella

7. Ver *The Ring of Truth* (*El Anillo de la Verdad* en inglés), para los cambios que le ocurrieron recientemente al conciencia.

Tres Tipos de Conciencia

Conciencia Original
Movimiento: Se arquea
Origen: Dentro del Cuerpo Espiritual
Polaridad: Neutra
Ubicación: Se mueve por los 7 cuerpos

Conciencia Inherente
Movimiento: En línea recta
Origen: Dentro del Cuerpo Mental
Polaridad: Masculina
Ubicación: Se mueve por los 4 cuerpos
inferiores

Conciencia Evolutiva
Movimiento: En espiral
Origen: Dentro del Cuerpo Físico
Polaridad: Femenino
Ubicación: Se mueve por el cuerpo físico

Los tres tipos de conciencia crean el eterno
retorno del Infinito y su Creación. Este existe
de trillones de espirales arqueadas
impulsándose desde y hacia la Fuente o punto
de origen.

(Figura 8)

no podemos expandirnos y contraernos en los ciclos de creación. Sin ella, no podríamos retornar a la Fuente; la exhalación de Dios nunca sería la inhalación. Es la fuente de toda conciencia como la conocemos y la única conexión que la vida dentro del Infinito tiene con todo lo que aún no ha experimentado que está dentro del reino de las posibilidades.

De la misma manera que el capullo luminoso del hombre contiene las fibras de luz de toda vida posible que puede experimentarse, así también todas las posibilidades disponibles al Infinito y su Creación quedan como fibras de luz dentro del Cuerpo Espiritual del Infinito. Es en el Cuerpo Espiritual del Infinito (también en el Cuerpo Espiritual del hombre) que nace la Conciencia Original. Desde ahí se gobierna en orden y armonía la perfección divina de la vida que se desarrolla; es de ahí de donde proviene el poder inexpresable que mantiene y sostiene no solo a la Creación, sino que también al mismo Infinito.

La Anatomía del Cambio

Conforme el conciencia se mueve hacia afuera a través del cosmos en arcos espirales, nuestras vidas se mueven dentro de él. Los ciclos en nuestras vidas están ligados a los ciclos de las espirales. Existen pequeños ciclos dentro de los grandes. La única constante que hallamos en la vida es que todo cambia: la conciencia siempre se mueve.

Mientras atravesamos ya sea por los pequeños cambios en nuestras vidas o los grandes, los más drásticos, comienza a emerger un patrón; un mapa del que podemos hacer uso para identificar en qué etapa de cambio estamos. Cada ciclo pasa por tres etapas definidas, identificables por sus síntomas.

Transformación:

Conforme crecemos en conciencia y reconocemos los problemas por lo que realmente son (oportunidades de crecimiento), estos pierden su sostén en nosotros y ya no los necesitamos. De repente las circunstancias en nuestras vidas parecen cambiar. Las amistades quedan a un lado, los empleos pueden resultar obsoletos y podemos darnos cuenta que la vida fluye mucho más fácilmente y sin esfuerzo mientras se transforma ante nuestros ojos.

Esta etapa está marcada por tantos cambios que se le llama el momento de la muerte de lo pasado. Si nos aferramos más tiempo del debido a las relaciones o situaciones, encontramos a la vida derramándola por nosotros a través de un cambio forzoso. Este tiempo puede ser desconcertante pues la antigua plataforma donde solíamos pararnos se desintegra, pero la energía liberada cuando aquello que ya no nos sirve se desploma es una gran recompensa. Con la energía en aumento vienen nuevas experiencias y calma al encontrarse con viejos desafíos que traen una sensación de autosatisfacción profunda. Conforme uno se despoja de lo pasado, el cuerpo responde purificándose a sí mismo. Las toxinas se liberan y el cuerpo retiene más luz.

Transmutación:

Después de que la transformación suelta los elementos innecesarios de nuestras vidas, los verdaderos desafíos se revelan. Esta etapa es donde la mayoría de la gente se estanca. Sintiéndose victimizados sin pensar por las mismas experiencias que sus seres superiores diseñaron para ellos, fallan en transformar el dolor en sabiduría, el juicio en compasión. La verdadera esencia de la transmutación es convertir algo de una frecuencia más baja a una superior; el proceso alquímico de convertir el plomo en oro.

Durante la etapa de transmutación, nos vemos confrontados con desafíos nunca antes encontrados o con aquellos de los cuales no aprendimos. La vida sacó el balón sobre la red y espera por nuestra respuesta. Cuanto más duro sea el saque, mayor será la ganancia. Mucha gente se pasa la vida entera huyendo de los balones que llegan por la red en lugar de devolver el saque.

Si podemos encontrar las lecciones y las reflexiones de nuestros desafíos, anotamos suficientes puntos para pasar al siguiente juego. Si somos muy diligentes, podemos incluso obtener reflexiones en bien de los demás, lo que aumenta nuestras anotaciones en el tablero. Las reflexiones o mensajes que obtenemos durante esta etapa deben ser probados para convertirse en conocimiento experimental.

Transfiguración:

Las transfiguraciones más grandes tales como el desconectarse de la identificación del ego (volverse consciente de la Divinidad) y entrar en la Maestría Inmortal llega sólo unas cuantas veces en la vida. Sin embargo, todo cambio sigue este mapa exacto con sus tres etapas. Las mayores transfiguraciones son sólo más notorias. Incluso se agregan los cambios más pequeños, permitiendo al final transfigurar más luz en nuestras vidas durante nuestra vida entera. Conforme se obtiene más claridad, la persona debe transfigurarse con el fin de alojar el aumento de luz.

Por dicha verdad es que la evolución no tiene fin. Cuando hemos pasado por todas las etapas evolutivas de la conciencia del hombre, debemos avanzar aún más allá de esa meta máxima de la humanidad: la Maestría Inmortal. Más allá se encuentra el reino de dios donde podemos ir y venir a la velocidad del pensamiento a través de todos los reinos del tiempo y del espacio – del cosmos como si este fuese nuestro jardín.

CAPÍTULO DOS

SECRETOS DE LA TRANSFIGURACIÓN

Etapas en la Evolución de la Conciencia

En el antiguo Egipto había templos específicos para guiar por las etapas de la evolución de la conciencia a los buscadores de la verdad dedicados al camino espiritual. Estos estaban construidos en una espiral logarítmica y culminaban en el lugar donde el hombre debía trascender todas las etapas juntas y avanzar hacia el siguiente nivel del ser, el reino de Dios. Este acontecimiento que va más allá de la ascensión, se llevó a cabo en la gran pirámide de Giza.

Las etapas del hombre nunca han variado, son parte de nuestra condición humana y los buscadores de la verdad enfrentan hoy las mismas pruebas e iniciaciones que el hombre siempre ha enfrentado.

Etapa 1: Identificación del ego

Fase 1. El Iniciado (Transformación). En la fase del iniciado existe un vaciado de viejas creencias e ideas. El estudiante se vuelve consciente de la vieja programación que ha dado forma a su realidad. Comienza a soltar la adherencia del condicionamiento social y se vuelve consciente de sus identidades en las que ha dependido. En esta fase, el iniciado empieza a conocerse a sí mismo con herramientas utilizadas para el discernimiento y aprende a saber cuál utilizar para lo conocido y lo desconocido.

El resultado de estas reflexiones aumentadas y nuevas capacidades es que la mente obtiene más orden. Cuanto más esté entrenada la mente y más se disuelvan las prisiones de los viejos sistemas de creencia, hay más energía disponible. Ahora se cuestiona todo lo que el iniciado había tomado por sentado. Cuanto más se dé cuenta que el no sabe nada con certeza, más son sus oportunidades de éxito en el camino a la ascensión. El crecimiento espiritual se acelera durante esta fase y ya sea que las viejas relaciones comiencen a rechazarlo o él se deshaga de ellas pues ya no son relevantes para su vida.

La prueba en esta fase viene cuando surge el temor, ya que desaparecen de su mundo los antiguos parámetros que le daban seguridad. Es desconcertante el ver cómo las fundaciones de la vida se disuelven ante nuestros propios ojos, como la creencia del bien y el mal. Encontrando en su mayoría que a lo que él se aferraba tanto y que era ilusión enviará al iniciado ya sea corriendo de vuelta y lleno de temor a su prisión o le ayudará a dar un salto de fe sobre el borde del precipicio hacia lo desconocido.

Fase 2. El Adepto (Transmutación). El adepto comienza a volverse muy hábil en blandir las herramientas de la conciencia. El está consciente de qué tan limitado es su conocimiento y empiezan a abrirse otras realidades como resultado.

El comienza a ver de manera simbólica, sin tomar su mundo tan en serio ya más. El mundo se vuelve su maestro conforme este le habla.

Una de las reflexiones claves en esta fase es la pérdida del sentimiento de víctima. En su lugar, el adepto ve cómo él ha co-creado cada acontecimiento para ayudarle a realizar su destino. Los desafíos se vuelven fuentes bienvenidas de reflexión, que a su vez producen poder. Hay una gran sensación de estabilidad en esta fase, pues las recompensas son más inmediatas y perceptibles.

Las oleadas de poder que acompañan a sus herramientas recién encontradas que le ayudan a extraer las reflexiones de los desafíos pueden ser estimulantes. Ya no puede evitar más estas fuentes de poder de la forma que lo hace el mundo; en su lugar él les da la bienvenida. Cuanto más grandes son los desafíos, más grandes las recompensas hasta que él pueda sentirse cada vez más fuerte.

Las oleadas de energía que ahora siente con regularidad liberan excreciones físicas dentro del sistema endocrino, disparando sensaciones muy parecidas a la emoción que siente el jugador. Ahora su prueba viene conforme se da cuenta que se está volviendo adicto a la emoción del desafío.

Para ayudar a evitar que este obstáculo le tienda una trampa y detenga su progreso, ahora el debe cambiar su concentración en equilibrar las sub-personalidades en su interior. Este equilibrio no sólo es la tarea del adepto, también es su salvación. Por ejemplo, mientras trabaja con diligencia en cuidar de su niño interno y en aprender sobre su cultivador interno, este lleva a su mente en la búsqueda del desafío y le ayuda a tomarse menos en serio.

Fase 3. El Maestro (Transfiguración). El maestro tiene una tarea formidable qué llevar a cabo. Ya que esta es la última fase que queda en la conciencia de identidad (la identificación del ego), el debe reunir suficiente poder y energía para dar el gran salto de desconectarse del ego y entrar en la conciencia de Dios.

El entrenamiento de esta etapa hace énfasis en la eficiencia de la vida del maestro. La conservación de la energía es esencial y debe volverse parte de la vida. Toda energía inicial es utilizada por un hemisferio izquierdo desorganizado. Sólo el exceso está disponible al hemisferio derecho para tener acceso a lo desconocido. En este punto la mente del maestro debe volverse muy organizada para que la energía tenga acceso a cada vez más reinos invisibles.

Una vez que se tiene acceso al mundo invisible, este puede ser muy seductor. Como herramienta es de gran valor para soltar la adherencia a la mente racional, pero también puede convertirse en un obstáculo de dos maneras:

• La atracción de esta vasta realidad invisible puede fácilmente desviar la atención del maestro de donde está su verdadero suministro de poder – sus retos y relaciones diarias. En lugar de construir su suministro de poder para la futura tarea, puede volverse cada vez más distante y arrogante pues su realidad adquiere extensas dimensiones más allá de las de su prójimo. Puede retirarse de la vida diaria, sofocando su crecimiento espiritual incluso conforme aumentan sus capacidades.

• Cuando alguien se vuelve consciente de los mundos invisibles, estos también pueden volverse conscientes de él. Entidades de todo tipo (algunos se llaman a sí mismos guías), son atraídos hacia el maestro y le ofrecen sus habilidades para ayudarlo. Cuanto más se concentre el maestro en ellos, más les da su energía. La facilidad con la que pueden materializar objetos o ver el futuro o la vida de otras personas evita que el maestro las desarrolle por sí mismo. Sobre todo si las sub-personalidades no se "conectaron" en la etapa anterior, la necesidad del niño interno por ser reconocido atraerá al maestro a utilizar a sus aliados para obtener reconocimiento y el aplauso de los demás. En el mismo momento en el que el maestro debería estar libre de identidad, surge alguien nuevo (tal como un maestro, chamán, santo, etc.), y entonces es incapaz de proceder hacia la conciencia de Dios.

Es durante esta etapa que el propósito con el cual se embarcó el estudiante en este camino hace una gran diferencia. Si este propósito fuera el poder, sería el final de su progreso espiritual. Si este propósito fuera ir en busca de la percepción, tendría una buena oportunidad de pasar desapercibido ante la atracción del poder siempre y cuando mantenga sus ojos firmes e inquebrantables en su meta. Tentado por el poder y aprendiendo a conservar la energía, el maestro se prepara para el gran salto para desconectarse de la identificación con el ser limitado, la etapa de la conciencia de Dios en la cual se le llama un vidente.

Conforme se aproxima el momento para este acontecimiento memorable que ocurre en un instante, el maestro se siente cada vez más desconectado. El ve su vida y acciones desde cierta distancia y su percepción se vuelve más objetiva. Valora las opiniones de lo que es atractivo y lo que no desaparece.

Etapa 2: La conciencia de Dios

Fase 1. El vacío (Transformación). Como en la primera etapa de la identificación del ego, esta es la de un vacío completo, pero a diferencia de la etapa del iniciado, esto ocurre de repente y sin un esfuerzo consciente. En esta primera etapa, el vidente sabe que él es nada, está vacío de pensamientos y de emociones más comunes, excepto la de una soledad abrumadora que reconoce que no existe ningún ser más que él.

En ocasiones el es tan inmenso como el cosmos y en otras choca de vuelta con el cuerpo y siente claustrofobia debido al confinamiento. El temor de que no pueda encontrar su cuerpo es fuerte durante las primeras semanas. Aunque ha perdido la identidad, el debe retener la auto-conciencia o de lo contrario se hundirá en la locura. Tal como es, en ausencia del diálogo interno el siente como si hubiera perdido la razón (y tiene su mente superficial).

La sensación es muy similar a la de una concusión. La información no se graba. En otras palabras, uno no puede retener lo que decidió una media hora antes y entonces o debe escribirlo todo o continuar tomando la misma decisión una y otra vez.

El tiempo lineal no tiene sentido. La actividad física disminuye enormemente. Si la vida lo permitiera, en esta etapa el vidente tan sólo se sentaría. Toma demasiado esfuerzo el hablar e interactuar. La energía física es muy baja pues en su lugar el aprende a atravesar el espacio interior.

Debido a que las etapas difieren unas de otras sólo en que están en una espiral arriba de la conciencia, sus tres fases muestran cualidades similares. Tal como en la primera fase de la identificación-del ego, la primera fase dentro de la conciencia de Dios tiene una prueba de temor. Muchos entran en esta fase pero debido a que temen no terminar sus tareas, se retiran (lo cual no es el caso, aunque su vieja forma de pensar ya no existe, las tareas se realizan sin pensarlo cuando debe ser). El temor al abandono de la mente o a la sensación de desligarse es en alguna forma un paso en la dirección equivocada, puede tener el mismo efecto.

Si el vidente puede permanecer en este estado por más de unas cuantas semanas, se vuelve una forma de vida. Debe evitarse la preocupación de los seres queridos que interpretan los síntomas de esta fase como depresión. Un mes de interacción con los demás lo más esporádica posible sería de gran ayuda.

Fase 2. El Éxtasis (Transmutación). Así como el vidente sabe con seguridad que él es nada en la fase anterior, así también sabe con certeza que él es todas las cosas en esta fase. Esto ocurre de repente y comienza como una sensación de éxtasis en las células. Mientras uno camina, se siente como si todo se moviera a través de uno. Durante la primera fase la risa disminuyó enormemente, pero ahora la sensación es como si la risa rebosara por las células. El apetito sexual es virtualmente inexistente ya que uno no puede desear algo que sabe que es parte de uno mismo.

Tal como la segunda fase de la identificación del ego, la adicción aquí es de nuevo un desafío. Sin embargo, a este nivel superior muy pocos dejan esta fase. El mundo se acostumbra a alguien en estado de "éxtasis" y en este punto los devotos a menudo sostienen las necesidades físicas del vidente. Para el espectador, parece como la "llegada" del maestro y esta fase parece mucho más sagrada que la siguiente.

Aunque al vidente en estado de éxtasis le importa muy poco lo que otros piensan, el cuidado de los devotos para con el no ayuda a despertar el deseo de dejar su estado embriagador. El vidente no tiene fronteras y sólo permite. Esto lo deja totalmente abierto a otros que promueven su dependencia en él con el fin de sentirse necesitados y alimentar sus propios egos. El vidente podrá ver sus motivos con claridad pero tal como un padre benévolo que se ríe de las tonterías de un niño, les dará gusto.

La fantástica tentación que presenta el éxtasis no puede recalcarse lo suficiente. Incluso después de años de entrenamiento para saber que no hay punto de llegada, el éxtasis está inclinado a conducir el entrenamiento fuera de la cabeza de uno. Durante esta fase y la anterior, el vidente se sale de las experiencias humanas opositoras presentes. Como resultado, todo crecimiento se detiene ya que la fricción es necesaria para progresar.

El tiempo lo rodea a uno como una telaraña pues el tiempo lineal continúa sin tener importancia. El vidente puede ver futuros alternos como puntos en la telaraña, el futuro más probable tiene más hilos en ella, pero debido a que el tiempo está en todas direcciones, hay poca diferencia entre el futuro y el pasado.

Fase 3. Re-ingresando a la Condición Humana (Transfiguración).

Como un rayo por aquí y por allá, la memoria se mezcla con el éxtasis, recordándonos que existe algo más. Si el vidente permanece en el éxtasis, el poder que ha acumulado con tanto esfuerzo a lo largo de su vida se le escapará de entre sus dedos como arena.

Como en la tercera fase anterior del ciclo, la acumulación de poder en esta fase es absolutamente crucial para transigir de la tercera a la fase final del desarrollo humano: la Maestría Ascendida. Los peldaños de la escalera no están igualmente espaciados. El abrir la brecha entre las tres etapas toma una enorme cantidad de energía.

La única manera de acumular poder sin dañarse a uno mismo o a la red de existencia es a través de la adquisición de más percepción. El vidente tiene que re-involucrarse en la interacción humana para lograr las apreciaciones. Si no lo hace, entonces permanece polarizado en la luz (lo conocido) cuando todas las nuevas apreciaciones vienen de profundizar en lo desconocido (la oscuridad).

Toma una gran humildad y dedicación al camino el dejar la maestría obvia del éxtasis (lo que otros reconocen y apoyan) y cometen el error de volver al drama humano, aparentemente tan tonto como todos los demás. Pero uno ya no puede re-ingresar al útero tanto como el cuerpo de un adulto puede volverse el de un niño. Por lo tanto, a pesar de que reímos y lloramos de nuevo, debajo de la superficie permanece la vasta quietud.

El vidente, siendo nuevo en el drama humano desde la inmensidad de este nivel de percepción, de hecho se equivoca más que la mayoría. Para muchos podría parecer como si su maestro tuviera pies de barro después de todo. Fiel al triángulo co-dependiente del afecto de la mayoría de la gente (pierna uno = yo adoro; pierna dos = yo controlo; pierna tres = creo que tienes pies de barro), su actitud se vuelve una de "si no me dejas controlarte o te sales de la caja de las expectativas que levanté a tu alrededor, yo te rechazo."

Tres mentes trabajan simultáneamente hacia el final de esta fase: la mente superficial, la mente elevada de la 4ª dimensión y la mente vasta superior. Si alguien hace una pregunta, se presentan tres respuestas desde las perspectivas de las tres mentes. La respuesta que dé el vidente será evaluada al nivel de la capacidad de comprensión del receptor.

A menudo se ha revelado la forma en la que a este nivel el poder pone a prueba a un vidente dominante, ya que unos cuántos logran llegar hasta aquí y muy pocos hablan todavía de ello. A esas alturas las circunstancias responden a la intención del vidente. Si no hay disponible un espacio de estacionamiento, el puede manifestar las circunstancias que producirán uno. De esta forma podemos crear menos oposición en esta vida pero con ella, menos crecimiento y poder acumulado.

Para su regocijo, el vidente descubre que habiendo obtenido el poder suficiente para cambiar las circunstancias de su vida, no puede hacerlo. A cambio, se ha vuelto totalmente cooperativo con la vida. Si él tiene que estacionar su auto a varias cuadras de distancia de su destino, lo hace y encuentra a personas desamparadas con quienes él sabe tiene un contrato para ayudarlas.

Sin embargo, lo que el vidente crea a estas alturas son situaciones para dar la oportunidad a los demás de crecer. Esto sucede sin esfuerzo y sin apego a los resultados. El vidente ve los defectos, crea un "espacio de expectación" en su mente (como un molde que el universo apura por llenar) y surge la oportunidad para que el estudiante vea sus propios defectos.

Etapa 3: La Maestría Ascendida

Fase 1. El Pensamiento Original (Transformación). El enorme cambio de entrar al estado de la Maestría Ascendida se ve acompañado por las mismas y profundas experiencias visionarias que ocurren cuando se entra a la conciencia de Dios. Se siente como si uno se disolviera en el corazón de Dios.

Tal como en las primeras fases de las etapas anteriores, esta fase es la de vaciarse. Por ejemplo, se rompe el silencio dentro de la mente durante la conciencia de Dios cuando uno tiene que hablar o escribir. Sin embargo, incluso ahora esto se lleva a cabo sin el pensamiento consciente y desde un lugar de completo silencio. Es como si el Maestro Ascendido estuviera en "piloto automático" y es imposible tomar cualquier acción que no deba ser; la mano no marcará el número telefónico o levantará el bolígrafo incluso si el motivo no es claro todavía. Si hay cualquier resistencia, deshonestidad o agenda, ocurre una sensación de remolino, como si uno se encontrara en un vórtice de confusión.

Debido a que casi siempre se utiliza la mente superficial, hay una gran cantidad de energía a la disposición de uno. De hecho, si uno se abstiene de leer o de cualquier actividad que necesite de la deducción de la mente superficial, uno puede pasar días sin dormir. Los anestésicos ya no funcionan pues bloquean a la mente superficial y casi no se utiliza esa mente en la vida diaria.

La fuente del genio que en ocasiones algunos tienen el privilegio de sentir o en un campo en particular es el compañero constante del Maestro Ascendido. La mente casi está en total silencio pero la respuesta a cualquier pregunta de inmediato está ahí. Las respuestas requieren de la existencia de un vocabulario comprensible, pero si uno puede entender la pregunta, se dará la respuesta.

El milagro durante esta fase aumenta drásticamente, pero si estos no están en el camino del Maestro Ascendido para demostrar, ellos no se darán frente a los demás.

Fase 2. Inmortalidad (Transmutación). La sensación de esta experiencia de vida es como si las células "reventaran" como rosetas de maíz mientras que el cuerpo se siente como incendiándose y un hormigueo general. El capullo luminoso que circunda al cuerpo duplica su tamaño. Los síntomas que conducen a esta experiencia incluyen:

• Presión detrás de la cabeza en donde parece que comienza el proceso;

• Mareos y desorientación. Esto incluye la sensación de que la cabeza se "abre" a la altura de la corona;

- Los anestésicos no funcionan. Los anestésicos locales requieren del cuádruple de la dosis pero el efecto pasa de inmediato (como las inyecciones dentales);
- El dolor se siente de forma distinta, es más como una presión incómoda;
- Todos parecen estar en cámara lenta, sus pensamientos son desorganizados y lentos;
- Existe la premonición de que la vida cambiará para siempre.

Después de este acontecimiento, seres de todo tipo se congregan alrededor del Maestro Inmortal y para quienes perciben la energía de manera directa, la luz que rodea el cuerpo es tan densa que las características apenas pueden discernirse. La capacidad para volverse inmortal es rara entre las especies y lo suficientemente dignas de atención que muchas manos invisibles tocan nuestro rostro.

Tal como en las segundas fases de las dos etapas anteriores, existe una cualidad adictiva que debe superarse antes de continuar. Las líneas energéticas que se entretejen a través de los chacras (en las mujeres van hacia los lados y en los hombres de atrás hacia adelante), crean una secreción endócrina en el cerebro que genera un éxtasis intenso, menos dispersión y mucho más éxtasis orgásmico que en las etapas anteriores. Se secreta un fluido de sabor dulce detrás de la garganta. El incentivo es el de entrega total al éxtasis y el retirarse de la interacción humana.

Fase 3. Maestría Ascendida (Transfiguración). En esa fase la expansión se vuelve embriagante. Uno siente como drogado y pierde casi toda motivación. Las emociones son virtualmente inexistentes, pero son la clave para cambiar del reino humano al

8. Ver *The Secrets of the Hidden Realms* (*Los Secretos de los Reinos Ocultos* en inglés), para referirse a la generación de la emoción.

reino de Dios. En este estado de expansión, si uno no fomenta la emoción[8] en uno mismo, se pierde el poder.

Dios está en la Pirámide

Los antiguos Mayas llamaban a Dios "Hunab Ku", lo cual traducido de la lengua Maya original significa: Dios está en la El secreto en esta frase revela la evolución futura del hombre, lo que hay más allá de la culminación de la experiencia humana que es la ascensión.

Al observar la ilustración de los siete cuerpos del hombre, los cuadros representan los aspectos mentales o la mente. Los triángulos los aspectos emocionales. Conforme nos convertimos en Maestros Ascendidos, todos los aspectos de la mente se fusionan hasta que con el tiempo el pensamiento original puro se vuelve todo lo que hay (lo que llamamos genio).

Mientras cortamos los ejes horizontales y verticales como se ilustra, por lo tanto podemos fusionar todos los cuadros pegándolos uno encima del otro. Entonces nos percatamos de que los aspectos emocionales, los triángulos, salta hacia arriba y forma los cuatro lados de una pirámide. Estos, a diferencia de los aspectos mentales, no se fusionan sino interactúan armoniosamente como cuatro notas formando un acorde.

Cuando observamos las relaciones inherentes en la pirámide de cuatro lados, podemos interpretarlo en nuestras propias vidas de dos formas. Primero, dentro del hombre hay 24 emociones básicas representadas por cuatro lados, cada uno conteniendo un polo positivo y uno negativo. Cuando esas 24 emociones se armonizan, permite a nuestras mentes fusionarse en las etapas de la Maestría Ascendida y más allá.

Dios está en la Pirámide

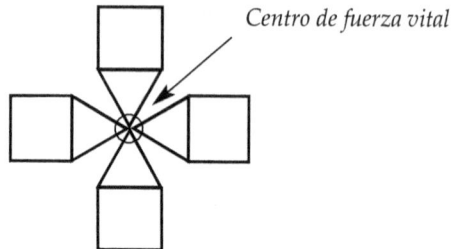

Centro de fuerza vital

PASO 1: Los cuerpos mentales pueden fusionarse. Los cuerpos femeninos o de frecuencia no se fusionan sino interactúan armoniosamente. Para ilustrarlo: recorten las figuras mostradas arriba y dóblenlas como se indica en el paso 2.

PASO 2: Una vez que se han doblado uno sobre otro los cuatro cuadros, forman la base. Los triángulos colindantes forman una pirámide de cuatro lados.

Hunab Ku

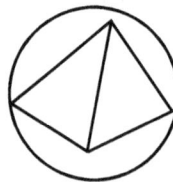

PASO 3: El centro de fuerza vital se alarga y se expande para contener dentro a la pirámide. Esto ocurre cuando un humano se mueve más allá de las etapas de la evolución humana.

☐ = Cuerpos mentales △ = Cuerpos femenino o de frecuencia ○ = Centro de fuerza vital o punto cero

(Figura 9)

82

Segundo, conforme la mente se fusiona y las emociones se armonizan y se equilibran, los siete cuerpos del hombre asumen las mismas relaciones como lo representa la pirámide. El centro de fuerza vital se alarga y encierra a la pirámide y en lugar del capullo luminoso del hombre, el centro esférico de fuerza vital rodea al cuerpo.

La etapa que va más allá de la Maestría Ascendida es el Reino de Dios. Un ser divino tiene una esfera de vida auto-suficiente en la cual habita. Con nuestro campo formando tal vehículo, podemos viajar a través del tiempo y del espacio a la velocidad del pensamiento para explorar el cosmos. El ser divino se encuentra en la pirámide.

A un nivel práctico, las relaciones de los triángulos o lados de la pirámide revelan una verdad increíble y profunda: todas las emociones tienen igual valor dentro de la evolución del hombre. Prácticamente todas las enseñanzas espirituales del mundo han pasado por alto esta verdad y han visto a las emociones como algo que no promueve la evolución espiritual.

Los Doce Pares de Emociones

Aspecto Positivo	*Aspecto Negativo*
1. Amor	**Confianza**
El deseo de incluir (reemplaza al miedo)	El deseo de entregarse
2. Inspiración	**Paz**
El deseo de ser inspirado y de inspirar (reemplaza a la ira)	El deseo de estar en calma (reemplaza a la protección)
3. Creatividad	**Placer**
El deseo de crear	El deseo de regocijarse

4. Empatía
El deseo de conectarse

Reconocimiento
El deseo de ver la perfección

5. Generosidad
El deseo de dar

Receptividad
El deseo de recibir

6. Aliento
El deseo de animar
o que lo animen

Belleza
El deseo de ser elevado

7. Comunicación
El deseo de expresar

Asimilación
El deseo de integrar

8. Pasión
El deseo de saber

Alegría
El deseo de vivir

9. Logro
El deseo de sobresalir

Diversión
El deseo de deleitarse

10. Iluminamiento
El deseo de realzar o
realzarse (reemplaza al dolor)

Contento
El deseo de retener

11. Estar en tu Poder
El deseo de servir

Humor
El deseo de divertirse

12. Crecimiento
El deseo de ampliarse

Satisfacción
El deseo de ser realizado

1. Confianza y Amor

La confianza y el Amor son las emociones centrales para la nueva creación de la existencia y reemplazan al temor.

Debido a que la vieja programación del temor causa una crisis en cada ser, debe revelarse la nueva realidad de la confianza por sí misma. Después de todo, es lo que es real, lo que es. Todo lo demás es una ilusión.

Al confiar que nuestra más grande identidad que expande toda existencia guía nuestras vidas, podemos liberar nuestras intenciones para controlar la vida. Pero qué es lo que guía a nuestro ser superior? La Unica Vida que nos sostiene a todos, el infinito, la eternidad y la inmensidad.

En su estado de expansión, sientan la esencia del Único Ser Infinito, la serenidad, la compasión y la sabiduría sin edad. Sientan a su ser expandido como parte de la inmensidad de este Infinito y abarcando al amor. Esto es lo que rige a toda vida. Permítanse rendirse ante la guía y el amor del Infinito.

Cuanto más nos entreguemos al Único, a nosotros mismos, más profundo crece nuestro amor por todos los seres. Podemos incluirlos en nuestro amor porque vemos tan claro que los papeles que representamos en nuestras experiencias no son sino pequeñas partes en un escenario pequeño. Cuando vemos más allá, cada ser es una perspectiva única superpuesta sobre todo lo que es: sólo tan inmenso como nosotros y sólo como el merecer la vida como parte del Ser Infinito.

Permitan que el amor, la confianza y la entrega total inunden su ser hasta que se estos se vuelvan parte de todo lo que usted es

2. Paz e Inspiración

La paz y la Inspiración forman el segundo anillo, el deseo de estar en el hogar, el sentirse totalmente en calma. Estos anillos se construyen uno sobre el otro; no podemos sentir paz cuando no está presente la confianza diciéndonos que la vida es segura. La paz sabe que el cosmos es un hogar seguro, que podemos relajarnos en el conocimiento de que estamos en las manos seguras de nuestro ser superior.

La lucha que era parte de la evolución lineal en el ciclo anterior nos dejó sintiéndonos que siempre teníamos que convertirnos en lo que no éramos. La nueva creación nos ofrece un regalo sin precedentes que hace que la lucha sea innecesaria. En este momento todo está disponible en términos de conciencia. Todo lo que tenemos que hacer es abrir la puerta a cada momento haciendo uso de las actitudes de la ascensión. Estas llegan cuando dejamos de luchar y estamos en total calma en el momento.

Esta profunda paz crea nuestra felicidad y la aceptación de nuestro cuerpo como el centro de nuestro hogar cósmico. Esto no es algo que los trabajadores de la luz por lo general han sentido. Muchos han estado desacostumbrados a los cuerpos densos y habiendo sido sembrados en la humanidad como un obsequio de luz durante el papel crucial de la tierra en la ascensión cósmica.

Ellos deseaban dejar sus cuerpos, incluso en ocasiones dejaban sus cuerpos parcialmente. A dónde hay que ir si estamos en todas partes a la vez? No estamos ni en el cuerpo ni en las experiencias. Seguros de tener este conocimiento, podemos estar en paz y disfrutar del juego.

Esta sensación de estar en paz en nuestro interior y en el hogar en el cosmos no llegó de forma fácil en el ciclo anterior, por una importante razón. Ya que los polos opuestos se atraían, estábamos rodeados de energía opuesta. Cuanto más grande era nuestra luz, más grande era la oscuridad que merodeaba detrás de los rostros que atraíamos a nuestro entorno.

Ahora que las mismas energías se atraen entre sí, estaremos atrayendo otras que viven los mismos altos estándares de impecabilidad. Por fin no sólo nos sentimos como en casa en nuestro interior, sino que también con los demás. Sin embargo, debemos estar dispuestos a dejar ir con gracia a aquellos que tienen energías opuestas, pues de acuerdo con las nuevas leyes del cosmos, su partida es inevitable. También es inevitable el que otros con energías similares graviten hacia nosotros.

Es en la profunda paz de nuestro ser que podemos tener acceso a la perfección de toda vida. Es ahí donde nace la inspiración. Ahora somos inmortales en nuestros seres individuales y la inmortalidad física está también disponible a través de estados constantes de las actitudes de la ascensión. Ahora tenemos cualquier razón para inspirarnos, para construir una vida de belleza y un legado que inspire a los demás.

3. Creatividad y Placer

El vínculo entre la Creatividad y el Placer es aparente, pues cuanto más se llene nuestra vida de placer, más nos despierta la musa a la creatividad. Cuanto más creativos nos volvemos, más aumenta nuestro placer. Este par de emociones junto con las de la confianza y la paz, forman el núcleo de la nueva creación.

El que tales emociones placenteras y dignas hayan reemplazado a la ira, el dolor, el temor y la sobreprotección es causa de gratitud y alabanza. Estas forman el centro o núcleo de los anillos de la frecuencia, inspirando creatividad por medio del amor, el propósito primordial para la vida.

El estar en constante deleite sencillamente toma una conciencia total del momento. Cuando en verdad experimentamos la maravilla de estas sensaciones, la belleza de la Creación que nos rodea y el heroísmo que hay en la vida diaria, el deleite inundará nuestro ser. Sólo aquellos inconscientes o sumidos en el pensamiento pueden privarse del placer que la vida ofrece libremente a aquel que vive en el momento presente.

4. Conocimiento y Empatía

Observen a las apariencias subyacentes desplegándose eternamente en perfección. No es suficiente el reconocer que la perfección está ahí y después sentirse víctima de alguien. Realmente nos damos cuenta que hemos co-creado todo lo que hay en nuestra vida?

Si no nos gusta lo que hemos creado, ahora nos es fácil el hacer cambios ya que el verdadero propósito de este nuevo paradigma es el crear a través del amor. Si nos concentramos en aquello que amamos, fluirá una nueva creación. Si por el contrario nos concentramos en lo que no amamos, el cambio no ocurrirá. Por lo tanto, en esta nueva creación hemos llegado a nuestra madurez espiritual; nos hemos convertido en co-creadores con el Infinito. La perfección no está ahí sólo para que nosotros la encontremos...nos pertenece para que la creemos.

Cómo creamos la perfección? Al encontrarla en los demás, en el momento, en la situación. Creamos aquello que amamos en el otro. Los trabajadores de la luz ya no necesitan rodearse de quienes poseen una energía opuesta. Por consiguiente resulta fácil ver la perfección en quienes atraemos a nuestras vidas.

Cuando nos concentramos en la perfección, se incrementa nuestra capacidad para encontrarla. Nuestra vida se verá colmada cada vez más de una familia de luz. En la seguridad de estar entre individuos como nosotros, nos conectamos empáticamente. El aspecto opuesto del reconocimiento es el deseo de conectarse – la empatía.

Los encuentros con quienes poseen una luz inferior también permiten una conexión de corazón porque al ver su perfección, nos conectamos con aquella parte de sus seres superiores, no con la inferior. Al apreciarlo, les ayudamos a conseguir esa perfección, pero eso no significa que les permitamos entrar en nuestras vidas.

Ahora es seguro conectarnos empáticamente con los demás. Ya no somos los mártires, ya no se nos tiene que herir para que otros aprendan. Nos hemos vuelto creadores cósmicos debido a la apertura de nuestros corazones. Este es un papel tan preciado e importante que no podemos permitir que ninguna ilusión restante en otros cierre esta invaluable conexión que tenemos con toda vida – el don de la empatía.

5. Receptividad y Generosidad

Cuando se cierra un ciclo grande como acaba de suceder, no sólo se revierten los polos opuestos sino como consecuencia, su flujo también lo hace. En el ciclo anterior los trabajadores de la luz se vieron rodeados por aquellos que deseaban su luz. Los interesados no estaban conscientes de lo que buscaban, así que tomaron todo lo que pudieron. Por lo tanto, los trabajadores de la luz han estado dando durante años, mientras que los demás han estado tomando.

Ahora se ha revertido el flujo y debe pagarse la deuda. Existe una ley de compensación que decreta que el desequilibrio en cualquier parte de la existencia debe tener un movimiento igual y uno opuesto para corregirlo. Esto está a punto de suceder pues se les retribuye a los trabajadores de la luz por todo lo que dieron.

Sin embargo, sólo hay un solo requerimiento y ese es la receptividad. Sólo después de dar por tanto tiempo, los trabajadores de la luz deben romper con la perspectiva que puede interponerse en el camino para abrirse a recibir. De hecho, deben esperarlo y preverlo.

Ha habido un tema asociado con el recibir de parte de los demás que en ocasiones nos ha hecho reacios a recibir, pero si es el cosmos el que ajusta las cuentas, en realidad estamos obteniendo lo que nos pertenece por derecho. Entonces qué importa el medio que este utilice para retribuirnos? Llenémonos de receptividad.

Al dar no debemos pensar que tal generosidad nos merma. Mejor dejemos que la generosidad y la receptividad formen un largo flujo continuo. Si bien el viento que sopla por la casa entra por la ventana, este sale por la puerta.

Expresen con alegría tanto la receptividad como la generosidad.

6. Belleza y Motivación

Se puede decir que la belleza es tan sólo un vislumbre a la perfección de la vida interior que hay detrás de la forma. Esta ve aquello que tiene un valor perdurable, como una entrada hacia la eternidad. Se nos motiva cada vez que reconocemos la belleza (la motivación en su aspecto opuesto).

La belleza nos motiva a crear nuestra vida como una obra de arte viviente. Si nos vemos rodeados de belleza, esta nos consagra. Los momentos se vuelven importantes. Un viaje difícil por la vida se vuelve no sólo tolerable sino que también nos sentimos motivados lo suficiente como para creer que podemos florecer más que sobrevivir.

Existen visiones obvias de la belleza: el atardecer en el mar, el rostro de un niño durmiendo, un gatito nuevo; pero la verdadera disciplina de la belleza no solo se detiene ahí. Motivado por lo que se ha convertido en una búsqueda del tesoro en gemas de belleza, este espera hallarlas en los lugares más insólitos.

Los antiguos artistas veían a la belleza en lo mundano, en la basura de otro hombre. Ellos pintaban las migajas de los desperdicios de una comida, el vino derramado de una copa. En donde otros sólo veían trastos sucios, el artista veía luz pues esta juega en el cristal y el vino y reflejaba una cuchara caprichosa.

Ellos no pintaban los objetos sino una danza de luz llevando juguetonamente la mirada del observador a través del lienzo de un momento capturado. En el final de su vida, un famoso acuarelista Inglés dijo que nunca había visto nada feo; estas son las palabras de una verdadera disciplina.

7. Asimilación y Comunicación

Hay muy poca asimilación verdadera de información en el mundo por distintas razones (lo cual es acceso a la luz).

- El escuchar verdaderamente las palabras de los demás sólo puede suceder en la ausencia del diálogo interno. El oyente debe permanecer en el silencio mental y entrar en el punto de vista de la otra parte al sentir la comunicación con el corazón.
- El ciclo anterior estaba dominado por el hemisferio izquierdo, pero las comunicaciones no verbales hacia el hemisferio derecho tenían acceso nueve veces más que al hemisferio izquierdo. La información sutil del cosmos alrededor de nosotros se aglomeró por el pensamiento.
- El hallar el silencio es cada vez más difícil. Los aviones rugen, los autos suenan el claxon, los enseres domésticos hacen ruidos y luego, por si eso no fuese suficiente, las Televisiones están encendidas, ya sea que alguien la esté viendo o no. Los teléfonos celulares se aseguran de que nadie tenga un momento de silencio, pero es en el silencio en donde nos llegamos a conocer a nosotros mismos al escuchar nuestros pensamientos y deseos.
- La comunicación y la conversación intergeneracional ha disminuido en la mayoría de las culturas donde la TV se ha convertido en el sustituto del conocerse uno al otro.
- Pasamos muy poco tiempo en el aprecio de las maravillas de la naturaleza y mucha de esa experiencia se ha vuelto práctica.

Todo el mundo natural y sus creaturas nos hablan a través de sus frecuencias individuales. Podemos asimilar su canto de vida especial al sentarnos en silencio y sentirlo dentro de nuestras células.

• La asimilación de la comunicación de los demás nos enriquece. Su diversidad puede esculpir nuevas facetas en nuestra propia vida, nuevas perspectivas que nos hacen mejorar. Cuando nos sentimos realmente escuchados, el deseo de comunicarnos (su aspecto opuesto) también se activa más.

8. Pasión y Alegría

Cuando la condición social de nuestras vidas nos ha dejado la clara impresión de que no es seguro participar por completo en el juego de la vida, podemos rezagarnos en la seguridad de lo conocido, temerosos de ser el blanco de atención. Podemos tener miedo a que la pasión pudiera provocar que nuestra luz brille con tal intensidad que otros intenten derribarnos para que su propia falta de brillo no sea tan obvia.

Si nosotros negamos nuestro deseo de expresarnos con pasión lo suficiente, terminamos siendo ajenos a la pasión, sin saber cómo hallarla ni reconocerla incluso si lo hiciéramos. El hipotálamo lateral nos dice cuándo hemos comido lo suficiente. El hipotálamo ventromedial nos dice cuándo tenemos hambre. De la misma manera, si negamos las indicaciones de estas porciones del cerebro, terminaremos ya sea obesos o anoréxicos. Cuando eso ocurre tenemos que entrenarnos a nosotros mismos para recordar cómo se sienten estas indicaciones.

Cuando la pasión nos hace una seña, sentimos calidez y emoción; nuestros rostros se sonrojan y nuestra imaginación se ve mezclada con preguntas: "Qué tal si?" y "Qué hay más allá del siguiente horizonte?" Esto nos inspira a actuar y nos hace creer que podemos tomar riesgos y construir.

Hallamos nuestra pasión al seguir los anhelos que evocan nuestros momentos de alegría en nuestros corazones. Es la canción que el cantante siente oculta dentro de las sombras de su mente, el ritmo perdido que el bailarín siempre busca, los misterios del cosmos que esperan a que los científicos o los metafísicos los descubran. Es el deseo, inspirado por la inocencia en nuestros ojos de niño, a construir una vida de maravillas y belleza para nuestra familia.

Si la pasión se ha convertido en un extraño para nosotros, podemos necesitar familiarizarnos con ella una faceta a la vez. Cuando se expresa, la pasión consiste en arriesgarse. Es la precursora a los logros y a la construcción de algo nuevo. Esta agrega nuevas experiencias, más fronteras y nueva profundidad a nuestras vidas.

Para entrenarnos a escuchar de nuevo la voz de la pasión, hallamos el anhelo de nuestro corazón y lo seguimos hasta donde nos lleve. Hacemos un esfuerzo coordinado para liberarnos de la prisión de los celos y las expectativas, de las limitaciones sociales y los sistemas de creencia auto-impuestos que nos mantienen en la mediocridad. Nos tomamos unos cuantos minutos al día para atrevernos a soñar o lo que haga cantar a nuestros corazones. Nos levantamos cada mañana y decidimos vivir el día que está ante nosotros como si fuera el último. Vemos nuestras vidas como si fuera la primera vez, con una perspectiva fresca que puede detectar las áreas de falta de alegría y el auto sacrificio. Con gran valor y consideración por las consecuencias de nuestras acciones hacia otros, implementamos nuestros primeros pasos para traer de vuelta a estas áreas el brillo de la pasión.

Puede llevar un minuto el tomar una decisión, pero para que esto altere nuestras vidas como quisiéramos, debe estar sostenido por un fundamento firme. Esto requiere de planeación y de cierto análisis. Cuál es el objetivo? Qué recursos se necesitarán? Existe una discrepancia entre lo que necesitamos y lo que tenemos? Cómo podemos completarla? Muchos negocios fracasan llevándose consigo muchos sueños porque no se pensó lo suficiente en lo que era necesario para sostenerlos en términos de tiempo y dinero. Una vez que se identifica un objetivo, desglósenlo en proyectos y tareas.

Muchos envidian los logros de los demás, pero no están preparados para ponerlos a funcionar. A veces se requiere agotar los recursos para realizar un sueño. Es nuestra pasión la que mantiene encendido nuestro entusiasmo y nos da un segundo aire para volar más alto de lo que jamás hubiéramos pensado.

Ya que la pasión explora la múltiples posibilidades a través de las cuales nos podemos expresar, así la alegría se concentra en la sencillez del momento. La alegría es una perspectiva, cierto enfoque que ve la perfección del aquí y el ahora, proyectando un destello dorado sobre las experiencias del ayer. Convierte lo mundano en poesía y captura el momento en una imagen fija de vida.

Milton dijo: *"La mente en su propio sitio y por sí misma puede convertir el infierno en cielo y el cielo en infierno."* Franz Lizt se vio impulsado a escribir sus memorias, pero dijo: *"Es suficiente el haber vivido esta vida."* Encontró tal alegría en sus experiencias que no tenía que exteriorizarlas para apreciarlas.

Se puede reconocer a la alegría por el profundo sentimiento de satisfacción que esta provoca; por la sensación de que uno ha llegado al hogar de sí mismo. Entra en ese tranquilo lugar interior que nutre al alma y repone a la mente. Cuando nos encontramos bajo su hechizo, la alegría nos hace sentir livianos y jóvenes de nuevo, en conexión con la tierra y libres de nuestras preocupaciones.

Así como el construir con pasión requiere de asignaciones de tiempo cuidadosas y disciplinadas, el vivir con alegría requiere de concentrarnos en los detalles frente a nosotros en el momento. Incluso si no podemos hallar un momento hoy para hacer las cosas que disfrutamos, podemos hallar el momento para disfrutar las cosas que estamos haciendo. Al cortar los vegetales para hacer un estofado podemos ver los colores de las zanahorias, explorar las diferentes texturas de cada vegetal y oler la fresca fragancia mientras cortamos a través de su cáscara.

Incluso el trabajo repetitivo puede volverse un mantra, o una línea de producción una oración mientras enviamos bendiciones y ayuda angelical a los hogares donde irán a parar los productos. Al caminar por la concurrida calle podemos sentir la tristeza de los demás, pero también podemos transformarla en alegría al imaginar bendiciones derramándose en sus vidas. Se puede utilizar la pérdida en la vida de los demás para inspirar alabanza y gratitud por las bendiciones en la nuestra.

Cuando elegimos que la alegría llene nuestro tiempo libre, buscamos aquello que nos inspire a la realización. Conforme la alegría fluye de la superficie al interior, la pasión que esta inspira se despliega hacia afuera por debajo de la superficie. Cuanto más grande es nuestra alegría, más grandes son las acciones que ésta inspirará.

9. Diversión y Logro

Es posible que hayamos escuchado el dicho de que alguien que conocemos "trabaja duro y juega duro". Eso es porque ambos van de la mano. La diversión sin logro es una vida vacía y frustrante. El logro sin la diversión que trae calidad al viaje conduce igualmente a una vida insatisfecha. La ambición ciega puede ser el resultado de tal desequilibrio y uno queda cegado a qué logros podrían ser en verdad enriquecedores.

La diversión ayuda a que fluya la energía y evita que nos tomemos demasiado en serio. Esta alivia las tensiones que experimentamos durante nuestras luchas por lograr algo.

10. Complacencia e Iluminación

La complacencia sabe que está viviendo los momentos perfectos: el fuego chisporrotea en la chimenea, un niño con ojos entrecerrados está envuelto en un edredón sobre tu regazo mientras que la lluvia de una noche de invierno golpea los cristales de la ventana.

Es durante esos momentos que deseamos que todos en la tierra pudieran compartir la sensación – el bienestar total. Desearíamos poder mejorar la vida de un adolescente fugitivo en algún lugar de una solitaria estación de autobuses. Deseamos que la familia hambrienta del gueto esté alimentada y sintiendo la realización interior que trae el bienestar.

Tal complacencia puede venir como una fuerte contracorriente de la vida más que unos cuántos momentos fugaces. La complacencia como un compañero constante es el resultado de una vida profunda y significativa, de reflexiones obtenidas y de tormentas internas. El deseo de mejorar y de iluminar la vida de otro es el deseo sincero de que también la visión cambiará la desesperación en complacencia para el otro.

11. Empoderamiento y Humor

El empoderamiento es el deseo de servir. Es posible que esta definición no tenga sentido al principio. La conexión entre el servicio y el empoderamiento puede parecer algo oscura. La razón es que el hombre en realidad no ha comprendido el significado apropiado para servicio. A menudo el servicio significaba mitigar nuestra conciencia dando una mano, sin tratar realmente la deficiencia que causó la condición en primer lugar. En cambio, el verdadero servicio es dar el poder al individuo para que encuentre su propio camino fuera de sus situaciones desesperadas. De esta forma, el tiene algo que mostrar por sus retos: nuevas fuerzas o capacidades.

El deseo de servir nunca terminará si se basa en la necesidad. Como dijo Cristo: "Los hambrientos siempre estarán entre nosotros." Con el tiempo esto también nos llevaría a la desesperación de la necesidad. El factor para equilibrar la situación es el humor.

El humor se ríe de la vida, se ríe de sí mismo y en lugar de culpar, se ríe de la tontería de otros. No puede tomar nada demasiado en serio porque sabe sin duda alguna que tan sólo estamos involucrados en una obra. A través del empoderamiento, ayuda al mendigo no sólo porque parece necesitarlo, sino tan sólo porque es su papel. La obra debe continuar porque tiene valor.

12. Crecimiento y Satisfacción

El comprender la esencia del crecimiento es algo nuevo. Esto se debe a que la forma en la que ocurre el crecimiento es nueva. Solía ser el resultado de profundizar en lo desconocido (en ocasiones algo doloroso), forcejeando con su ilusión y al final transformándolo en lo conocido a través de la experiencia. Cuando se profundiza en lo desconocido, el resultado es el temor, ocasionando la protección. Cuando la ilusión se negó a dar paso a la visión, la ira intentó romperla.

Las emociones asociadas con el crecimiento no siempre fueron agradables e incluso la palabra "crecimiento" casi siempre tenía una connotación desagradable. Ahora el crecimiento es la expansión que resulta de la satisfacción.

Cuando estamos con quienes son energéticamente incompatibles, experimentamos una sensación intimidante. La nueva creación crea almas gemelas en la forma de familia y amigos. En la profunda satisfacción de su compañía, podemos sentir cómo se expanden nuestras almas.

El crecimiento solía surgir por medio de la oposición. Ahora lo hace a través del apoyo. Cómo sabremos cuándo lo hemos encontrado? La profunda satisfacción de nuestros corazones nos dirá que hemos vivido nuestra verdad más elevada.

Las emociones son como colores pulsantes, desde el rango más alto del espectro tales como los violetas (los polos negativos de las emociones), hasta el rango más bajo de rojos y naranjas (los polos positivos de las emociones). Por lo tanto, los lados del campo piramidal son colores pulsantes rodeados por la amplia esfera central de fuerza vital que la rodea en luz blanca. Este es el campo exquisito de un ser divino.

Preparando el Cuerpo para el Aumento de Luz

Conforme las células se llenan de luz por el aumento en la percepción, puede ocurrir una incomodidad corporal. El aumento de luz puede causar una sensación de ardor en los miembros si los niveles de ácido corporales son demasiado altos. Más aún, los buscadores de la luz a menudo experimentan sensaciones de estar volando, pues no pueden encallar sus elevados estados de conciencia. El uso de rastros minerales que ya no se encuentran normalmente en nuestro suelo pueden aliviar estos síntomas, por lo que es necesario suministrarlos a través de suplementos nutricionales.

Los estados de meditación acrecentados expulsan las toxinas fuera del hígado. El cuerpo también se despojará automáticamente de su toxicidad cuando ocurran transformaciones a gran escala. El incremento de luz requiere de cierta pureza física y se despojará de la toxicidad hasta que se alcance ese nivel de pureza. Esto es notorio cuando se entra en la conciencia de Dios y mejor aún, cuando se entra al estado de Maestría Ascendida, pues se remueven capas de toxicidad que se encuentran en la mortalidad. El prepararse para el incremento de luz dentro del físico puede suavizar el proceso y ayuda a facilitar estos cambios.

Los Siete Grupos Nutricionales

Los nutrientes que el cuerpo necesita no sólo alimentan el cuerpo físico sino establecen lazos entre los siete cuerpos. Estos representan los siete niveles de luz y de frecuencia dentro de la Creación. Cada nivel de luz lleva información recibida por una de las glándulas endocrinas.

Una octava de frecuencia separa a un cuerpo de otro. De la misma manera, una octava de frecuencia separa a las frecuencias de los grupos nutricionales. Cada grupo tiene una función distinta y una forma de comportamiento única. (*Ver Figura 10, Los Siete Grupos Nutricionales*)

El Primer Grupo Nutricional

Estos minerales están involucrados en la formación de las células, la construcción y el mantenimiento de huesos, sangre y en el funcionamiento suave de los músculos y otros tejidos suaves. Este incluye hierro, magnesio, calcio, zinc y otros. Estos minerales trabajan con el sistema nervioso autónomo o auto-regulador.

Los Siete Grupos Nutricionales

GRUPO NUTRICIONAL	LIMPIA	EJEMPLO
1° Grupo: Los bloques básicos que constituyen los huesos, la sangre y otros tejidos que trabajan con el sistema nervioso autónomo.	Canales físicos del cuerpo	calcio, hierro, magnesio, zinc
2° Grupo: Estos minerales reflectantes regulan las funciones corporales por medio de la frecuencia. Trabajando con la asimilación de las grasas y el azúcar. Alimentan al sistema nervioso autónomo.	Canales etéricos del cuerpo	níquel, plata, cromo, fósforo
3° Grupo: Regula las hormonas del cuerpo. Estos rastros minerales alimentan al sistema nervioso parasimpático. Trae bienestar emocional.	Canales emocionales del cuerpo	manganeso, oro, titanio
4° Grupo: Estas Energías Precursoras Eléctricas (EPC por sus siglas en Inglés), estimulan a las hormonas superiores responsables de la transfiguración del cuerpo.	Canales mentales del cuerpo	Las EPC's se encuentran en los iones negativos dentro de la naturaleza, los sonidos generados por esta; los dispositivos EPC tales como las pirámides y los cristales se encienden con los laser.
5° Grupo: Sanación harmónica por medio de nuestras propias voces y las frecuencias de las actitudes de la ascensión: amor, alabanza y gratitud. Abre las cualidades de la cuarta dimensión ocultas del sistema endocrino.	Promueve el acceso al cuerpo Espiritual-Emocional	Alineación con las frecuencias estacionales. Recibir o dar amor a las frecuencias terrestres.
6° Grupo: Sanación lumínica por medio de los colores de la naturaleza y la recapitulación que permite que la luz del cuerpo espiritual-mental penetre a través del cuerpo físico.	Promueve el acceso al cuerpo Espiritual-Mental	El cielo azul sin contaminación u obstrucción de cristales. El verdor de la naturaleza.
7° Grupo: Trae conciencia: conciencia original. Prepara al cuerpo humano a través del sistema endocrino para las etapas evolutivas más allá de la humanidad. Agranda el centro de fuerza vital.	Despeja la contaminación de las fibras de luz del Cuerpo Espiritual	Despejamiento de las fibras de luz por medio de la eliminación del condicionamiento de fuentes externas. Los dispositivos geopáticos anti-estrés ayudan a despejar estos caminos nutricionales.

(Figura 10)

El Segundo Grupo Nutricional:

El segundo grupo trabaja con las frecuencias que permean el cuerpo. Es a lo que los científicos llaman los reflejos e incluye níquel, plata y cromo. Estos son necesarios para la asimilación de proteína, para metabolizar la grasa y el azúcar. Alimentan al sistema nervioso autónomo y ayudan a tener un sueño provechoso y a la capacidad para trabajar sin dolor nuestro karma existente al poder "ver" la información sutil a la cual nos referimos como percepción.

El Tercer Grupo Nutricional:

Estos minerales llamados rastros minerales, ya no se encuentran en la tierra y deben suplementarse hasta que el cuerpo se vuelva auto-suficiente por completo en las últimas fases de la 3ª etapa de la evolución humana. Estos minerales como el manganeso, el oro y el titanio aseguran el suave funcionamiento del sistema nervioso parasimpático. Estos trabajan con las hormonas del cuerpo para producir estabilidad emocional y una sensación de bienestar. Son esenciales para los apuntes, la información y la energía que proviene a través del cuerpo emocional desde los tres cuerpos espirituales superiores.

El Cuarto Grupo Nutricional:

En su libro *"Rayos de Verdad-Cristales de Luz"*, el Dr. Fred Bell, antiguo científico de la NASA, escribe: "La Precursasión Eléctrica (PCE) es la energía que al final controla la conciencia de todas las células individuales. Esta tiene polaridades básicas en las que la precursasión eléctrica es estresante o curativa. El cuerpo, aunque bioquímico en su naturaleza, también es eléctrico. La electricidad controla todo y cada paso de nuestro crecimiento celular y del organismo."

El Dr. Bell explica que la producción de células comienza en el ADN en donde se interpretan las "señales de mando llamadas Energías Precursoras Eléctricas (EPC por sus siglas en inglés)". Esto a su vez, estimula a las super-hormonas corporales. "...ya no se puede referir a las fuerzas sutiles tales como las EPC's como sutiles, sino deben reconocerse como de la misma magnitud en lo que introducimos a nuestro cuerpo a través de alimentos, bebidas y respiración!"

Las fuentes Primordiales de EPC son: (1) iones negativos encontrados en la naturaleza o generadores de iones; (2) sonidos generados por la naturaleza; (3) dispositivos de Precursasión Eléctrica tales como las pirámides y los cristales. El Cuarto Grupo Nutricional que consiste de EPC's en la polaridad adecuada, permite que ocurra una mayor percepción y establece caminos sutiles hacia el cuerpo mental desde el cuerpo físico. La percepción mejorada produce energía, la cual produce poder que se utiliza para regenerar a las células.

Las EPC's permiten que el hipotálamo interprete las sensaciones (las formas no cognitivas de recibir la información) generadas por la información devuelta por las células corporales a través del sistema circulatorio. La sangre que regresa al corazón está cargada con la información depositada al nivel celular y la cual recibió de las pequeñas "señales de mando" (EPC's).

El Quinto Grupo Nutricional:

El quinto grupo nutricional consiste en frecuencia de sonido pura. Hay disponible mucha información sobre curación harmónica y el volumen crece cada año. Las partes que no son tan claras se refieren a las frecuencias más sutiles que el oído humano no puede escuchar:

- La frecuencia varía según la hora del día. Existen horas óptimas durante las cuales se pueden tratar ciertas condiciones. Esto puede probarse dividiendo el día en dos segmentos de 2 horas cada uno. El tocar el cuerpo sobre el origen de la enfermedad y la prueba muscular durante la hora culminante del día provee la hora principal para concentrarse en la curación. Para recolectar información meticulosa, se debe hacer uso de pequeñas pesas.

- Las frecuencias de las estaciones son benéficas para algunos sistemas corporales mientras que otras manifiestan enfermedad durante algunas partes del año si el individuo está fuera de sincronía con la frecuencia. Un ejemplo podría ser: en el mes de Octubre las energías en la naturaleza se mueven hacia adentro en el hemisferio Norte. Las plantas retraen su sabia y su fuerza vital de sus extremidades externas (tales como las hojas) hacia su interior (las raíces). La energía en la naturaleza se vuelve más magnética (tierra) que eléctrica (sol) y se retrae hacia el interior de la tierra.

  Los humanos que no cooperan con este ciclo aquietando la actividad externa y tomándose un tiempo para las sensaciones internas (si uno se vuelve sensible a estas sensaciones, uno puede sentir el cambio de las estaciones en el interior), son propensos a desarrollar enfermedades respiratorias. Los practicantes de medicina orientales toman en consideración estas frecuencias estacionales.

- La frecuencia de la tierra tiene la capacidad de dar salud a las glándulas inferiores del sistema endocrino. El usar zapatos de tierra resonantes al caminar sobre esta nos permite absorber estas delicadas frecuencias. Las suelas de hule de la mayoría del calzado actúan como aislantes e impiden que recibamos estas frecuencias promotoras de la salud. Deberíamos tener un estilo de vida que permita la asimilación de estas frecuencias al caminar o pararnos sobre la tierra de 40 a 60 minutos al día, por lo menos.

• Cuando nos resistimos a la vida o cuando estamos estancados, perdemos algunas frecuencias de resonancia en nuestra voz. Nuestra voz es un dispositivo de curación harmónica formidable y la reducción de frecuencia se manifestará en la falta de salud. Las nuevas actividades y experiencias brindan una forma de restaurar las frecuencias y se sentirán como aumento de energía en el cuerpo.

• Los patrones estancados en el cuerpo se pueden romper no sólo con el uso de cascabeles o con la grabación de los sonidos del trueno, sino también con la frecuencia del amor y el agradecimiento dirigidos al área específica. Se pueden liberar los recuerdos de abuso o trauma retenidos en ese patrón de estancamiento de esa manera.

• Las frecuencias de sanación más grandes de todas son las actitudes de ascensión de amor, alabanza y gratitud que no solo tienen la capacidad de sanar las células, sino de espiritualizarlas de tal forma que pueden cambiar al cuerpo de mortal a inmortal. En otras palabras, la frecuencia como una herramienta de sanación también activa la capacidad del cuerpo espiritual-emocional para cambiar lo "irreal" o fugaz en "real" o materia espiritual.

El Sexto Grupo Nutricional:

• Esta fuente de nutrición y salud para el cuerpo es a lo que comúnmente se refiere como terapia de luz. La contaminación sobre la ciudad, la filtración en los cristales de las ventanas, los lentes de sol, lentes comunes y de contacto, todos evitan que algunos de los rayos más cortos tales como el índigo, el azul y el verde penetren por completo el ojo. Esto afecta de manera adversa al funcionamiento del sistema endócrino superior.

- La falta de áreas verdes en las junglas de concreto en donde muchos de nosotros laboramos y vivimos afectan el funcionamiento del sistema inmune. Los colores que se encuentran en la naturaleza están equilibrados para que las energías de las ubicaciones geográficas específicas produzcan salud. Se podrá encontrar que las personas que gravitan en ciertos terrenos tienen auras con deficiencia de aquellos colores que se encuentran en esa área. Cuando alguien vive en un entorno que equilibra los colores faltantes en su aura, esa persona se siente saludable, equilibrada y fuerte. Los mismos principios aplican al elegir la ropa. Por ejemplo, el mundo corporativo es un ambiente muy estresante que provoca una sobrecarga suprarrenal y deficiencias en los riñones. El negro lo equilibra y se utiliza sobre todo en ambientes de negocios.

- La capacidad esencial para recapitular o lograr una reflexión sobre las experiencias pasadas produce la percepción. En otras palabras, convierte a lo desconocido (el no acceso a la luz) hacia lo conocido (acceso a la luz). Esto aumenta la luz que permea a los cuatro cuerpos inferiores. Con el tiempo el cuerpo mental se vuelve tan equilibrado y tranquilo que se abre a la guía del cuerpo espiritual-mental superior (la conciencia de Dios). Cuando esta luz refinada inunda a los cinco cuerpos inferiores, no sólo cambia las células a inmortal, sino también libera a la humanidad de todos los límites mortales. Esta eleva a un ser consciente de Dios (etapa 2) a Maestro Inmortal (etapa 3) y pone a la disposición las fases avanzadas de la etapa 3 en las que el cuerpo ya no necesita comer, pues se ha vuelto auto-sostenible o es alimentado por la luz.

El Séptimo Grupo Nutricional:

El séptimo grupo nutricional tiene su fuente dentro de los campos del cuerpo humano: el centro de fuerza vital localizado dentro del corazón central del cuerpo en forma de un balón de luz blanca casi del tamaño de una toronja. Sin embargo, en los Maestros Ascendidos se vuelve lo suficientemente grande durante la fase final para envolver a todos los siete cuerpos y alimentarlos con la fuerza vital auto-sustentable.

El séptimo grupo trae las fibras de luz "conectadas" en el cuerpo espiritual del hombre. Este cuerpo consiste de trillones y trillones de fibras de luz irradiando desde el centro de fuerza vital que está detrás del ombligo a través de todos los demás cuerpos, terminando en el capullo lumínico del hombre. Las fibras de luz representan toda vida que existe dentro de Todo lo que Es (todos los siete cuerpos del Infinito).[9]

La capacidad del hombre para moverse más allá de las tres etapas de desarrollo de su evolución de conciencia está dentro del cuerpo (nunca hay un punto de llegada y siempre hay un potencial en espera de convertirse). Cuando las tres etapas del desarrollo se han completado y el cuerpo se espiritualiza y es inmortal, este grupo suple a las frecuencias de todos los demás grupos y hasta el respirar se vuelve obsoleto.

La vitalidad y totalidad que puede dar el centro de fuerza vital a todos los cuerpos puede interrumpirse cuando hay contaminación en las fibras. La contaminación es el resultado directo de una programación externa impuesta en todo individuo.

• La forma principal de control mental a la que estamos sujetos es el condicionamiento social. Esto incluye el condicionamiento de los padres y el educativo, los torcidos puntos de vista del mundo producidos por acontecimientos sin recapitular y la identidad

9. Los cambios ocurrieron en este cuerpo durante la ascensión planetaria y se convirtió en un campo en el 2007.

personal que nos imponemos tanto nosotros mismos como los impuestos por espejos externos.

- Las herramientas tecnológicas utilizadas a través de la televisión, algunas películas y DVD's que se transmiten directamente a zonas geográficas son programas de control mental en masa. Estos pueden afectar a nuestras fibras de luz a menos que estemos lo suficientemente conscientes y claros para reconocer que los sentimientos de temor, ira, dolor o lujuria no son nuestros y nos rehusemos a aceptarlos.

Cuando se limpia la contaminación en las fibras de luz y la energía que estaba atada a retener la contaminación en ese lugar se vuelve disponible a los siete cuerpos, el centro de fuerza vital crece mucho más y las fibras de luz se "conectan" (se encienden). Al final este centro aumenta tanto que forma una bola de luz que abarca a todos los siete cuerpos y las fibras de luz comienzan a recibir energía de las fibras de luz del macro-cosmos. Conforme el ser humano se transfigura en las etapas que están más allá de las tratadas en este libro, mueve a toda la Creación que ahora está conectada a través de las fibras de luz activadas que se han conectado con él.

Etapas de Desarrollo Sexual

El entender a los cuatro grupos de compasión que se hallan dentro del Infinito y su Creación es algo como descubrir por primera vez la secuencia Fibonacci. Una vez que se le conoce, de repente se vuelve evidente en las expresiones de la vida que nos rodea. Se hallarán los cuatro grupos de compasión para brindar el patrón para la vida evolutiva en todas partes, desde la solución de conflictos y etapas sociales y de relaciones hasta el desarrollo sexual. (*Ver Figura 11, Cuatro Grandes Grupos de Compasión*)

Cuatro Grandes Grupos de Compasión

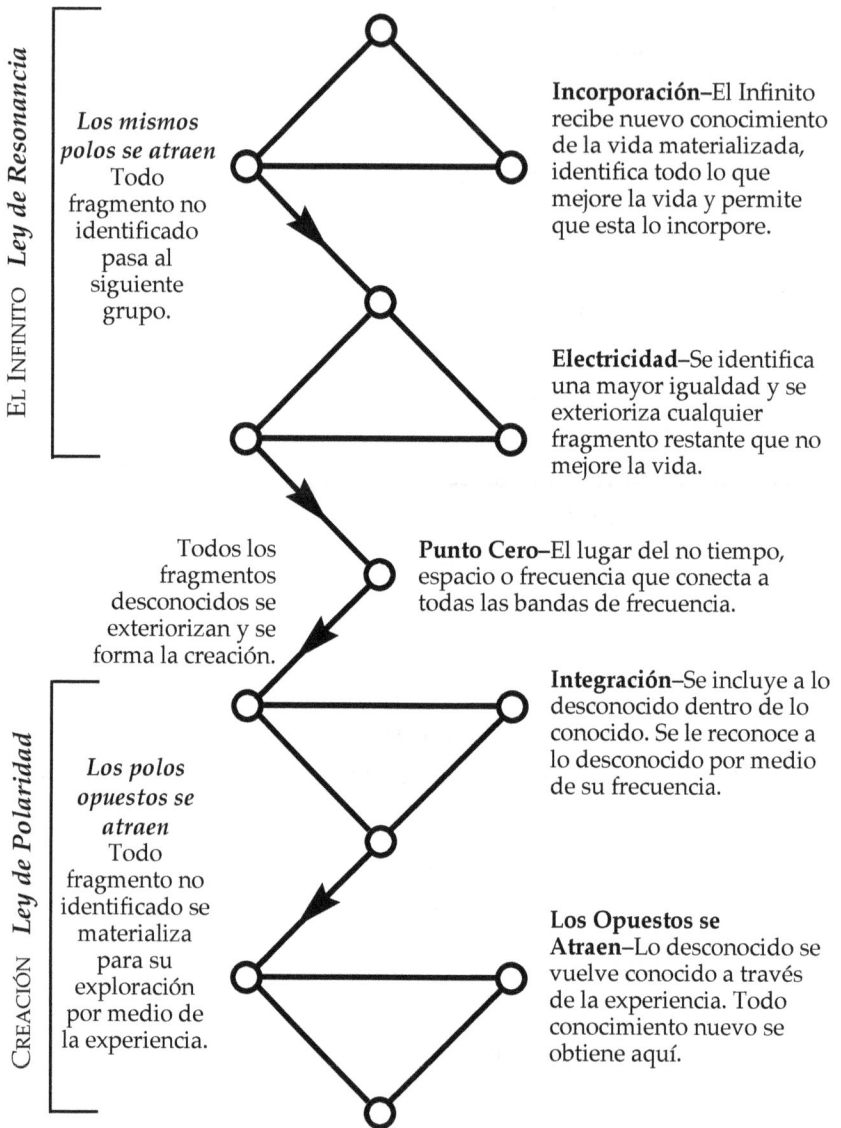

Incorporación–El Infinito recibe nuevo conocimiento de la vida materializada, identifica todo lo que mejore la vida y permite que esta lo incorpore.

Electricidad–Se identifica una mayor igualdad y se exterioriza cualquier fragmento restante que no mejore la vida.

Punto Cero–El lugar del no tiempo, espacio o frecuencia que conecta a todas las bandas de frecuencia.

Integración–Se incluye a lo desconocido dentro de lo conocido. Se le reconoce a lo desconocido por medio de su frecuencia.

Los Opuestos se Atraen–Lo desconocido se vuelve conocido a través de la experiencia. Todo conocimiento nuevo se obtiene aquí.

EL INFINITO *Ley de Resonancia*

Los mismos polos se atraen Todo fragmento no identificado pasa al siguiente grupo.

CREACIÓN *Ley de Polaridad*

Todos los fragmentos desconocidos se exteriorizan y se forma la creación.

Los polos opuestos se atraen Todo fragmento no identificado se materializa para su exploración por medio de la experiencia.

Estas cuatro bandas de frecuencia forman la matriz que ofrece toda vida en evolución. Al alinearse con ellas, recurrimos al poder del Todo.

(Figura 11)

Las etapas sexuales del hombre pertenecen a la forma en que los sexos opuestos se relacionan entre sí y se mueven a través de los grupos de compasión desde arriba (según ilustración) hacia abajo durante la conciencia de identidad. Antes de la conciencia de Dios, estas comienzan a moverse de abajo hacia arriba, simbolizando el camino azul hacia el hogar.

En las sociedades industrializadas actuales estas etapas de desarrollo naturales se han visto interrumpidas severamente por medio de la corrupción de los medios, el aumento del descuido y el abuso de menores resultante de la destrucción de las unidades familiares primordiales. Este es el caso cuando las sociedades están en declinación o desestructuración. Las etapas tradicionales del desarrollo sexual ocurren en la secuencia siguiente: (*Ver Figura 12, Las Etapas Sexuales de la Humanidad*)

1. Buscando la identidad: (Pre-Adolescencia)

Durante la pre-adolescencia los chicos y las chicas gravitan hacia los grupos del mismo género para aprender más sobre lo que significa ser un chico o una chica al observarlo dentro de su mismo grupo. Los chicos construyen clubes de "Fuera chicas" y a menudo las chicas ven a los chicos como el "enemigo", mientras se apiñan juntas en grupos. Si ocurre alguna actividad sexual, esta casi siempre incluye la masturbación o exploración de uno mismo a través de la auto-masturbación.

2. Buscando la identidad con el interés en el Opuesto: (Adolescencia)

Mientras aún se está en la seguridad del mismo grupo, los adolescentes ahora desarrollan un interés obsesivo por el sexo opuesto. Durante esta etapa la búsqueda por entender su propia

Etapas Sexuales de la Humanidad

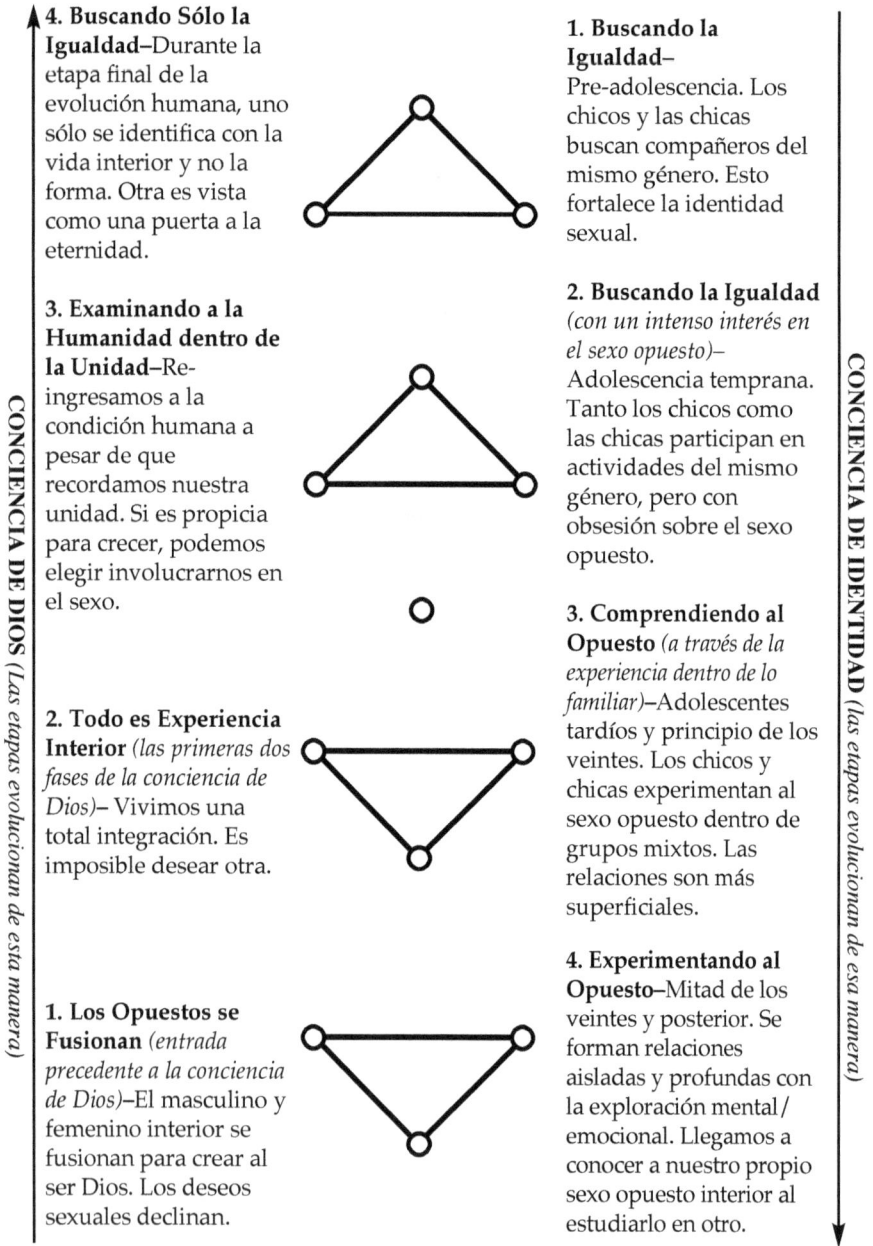

CONCIENCIA DE DIOS (*Las etapas evolucionan de esta manera*)

4. Buscando Sólo la Igualdad–Durante la etapa final de la evolución humana, uno sólo se identifica con la vida interior y no la forma. Otra es vista como una puerta a la eternidad.

3. Examinando a la Humanidad dentro de la Unidad–Re-ingresamos a la condición humana a pesar de que recordamos nuestra unidad. Si es propicia para crecer, podemos elegir involucrarnos en el sexo.

2. Todo es Experiencia Interior (*las primeras dos fases de la conciencia de Dios*)– Vivimos una total integración. Es imposible desear otra.

1. Los Opuestos se Fusionan (*entrada precedente a la conciencia de Dios*)–El masculino y femenino interior se fusionan para crear al ser Dios. Los deseos sexuales declinan.

1. Buscando la Igualdad– Pre-adolescencia. Los chicos y las chicas buscan compañeros del mismo género. Esto fortalece la identidad sexual.

2. Buscando la Igualdad (*con un intenso interés en el sexo opuesto*)– Adolescencia temprana. Tanto los chicos como las chicas participan en actividades del mismo género, pero con obsesión sobre el sexo opuesto.

3. Comprendiendo al Opuesto (*a través de la experiencia dentro de lo familiar*)–Adolescentes tardíos y principio de los veintes. Los chicos y chicas experimentan al sexo opuesto dentro de grupos mixtos. Las relaciones son más superficiales.

4. Experimentando al Opuesto–Mitad de los veintes y posterior. Se forman relaciones aisladas y profundas con la exploración mental/emocional. Llegamos a conocer a nuestro propio sexo opuesto interior al estudiarlo en otro.

CONCIENCIA DE IDENTIDAD (*las etapas evolucionan de esa manera*)

El comprender estas etapas puede ayudarnos a honrar el lugar donde nosotros y los demás nos encontramos en el camino del desenvolvimiento en la sexualidad humana.

(Figura 12)

sexualidad continúa pero con una curiosidad en aumento sobre el sexo opuesto.

Los chicos pasan horas levantando pesas, pensando qué auto conducir cuando tengan la edad suficiente para obtener una licencia y otros pasatiempos "masculinos" que son adecuados culturalmente. Es tiempo de probarse a sí mismos que son "hombres". Se pasan horas estudiando y especulando sobre el sexo opuesto.

Las chicas pasan la mayor parte del tiempo con grupos de su mismo género aprendiendo a ser "mujeres". Estudian revistas, maquillaje y modas. Se preocupan eternamente por sus cuerpos y apariencia, alimentadas por el retrato irrealista de la femineidad ideal que proporcionan los medios. Ellas especulan en grupos sobre el sexo opuesto. Por lo general, si el sexo ocurre con el sexo opuesto, se retiran de vuelta con su mismo género como su principal grupo de apoyo después de tal encuentro.

3. Comprendiendo al Opuesto al experimentarlo Dentro de lo Familiar: (final de la adolescencia, principio de los veintes)

Se forman camarillas o grupos de ambos sexos con intereses similares para poder estudiarse entre sí en la seguridad del grupo. Se forman hermandades, grupos de estudiantes y porristas, intelectuales, rebeldes y otros grupos con características similares.

Ahora se pueden explorar los encuentros sexuales entre sí dentro de la seguridad de un grupo de apoyo con valores similares. En un momento en el que aún están inseguros sobre su sexualidad, sus compañeros le reflejan que no son aceptables a través de su igualdad (desafortunadamente una razón similar forma la base de muchas relaciones, confinando a la gente en el estancamiento aprobado).

Las relaciones sexuales son superficiales durante esta etapa. No están interesados en la exploración profunda de sus emociones o mentes de sus compañeros sino más en ampliar su experiencia.

4. Experimentando al Opuesto: (mitad de los veintes y posterior)

Durante la mitad de los veintes y posterior a ella, se forman relaciones aisladas y la asociación con sus grupos iguales se vuelve más periférico. Ahora se estudia al sexo opuesto con más profundidad mientras buscamos comprender a nuestro género opuesto interior a través de nuestros patrones. Las emociones y los pensamientos de los compañeros se vuelve tan importante como los aspectos físicos de la relación.

El Sexo y la Conciencia de Dios

Cuando entramos a etapas avanzadas de evolución espiritual, la sexualidad cambia una vez más. Los cambios reflejan a los grupos de compasión en orden inverso (de abajo hacia arriba) (*Ver Figura 13, Las Etapas de Desarrollo de la Compasión*). Las etapas sexuales dentro de la conciencia de Dios se mueven a través de los grupos de compasión de las frecuencias inferiores hacia las superiores, en dirección opuesta y a un nivel más alto que las etapas de alguien en conciencia de identidad.

1. Los Opuestos se Fusionan: (entrada precedente a la Conciencia de Dios)

Uno de los pre-requisitos para entrar en la conciencia de Dios es que el masculino y el femenino dentro de cada persona se equilibran a la perfección. La unión interior del masculino y el femenino reduce el deseo sexual por otro drásticamente. La

Las Etapas de Desarrollo de la Compasión

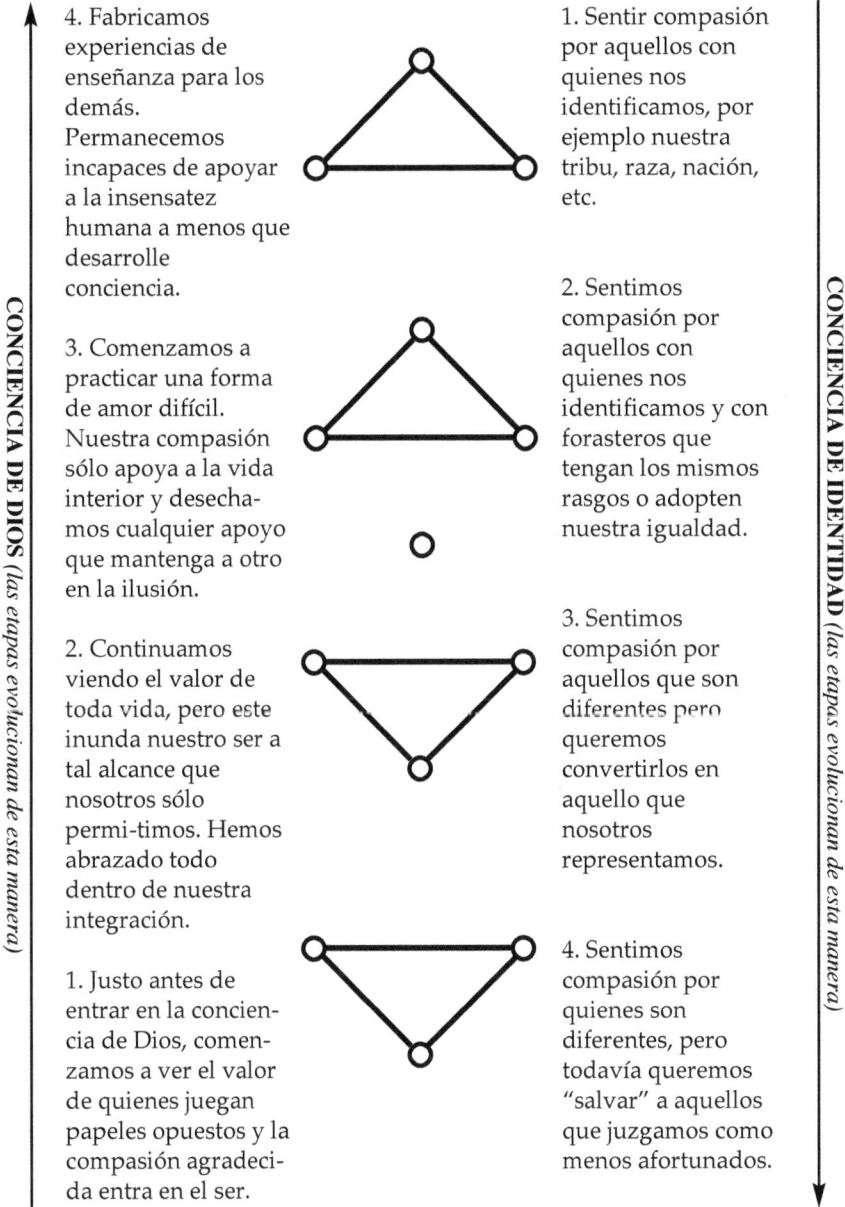

CONCIENCIA DE DIOS (las etapas evolucionan de esta manera)

CONCIENCIA DE IDENTIDAD (las etapas evolucionan de esta manera)

4. Fabricamos experiencias de enseñanza para los demás. Permanecemos incapaces de apoyar a la insensatez humana a menos que desarrolle conciencia.

1. Sentir compasión por aquellos con quienes nos identificamos, por ejemplo nuestra tribu, raza, nación, etc.

3. Comenzamos a practicar una forma de amor difícil. Nuestra compasión sólo apoya a la vida interior y desechamos cualquier apoyo que mantenga a otro en la ilusión.

2. Sentimos compasión por aquellos con quienes nos identificamos y con forasteros que tengan los mismos rasgos o adopten nuestra igualdad.

2. Continuamos viendo el valor de toda vida, pero este inunda nuestro ser a tal alcance que nosotros sólo permi-timos. Hemos abrazado todo dentro de nuestra integración.

3. Sentimos compasión por aquellos que son diferentes pero queremos convertirlos en aquello que nosotros representamos.

1. Justo antes de entrar en la concien-cia de Dios, comen-zamos a ver el valor de quienes juegan papeles opuestos y la compasión agradeci-da entra en el ser.

4. Sentimos compasión por quienes son diferentes, pero todavía queremos "salvar" a aquellos que juzgamos como menos afortunados.

El comprender estas etapas puede ayudarnos a superar la tendencia de una etapa para juzgar a otro como falta de compasión. Podemos ver con claridad cómo el nivel de percepción determina al nivel de compasión.

(Figura 13)

capacidad de enamorarse sólo se presenta cuando existe un desequilibrio entre nuestro propio masculino y femenino interno.

2. Todo se experimenta en el Interior: (Las primeras dos fases de la conciencia de Dios)

El estar en la conciencia de Dios es un cambio tan drástico que uno aún estando en la conciencia de identidad sólo puede especular al respecto. La idea de tener sexo con otro cuando primero no existe un uno mismo y luego, en la segunda fase, no existe un otro, se vuelve sin sentido. El éxtasis de la segunda fase es mucho más intenso que un orgasmo físico y los aspectos físicos de la vida pierden su atractivo. El camino del sexo se vuelve inexistente.

Sin embargo, la persona en conciencia de Dios que está en una relación puede continuar con la actividad sexual con una pareja, sencillamente porque él o ella sólo accede durante estas etapas. No existen límites para quien ha visto su verdadera identidad durante estas primeras dos etapas.

3. Examinando la Humanidad dentro de la Unidad: (re-ingresando a la condición humana)

Al re-ingresar a la condición humana mientras recordamos nuestra identidad más grande, de nuevo actuamos como si estuviéramos separados de los demás con el fin de crecer. Si esto conduce a evolucionar a nuestra conciencia y a la de los demás, podemos elegir el re-involucrarnos en el sexo.

Debido a que un maestro a este nivel sirve sólo a los propósitos de la vida interior, el sexo será el resultado de la guía interior que se recibe a través del corazón y no debido a necesidades físicas. Una vez que se tomó la decisión de tener sexo, el enfoque del maestro se contrae a lo físico con el fin de disfrutar de la experiencia.

4. Buscando solo la igualdad: (El Maestro Ascendido)

Hasta este punto el maestro sólo se dedica al sexo sagrado, si se tiene. El ve al otro como parte de sí mismo ahora también ve con claridad cómo es de única la perspectiva que cada persona tiene. Por lo tanto, podemos dirigir su amor universal hacia otro temporalmente y entrar en su pareja como una puerta para disfrutar la eterna perspectiva única de su pareja. Desde esta experiencia, la propia perspectiva del maestro logra enriquecerse.

Descubriendo nuestro Destino

Para comprender el significado de destino, tenemos que comprender nuestra relación con el Infinito. Hasta qué punto nos individualizamos en una multitud de perspectivas, cada una faceta única del Infinito?

Piensen en la explosión inicial – el Big Bang – como la diseminación de pegamento sobre toda una telaraña tan extensa como el espacio que define dónde se llevará a cabo la Creación. La araña sentada en medio de la tela ahora quedará atrapada en su propio pegamento, así que sacude los hilos de su red de la misma manera que un arpista sacude las cuerdas de su arpa. Mientras lo hace, el pegamento se apiña en pequeñas gotas. Ahora ella puede correr sobre sus patas dentadas entre ellas para recoger su alimento sin quedar atrapada.

La frecuencia de la vibración causa que la energía se acumule en materia, tal como el pegamento de la araña. Si colocamos un círculo de papel grueso cubierto con virutas metálicas sobre un vaso y golpeamos el vaso con un diapasón, se formarán diferentes patrones para distintas notas.

El arpista o el diapasón que acumula conciencia en perspectivas personalizadas es el deseo (frecuencia) del Infinito en conocerse a sí mismo por medio de la formación de la Creación. A partir de este cúmulo, cada uno de nosotros se vuelve una faceta única del Infinito, capaz de relacionarse entre sí y de planear la forma en que deseamos que se desenvuelva la Creación. Esta personalización se lleva a cabo antes de que el Infinito se divida a sí mismo en el Creador y la Creación. Para comprender más cómo se relaciona el Infinito hasta este punto, tenemos que echar un vistazo a las sub-personalidades que hay dentro del hombre: el cultivador interno, el niño interno, el guerrero interno y el sabio interno. Las sub-personalidades no están ni afuera ni separadas de nosotros. Cada una es una perspectiva específica y única superpuesta sobre nuestro espacio interior o psique, capaz de conversar entre sí.

La perspectiva única que cada uno de nosotros tiene lleva un desafío único que se vuelve nuestro destino. Cada uno de nosotros recibe una parte de la ecuación matemática que es el Infinito para explorar el misterio de nuestro ser como parte de la solución del misterio. Por ejemplo: $(a+b) + (x-y) + (qr-s) = $ El Infinito.

En otras palabras, cuando se forma la Creación, Jane diseñará la vida tras la vida explorando temas alrededor de $(a+b)$, John explorará $(x-y)$, etc. La parte de la ecuación del ser Infinito que asumimos resolver se convierte en nuestro destino.

Echemos una mirada a la forma en que se desenvuelve el destino en el caso de Jane. Algo que todavía está por resolverse es parte de la ilusión o de lo desconocido. Entonces elijamos un tema tal como el sufrimiento como comprensión de su destino.

Jane es como un despertar de una conciencia específica, personalizada a través del deseo del Infinito. Cuando la Creación, el reflejo del Infinito se forma, este proyecta la imagen de vuelta a la personalización de Jane. Al nivel superior de la Creación, se forma aquello que llamamos su ser superior. Al nivel inferior de la Creación, su ser superior interpretará el destino de su ser superior y crea varias vidas dentro de la manifestación (la forma) para explorar este destino por medio de la experiencia.

La letra "a" en su tema es amorosa. Ella vive vidas tales como:

$$\text{Amorosa + Socorrista = Dependencia}$$
$$\text{O}$$
$$\text{Amorosa + Perceptiva = Empoderamiento}$$

Llamamos a una contribución específica de vida para comprender el destino, suerte. Nuestra suerte (los temas que intentamos entender en esta vida) no es sino un paso de muchos. Qué tanto podemos encontrar en nuestra línea del destino? Podemos desentrañar los misterios que envuelven ese momento cuando el Uno se volvió muchos y pactamos con el Infinito y todas las demás creaciones para asumir con dedicación y valor la exploración de nuestra parte de la ecuación? Prometimos que convertiríamos en luz a la oscuridad, enriqueciendo al todo con nuestras reflexiones. Cómo podemos saber qué fue lo que acordamos hacer?

Para penetrar la neblina que cubre el largo tema sobre el que nuestras experiencias derraman luz es un esfuerzo muy importante. No sólo sana nuestras heridas al colocar en perspectiva a nuestro sufrimiento, sino también nos provee con una herramienta útil que produce mucho más iluminación: la inclusividad.

En pocas palabras, la inclusividad es la comprensión compasiva del panorama completo. Cuanto más grande sea la parte de la Creación que podamos abrazar y de la cual ver la perfección absoluta, más poder hay a nuestra disposición para ayudarnos a obtener más reflexiones y percepción. Para ayudarnos a entender más la incorporación, examinemos la diferencia entre un arcángel y una diva de la naturaleza.

Tanto la diva que supervisa la creación de un rosal como el arcángel Mi-ka-el que supervisa la reducción de luz en materia son igualmente importantes para el Infinito pues cada uno es un hilo en la gran red de la vida. Si alguno tuviera que ser removido, la perfección del todo dejaría de serlo. La Creación es un reflejo del Infinito, Mi-ka-el sostiene una pieza más grande del espejo que produce un amplio poder y la pequeña diva de la naturaleza sostiene tan sólo un fragmento que refleja una parte más pequeña de la imagen del Infinito.

Nuestras vidas colectivas son como un gran espejo integrado que se ha roto en pequeños pedazos, reflejando vidas individuales. Al recuperar la percepción de estas vidas podemos unir de nuevo al gran espejo. Comenzamos por hallar los temas en esta vida que son ya sea predominantes o recurrentes.

A menudo los temas de la vida ocurren en ciclos, siendo los más notables aquellos de los siete y los veintiún años. A veces los temas son sutiles pero una vez encontrados, estos se revelan en capas. Por ejemplo, al principio puede parecer que el tema es el sufrimiento debilitante, pero conforme vemos más allá nos damos cuenta que las zonas "dañadas" de nuestras vidas pueden volverse nuestro fuerte. Estas son fuentes de gran poder si podemos voltearlas obteniendo sus apreciaciones y ajustando nuestras actitudes de sentirnos víctimas a abrazar nuestras experiencias, sabiendo que nuestro ser superior escribió el guión. Por lo tanto, el guión podría ser que el sufrimiento podría guiarnos hacia la percepción y el poder.

Entonces nos damos cuenta que mucho de nuestro sufrimiento vino como resultado de nuestra resistencia al cambio y que el sufrimiento no es sino la herramienta de la conciencia para forzar el cambio. De esta forma el tema podría explorarse como el pelar una cebolla, hasta que el núcleo quede al descubierto.

Una vez que descubrimos nuestro destino, cambia la naturaleza de nuestros desafíos. Ya no daremos vueltas en una rueda de lecciones no aprendidas, sino en su lugar los desafíos se volverán relevantes para nuestro destino. Entonces hallamos la misma satisfacción en enfrentar estos desafíos como lo haría un alpinista quien, con cada victoria, observa con satisfacción mientras se acerca lento pero seguro a su meta: una vista que parece extenderse hacia la eternidad con una belleza cegadora que quita el aliento.

Las Tres Actitudes de la Ascensión

Las actitudes de amor, alabanza y gratitud son representativas de la trinidad que se encuentra a través de la matriz de la existencia. Estas son la gloria suprema de una vida santificada. Son el vehículo a la inmortalidad y a la ascensión que le esperan al hombre más allá de su horizonte actual.

Amor

Emerson escribió:

"¡Ay! No sé por qué…cada hombre ve en el otro lado se sus propias experiencias con cierto tinte de error, mientras que aquellas de otros hombres parecen justas e ideales."

El motivo por el cual miramos atrás a lo que nos referimos como nuestras tonterías con tanto pesar es porque el recuerdo de nuestros niveles superiores de conciencia está sumergido no muy por debajo de la superficie de la mente. Reprimimos con dolor el recuerdo de los rostros que una vez amamos y la culpa contamina muchas de las elecciones que hemos hecho en nuestras vidas.

Sin embargo, deshonramos el viaje de nuestras vidas al no reconocer el valor de nuestros aparentes errores como nuestros grandes maestros de sabiduría. Quitemos una relación fracasada o una elección tonta y uno también tendría que quitar tanta sabiduría y percepción. En ningún lugar nos tortura más la picadura de la auto-censura que en los recuerdos del amor perdido.

Se intercambia la palabra amor en los púlpitos, en las mesas de restaurantes, en floridas tarjetas de todo tipo. El hecho es que muy pocos filósofos han derramado tanta luz en cómo puede reconciliarse el amor que sentimos en el romance y el amor por Dios y la Creación. Ya sea que se ensalce al amor romántico en abundantes fuentes de literatura o se le desestime en muchos escritos espirituales como una reflexión inmerecida del amor infinito.

El resultado es que debido a que el amor romántico es el sentimiento más embriagador que gran parte de los humanos tendrá jamás (llamado por los filósofos "el encanto de la vida humana"), la culpa se compone por el sentimiento de que tan intenso amor debió en su lugar habérsele dado a Dios. En la vida de muchos, ningún amor se comparará de nuevo a la emoción embriagadora, fugitiva y romántica de la juventud. Por consiguiente, nos encontramos carentes de devoción y entonces intentamos amar a Dios con todo el fervor que podemos reunir hasta un concepto nebuloso e indefinido. Esto casi siempre crea fanáticos religiosos que, al fallar en sus sentimientos, intentan compensarlo a través de sus acciones.

Es la misma turbulencia de nuestro amor romántico que labra de nuestras almas los huecos que sostendrán a un amor más grande. Es a través de nuestro amor por un amante, un padre, una madre, un niño, que nuestro amor crece para incluir a toda la gente. Como los mares tormentosos labrando cavernas muy profundas en los acantilados, también los recuerdos más dolorosos crean nuestra capacidad más profunda para amar.

Mi madre pasó sus últimos años en un hogar para personas de la tercera edad en un pequeño pueblo a 15 horas del lugar donde vivo. Intenté que la mudaran a un lugar donde nuestra familia pudiera prestarle atención y cuidados, pero los doctores sintieron que podría sufrir un infarto fulminante debido al estrés de la mudanza. La dificultad para localizarla hizo que muriera a millas de distancia de sus seres queridos, rodeada de extraños (por último no podía ni reconocernos cuando la llamábamos por teléfono). El dolor y la culpa al sentir que yo había fallado se desató en mi corazón durante muchos años. Se había agudizado mi capacidad de amar a la gente mayor y de mí fluyeron bendiciones y sanaciones constantes y silenciosas cuando me encontraba con una persona mayor y sabía que era la madre o el padre de alguien. De este modo el amor romántico intenso despierta en nuestro interior la capacidad de amar a otros más profundamente, pero también despierta algo más. La profundidad que un artista aporta al arte igualmente proviene de la pasión inspirada por el amor. Al final no sólo aquello que creamos sino también lo que somos se perfecciona y toma forma en una madurez que hace falta en quienes nunca han renunciado al amor hacia sí mismos por el amor de otro.

Así que aprendemos a través de nuestros amores terrenales cómo entregarnos a algo mucho más grande, hasta que un día podamos fusionarnos con nuestra propia identidad superior. Encontramos al poeta en nuestro interior, la espontaneidad del niño interno, a través de la musa del amor. Una vez más recordamos qué se siente seguir nuestros corazones y abandonar la razón. El amor nos suaviza y disminuye nuestra resistencia a la vida y mientras envejecemos, lo que perdemos en intensidad lo ganamos en integración.

Las cualidades de la integración y la entrega nos preparan para la conciencia de Dios y es donde hallamos el silencio de la mente. El corazón no puede amar por completo mientras exista un diálogo interno, aunque uno sólo pueda saberlo retroactivamente. Conforme la mente se silencia, el corazón revienta con una ternura sobrecogedora por toda vida. El amor divino ha tomado su lugar en el trono del corazón.

Alabanza

De niña yo tenía temor a las alturas. Cuando subíamos a los juegos de altura en el carnaval o trepábamos nuestro árbol de moras, descubrí que podía sobreponerme al concentrarme en el horizonte lejano. Al alterar un poco el enfoque de mis ojos, las alturas vertiginosas se volvían más amigables.

La alabanza es una actitud que se enfoca en las vistas distantes y se permite a sí misma disfrutar el impresionante paisaje. Reconoce que hay un factura sin cobrar, pero en su lugar se concentra en la provisión cultivadora y abundante que fluye hacia quien confía en ella. Esta no se desliga de los cuidados actuales, sino los ve en su verdadero contexto como precursores del crecimiento.

La alabanza es una actitud de pensamientos que se elevan hacia el cielo; no hay nada mejor ilustrado que la historia de Cristo caminando sobre el agua como lo menciona el Antiguo

Testamento. El no se enfocó en los mares tormentosos, sino mantuvo su firme concentración en la vida interior más que en la forma. Por otro lado, Pedro el discípulo que también deseaba caminar sobre las aguas, vio las olas crecer y los grandes vientos y se hundió. El maestro tuvo que extender su mano y salvarlo. El Cristo vivió en un estado de alabanza, Pedro no.

Durante eones los estados de alabanza han sido utilizados por aquellos que la asociación los hizo santos. Como una actitud de ascensión, esta necesita templarse por la experiencia. No es suficiente retirarnos de la vida para pasar nuestros días entonando cantos de alabanza a Dios. Estamos aquí en primer lugar y sobre todo para explorar lo desconocido y cualquier intento de escapar a lo que nos hemos comprometido hacer, conlleva a un castigo. El eludir nuestro deber y llamado superior a favor de retirarnos hacia estados estáticos de alabanza produce una forma de alabanza que no es fuerte y que no se ha probado.

Aquello que ha sido protegido rara vez es sólido, pues la experiencia de la adversidad no lo ha perfeccionado ni pulido a su máximo brillo. Es fácil sentir exaltación en el santuario, pero podemos hallar la perfección oculta detrás de las apariencias de los rostros de los mendigos que muestran los estragos del tiempo y que bordean la calle de una ciudad?

No existe redundancia en el cosmos. Si hubiera un mendigo en la calle, también existe la necesidad para que él esté ahí. El que tal cambio doloroso y forzado sea su terreno es el resultado de evitar constantemente dar su siguiente paso, o quizá es que está resolviendo una profunda parte del misterio del ser que requiere de ese espejo drástico de lo que no es Dios? Podría ser que un gran maestro se ha comprometido a jugar su papel ya sea a derramar luz en donde hay desesperación o a darnos la oportunidad para la comprensión compasiva. Cualquiera que fuera la razón, habrá una amplia causa para la alabanza si cambiamos nuestro enfoque de las apariencias a la vida interior.

La alabanza llena a las células de luz y nuestros pasos se vuelven una bendición para la tierra. Toda vida que nosotros tocamos responde con un crecimiento en aumento a esa frecuencia de afirmación de vida. Al llenarnos de alabanza, también nos llenamos de la creciente luz y de la fuerza vital y luego, en un abrir y cerrar de ojos, el relámpago de la inmortalidad nos cambia a Maestro Ascendido.

Gratitud

Si la verdadera felicidad radica en ser felices con lo que tenemos más que en obtener lo que deseamos, la gratitud es la llave a la felicidad. Esta nos ayuda a valorar los pequeños gozos del momento más que esperar las grandes ganancias y al hacerlo, aprendemos a apreciar la vida.

La vida consiste de los pequeños tesoros como el tranquilo oasis del momento ininterrumpido con una taza de té que nos permite volver al mundo interno de la contemplación. La vida es la serie de los pasos del tiempo para que nosotros hagamos de ellos lo que queramos. Podemos ya sea convertirlos en los pasos de un trabajo agotador o aligerar su andar con gratitud. La calidez abrigadora de un edredón favorito en una noche oscura y lluviosa, el momento de sentir que la primavera está próxima, el placer de arrullar a un pequeño niño de mejillas sonrojadas a quien le pesan los párpados por las aventuras del día…todos estos valiosos momentos de la conciencia se vuelven una razón más que suficiente para que un corazón rebose de gratitud.

No sólo la gratitud nos bendice con alegría, sino también en cantidad. Una de las leyes más ocultas de la provisión es que la gratitud abre los portones del cielo, incrementando cualquier cosa en la que se concentre. Desearíamos aumentar nuestra salud, nuestra abundancia y nuestras capacidades? Entonces el lugar por donde debe comenzarse es reconocer con agradecimiento las porciones asignadas que ya tenemos. En lugar de ver qué tan pequeño es el suministro, enfoquémonos en el agradecimiento y la alegría de lo que significa el tenerlo. Con cada dólar que gastemos con gratitud sincera y de corazón, muchos más llegarán a tus bolsillos.

Tal como las demás actitudes de ascensión, la gratitud refuerza la vida de quienes entran en contacto con ella. Los indígenas siempre han sabido que la naturaleza responde favorablemente a la gratitud, que las especies prosperan y evolucionan bajo el reconocimiento agradecido del hombre. La gratitud no sólo santifica al dador, sino también al receptor.

La verdadera prueba de un corazón agradecido se encuentra en los desafíos que trae la vida. La integración demanda esa gratitud, como el sol o la lluvia, no desestimando una de la otra sino derramando su resplandor en el dolor y el placer por igual. Toma una percepción profunda el explorar detrás de las apariencias y extraer la verdad eterna de que Dios no envía nada sino bondad. El manda regalos o desafíos, pero estos últimos son obsequios disfrazados en sí mismos que merecen gratitud. Cuando se aplica este principio, pronto se vuelve evidente que el más tenue brillo de gratitud del corazón comienza a desentrañar la ilusión, disimulando el regalo de los desafíos de percepción retenidos.

Si podemos dominar la capacidad de ser agradecidos en toda circunstancia, de ahora en adelante brillará el poder de la gratitud, cambiando a las células corporales en materia espiritualizada. Así nos convertimos en lo que la humanidad debería de ser: Maestros Ascendidos.

Las Siete Actitudes de Apoyo

Las siete actitudes de apoyo como parte activa en la vida de alguien crean a una persona que se ha dominado. Los acontecimientos de la vida diaria ya no podrán sacarlo a uno de su centro o de su círculo. Tal maestro da la bienvenida tanto al dolor como a la alegría y no ve en el dolor otra cosa que una oportunidad para triunfar sobre la resistencia a la vida; el renunciar a los deseos del ego sobre el altar de la vida interior afirmando: "Hágase tu voluntad."

El repaso de estas actitudes de apoyo es el hilo del respeto profundo y perdurable para la divinidad dentro de toda vida. Estos albergan respeto por nuestro propio guía interno, por el tiempo, por la mezcla de insensatez y sabiduría que oculta el destino más grande de nuestro prójimo. Ellos aportan respeto por el proceso de la revelación de la vida que demanda que la vivamos bien. (*Ver Figura 14, Las Actitudes de Apoyo y el ADN*)

Tiempo

El puente más grande jamás imaginado aún gira en torno al punto más pequeño. El tapiz de ilusión que se extiende sobre la vastedad de los reinos más densos de la Creación comienzan a desentrañarse cuando se corta un solo hilo. La diferencia que una sola vida puede hacer en el gran esquema de la Creación es inmensa.

Nuestras mismas vidas giran en el momento. Un acontecimiento o percepción clave puede alterar para siempre el curso de una vida, lanzando al destino hacia una dirección totalmente distinta y con este también el resultado de los acontecimientos en el cosmos. Sólo la persona más profana y llana puede tratar a la importancia del momento como algo menos que sagrado.

Las Actitudes de Apoyo y el ADN

La activación del ADN humano por medio de la ascensión y de actitudes de apoyo

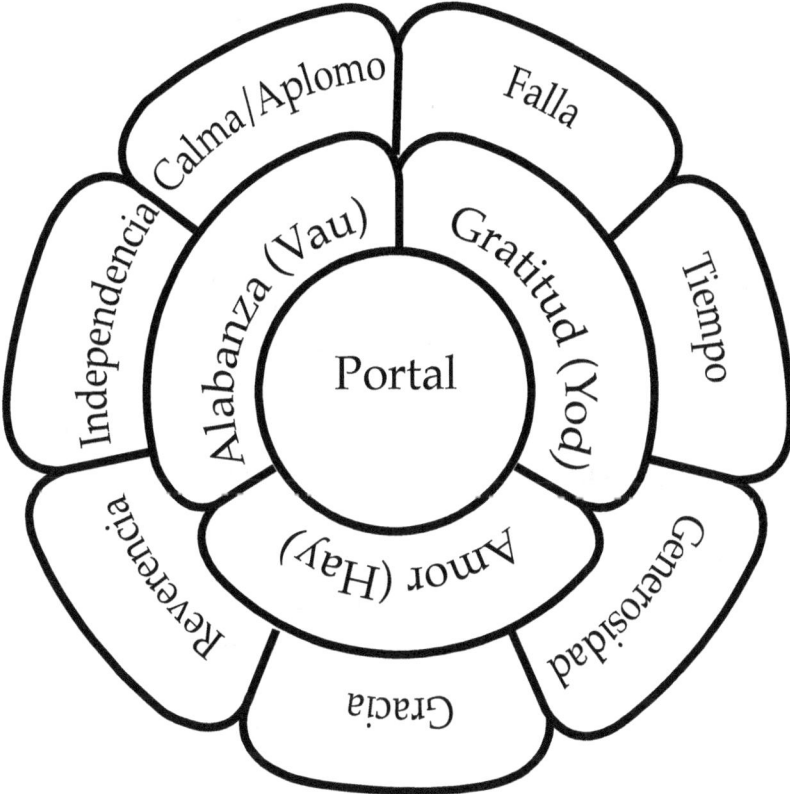

Las tres actitudes de ascensión y de apoyo principales que activan las cámaras dentro del ADN después de que integramos los arquetipos de la diosa en nuestras vidas. Esto da como resultado la activación del círculo interno, el cual es un portal hacia la conciencia superior a través de nuestro ADN.

(Figura 14)

Si tan sólo por este momento pudiéramos vernos como el centro del cosmos, teniendo la capacidad de influir sobre la misma estructura de la existencia con la calidad de nuestros pensamientos, con qué contribuiríamos? Sería imposible detener el entusiasmo y la pasión para las miles de formas de vida que fluyen en un río de cambios, en su búsqueda para explorar lo desconocido? Irradiaríamos temor y reverencia para que nuestro prójimo tenga el valor de descender a los reinos del olvido en donde con frecuencia el dolor es nuestra única fuente de orientación?

Si podemos vernos a nosotros mismos como este punto central de influencia afectando toda existencia por lo menos un segundo, entonces podemos hacerlo en los segundos siguientes. Entonces de repente, sin darnos cuenta, hasta cierto punto descubriríamos que nos hemos transfigurado en un ser de gran luz a través del poder de nuestros pensamientos; un ser que tiene poder sobre la muerte y un amor tan grande que disuelve la ilusión de otros por medio de la gracia.

En este momento se está escribiendo el futuro, maleable por tu intención. También el pasado pierde su dolorosa tiranía sobre el presente conforme transmutamos su dolor en sabiduría. Si ya no rigen nuestras vidas ni el temor por el futuro ni el dolor del pasado, nos hemos convertido en un ser soberano libre. Ya no buscamos la verdad aquí o allá, sino que en su lugar la creamos momento a momento en la maestría y en la luz. Sólo existe este momento...detengámoslo con determinación y giremos nuestras vidas del estado de víctima hacia la hábil maestría y por alguna casualidad podríamos descubrir que todo el cosmos gira con nosotros.

Errando exitosamente

Un día sin errores es un día sin crecimiento. Nuestra batalla en la vida no es contra las circunstancias externas. Después de todo, uno da fuerza a aquello a lo que se opone. La verdadera batalla de un promotor de la luz es contra la ilusión. Cada encuentro con la oposición es una oportunidad para penetrar la ilusión y hallar la percepción oculta. En ese caso, cómo podemos fallar en realidad?

Para ponerlo más claro, el hombre de la calle que intenta triunfar sin aprender una sola cosa tiene mucho que perder y nada que ganar. Si termina estando en lo "correcto", ha triunfado en su mente. Todo lo que en realidad ha logrado hacer mientras intenta convencer a otros de sus sistemas de creencia o de sus circunstancias es reducir las rejas de la prisión que lo mantienen encerrado en su opinión del mundo.

Debido a que el promotor de la luz sabe que su ser es su sustancia, no le importa la opinión que los demás tengan de él; por lo tanto, no tiene nada que probar y mucho que aprender. Debido a que sus padres que lo engendraron, nutren a su niño interno, su guerrero protege a su familia interna y el sabio guía a esos fragmentos internos, el no tiene que vivir nunca de acuerdo a las expectativas de los demás. El ha dejado de necesitar. Al referirse a sí mismo en busca de aprobación, puede sentarse y disfrutar del éxito en aprender de sus errores, llenándose cada vez más de luz.

El error más común que se comete cuando nos enfrentamos a un desafío es el de medirlo con experiencias pasadas. Esto nos lleva a creer que lo hemos identificado y etiquetado. Para evitarlo, existen cuatro pasos que utilizamos para no darle fuerza a los antiguos sistemas de creencia y fallar al entender las reflexiones.

1. No nos retiramos de un desafío si debemos enfrentarlo.

Recordemos el pacto que hicimos con el Infinito para hallar la comprensión por medio de nuestras experiencias. En primer lugar, el desafío es para que lo luchemos si todavía hay una reacción refleja (lo que significa apreciaciones inflexibles) contra tan sólo una sensación de tedio avisándonos que ya hemos aprendido esta lección y no tenemos que volver a jugar el mismo juego. El desafío tiene que retirarse por un día más si tu nivel de habilidad no está como para luchar contra él y podría ser peligroso. En segundo lugar, el destino que hemos asumido requiere de muchas apreciaciones para completarlo con éxito. No podemos saltarnos las piezas del rompecabezas; por lo tanto, abracemos el desafío si este es nuestro.

2. **Sabemos que hay más en este desafío que en su apariencia inicial.** Nos tomamos el tiempo para ver detrás de las apariencias porque somos más diligentes que nunca en que lo que nos hemos comprometido a resolver es nuestro únicamente. No se le puede comparar a nada de lo que alguien más haya experimentado.

3. **Recordamos que en verdad estamos trabajando en nuestro destino.** Nuestro destino es el resolver esa parte del misterio del ser Infinito por el cual nos responsabilizamos. Cuando lo hacemos, el error contra el éxito se vuelve insignificante. El único error en el verdadero significado de la palabra es el fallar en aprender.

4. **Nos damos cuenta que nosotros creamos este desafío.** Lo hicimos a través de la manifestación de circunstancias externas para aprender nuestra siguiente percepción. Recordamos más tarde que la solución tiene que beneficiar a la vida interior de todos los involucrados. Si fallamos en aprender nuestras lecciones, otros que han contraído el compromiso de reflejarnos ciertas cosas quedan atrapados en la rueda junto con nosotros. El vivir nuestra verdad más elevada siempre beneficia a todos.

Una vez más la clave para vivir estos principios con éxito depende de la integración: el ver el panorama completo. Las siguientes palabras éxtasis por el Presidente Woodrow Wilson resumen este principio: "Prefiero fallar en una causa que sé que algún día triunfará que triunfar en una causa que sé que algún día fallará."

La Actitud de la Gracia

Como el surfista se convierte en la ola y el esquiador en la montaña, como un bailarín se convierte en el tambor, así el maestro se convierte en uno con las corrientes y el flujo del río de la vida. El fluir libremente alrededor de las rocas en el río, cooperando con los remolinos y las corrientes a lo largo del camino, el maestro se vuelve un hábil arquetipo de gracia suprema.

La actitud de vivir con gracia está compuesta de varios factores que se mezclan en una sola cualidad admirable, inspiradora para observarla e imperativa para cultivarla; pero la conciencia superior siempre va de la mano con un aumento de energía. Por lo tanto, la gracia debe de alguna manera producir más energía.

Vivir la vida con gracia conserva la energía, pues la co-operación sensitiva con la vida no permite el frívolo despilfarro de energía a través de la lucha de batallas que no son nuestras o por medio de intentar controlar ya sea los resultados o a los demás. Más aún, la energía se conserva al controlar el elemento del tiempo, uno de los factores que crean una vida de gracia.

Existe un momento para actuar y un momento para detenerse. Existe un momento para avanzar y otro para retirarse. Con el fin de que podamos otorgar a cada momento su debido tiempo, debemos estar en un estado de quietud para escuchar los llamados de la voz de Dios. También debemos permanecer en un estado de conciencia elevada para observar las señales en nuestro entorno.

El otro componente clave de la gracia es la fluidez. El ser fluido no trae el último momento al presente. Aunque el último momento haya sido una catástrofe, la vida gira sobre una moneda y si entramos al momento siguiente sin expectativas, la capacidad para salvar el día puede todavía presentarse por sí misma. El pasado se vuelve una bola de hierro encadenada si lo arrastramos hacia el futuro:

"El dedo se mueve y escribe:
Y habiéndolo hecho, ese avanza: ni toda su Piedad
Ni el ingenio lo traerá de vuelta para cancelar
la mitad de una línea, ni todas sus lágrimas borrarían
una palabra."

El Rubayat, de Omar Khayam (poeta Persa, siglo 11)

La gracia fluida que traemos a nuestras vidas no tiene rastros de una resistencia rígida. La gracia no se avergüenza por llorar, tampoco tiene miedo a sufrir, pues habiéndose abierto al torrente de la vida que se mueve a través de nosotros, sollozamos cuando esta solloza y bailamos cuando esta baila. Hemos entrado a la vida impersonal de la maestría.

El componente final de la gracia es la excelencia – ese adorno de los frutos de nuestro trabajo tal como se ofrecen a la gloria de Dios. Mi vida está dedicada a la excelencia. Mi alma se marchita frente a la mediocridad. Sólo quiero tener en lo posible los pensamientos más sublimes y tener sueños de belleza sin igual. Quiero celebrar los momentos comunes de cada día y dejar bendiciones con cada huella. Quiero andar por un camino de gracia sobre la tierra.

La Majestuosidad del Aplomo

El aplomo tranquilo en maestros de poder es la culminación de una vida de disciplina y de la entrega incondicional a la forma en que se desenvuelve la vida. Es la gloria suprema de una vida bien vivida; una vida en la que la percepción más extensa fue el factor determinante más que un enfoque en las vicisitudes de la vida diaria.

Cuando desde lo alto de una montaña observamos el viaje de un ciclista en el valle, podría parecer como un camino recto, pero nada puede estar más lejos de la verdad. La bicicleta se mueve ligeramente hacia la izquierda, luego hacia la derecha y de regreso otra vez. Si sostenemos la percepción más extensa en nuestras vidas, el ir y venir diarios parecen intrascendentes. La tranquilidad reemplaza el intento por controlar la inestabilidad inevitable que es intrínseca en el viaje.

Si hubiera ocasiones en que el ataque violento de otro puede robarnos el equilibrio por el cual hemos trabajado arduamente, entonces ya hemos concedido la derrota. El águila es el enemigo mortal de la garza, pero los naturalistas han observado ataques de un águila a una garza en los cuales esta última permanecía en una quietud y aplomo perfectos, con el pico apuntando hacia el cielo. El águila, en una picada de feroz velocidad y de intención centrada, en estos casos se clavaba ella misma en el pico de la garza.

Si fuéramos el blanco de la ira de otro, permanezcamos como la garza en la majestuosidad de la calma, sin dejar nunca el centro de nuestro círculo. Puede resultar claro que la energía universal conspira para ayudar a aquel que permanece en fortaleza y aplomo con mayor facilidad a aquel que representa el papel de víctima indefensa.

La esencia de la calma es el no anticipar o controlar a la vida, sino en su lugar dejar que la vida llegue a nosotros. Así también ocurre con aquellos que son nuestros maestros disfrazados de nuestros enemigos. En cualquier caso, prepárense para lo peor, pues el ser tomados por sorpresa agota energía, pero al haberlo hecho hemos conseguido el derecho a esperar lo mejor. Bajo la mirada de la calma, la ausencia de brillo en las vidas de nuestros oponentes se vuelve aparente. El único poder que creen poder reunir es destructivo y por lo tanto, sólo pueden picotear el objeto que les causa incomodidad en un intento por rebajarlos a su nivel.

La calma y el aplomo se prueban por medio de la interacción y la adversidad, pero la soledad los alimenta. Si la soledad es el precio de la grandeza, yo con gusto lo pagaría y en caso de estar bajo el roce de su carga, me recordare a mi mismo de la alternativa: una vida vivida a media luz, esclavizada por la aprobación y condenada a rogarle a otro por limosnas de bienestar.

Estudiamos y citamos a los grandes de la historia, en vez de eso si apreciamos el valor de lo divino dentro de nosotros podemos nosotros ser esos grandes de la historia.

Auto-dependencia

Se han conseguido muchas ganancias en la auto-dependencia durante los últimos 25 a 30 años, en su mayoría como parte del resultado de una intensa desestructuración de la vida familiar. Por cada pérdida hay una ganancia y este es el caso por el que tanto los hombres como las mujeres se han sumergido en unidades de padres solteros en donde han tenido que desempeñar muchos papeles y al final de un día agotador darse cuenta que lo único que les produce sostén tendrá que ser el auto-sustento.

Además, no hay nadie que pelee sus batallas y después de

algunas lecciones amargas también pueden ser lo suficientemente afortunadas para tropezarnos con la gran verdad que ha separado al genio de la mediocridad; el que nadie puede aconsejarnos sobre un plan de acción, ni siquiera los mismos ángeles. Ellos sólo pueden iluminar las eternas verdades como guías en nuestro camino. Nuestros senderos, únicos para nosotros, están en un curso inexplorado y la brújula se encuentra en la sabiduría superior susurrada a través de los llamados de nuestro corazón. De repente un día, una brillante y reveladora verdad emerge y nos damos cuenta que nuestro ser es nuestro sustento.

Tal comprensión es de hecho la misma fundación de la auto-dependencia. Sin embargo, para que el edificio sea construido sobre esta, el comienzo es tan sólo el esforzarse meticulosamente para deshacerse de la esclavitud del condicionamiento social y colocar los ladrillos del momento del pensamiento original por el momento luminoso.

El pensamiento original no pide que el mundo lo entienda, pues su origen es el corazón de Dios y para entrar ahí, se debe dejar en la puerta el pensamiento lineal y superficial. El mundo se vuelca en conformidad y la sociedad favorece a la mediocridad más que a la grandeza. El pedir ya sea su comprensión o su aprobación es anunciar la sentencia de muerte a la originalidad. El águila que ha visto todo el valle desde lo alto en un intento por mezclarse con las parvadas de aves en el suelo sólo encontrará el rechazo, pues los pichones saben que en la presencia del águila su propia falta de percepción se hace más aparente.

Renunciar ya sea a la necesidad de complacer o a que los demás estén conformes con nuestras expectativas, crean soberanía y paz mental. Sería como si en lugar de caminar por ahí con el cordón umbilical intentando conectárselo a otro, nos lo volviéramos a conectar nosotros mismos. Entonces nos veríamos como nuestra propia fuente de fuerza y sustento, auto-apoyo y auto-dependencia para la aprobación.

Así, la vida puede traer lo que sea, pues nada puede robar o minar su tesoro más grande...la paz mental que trae la soberanía interior.

Reverencia

La reverencia proviene de la capacidad para vislumbrar lo divino dentro de la forma y también mejora esa habilidad. En ese momento cuando se revelan los cielos a través de los ojos de un niño o se despliega con el roció los suaves pétalos de una rosa, la respuesta de una reverencia surge en nuestros corazones. A los ojos de la blasfemia, las puertas que ocultan lo divino permanecen cerradas; cuanto más nos enfocamos en la vida preparados para ser impresionados, más lo estaremos.

Si existen elementos de la Creación que excluimos de nuestra reverencia, miremos más profundamente y también ahí podemos encontrar abundantes razones para ver la perfección de la vida interior. Algunos reverencian la belleza de las flores en su jardín, pero rechazan a la hierba. La virulencia de la vida y la determinación para sobrevivir que se encuentra en la hierba es un fiel testimonio de la ley universal de que le damos más fuerza a aquello a lo que nos oponemos.

A menudo es mucho más fácil sentir mayor reverencia por la naturaleza o el genio reflejado en los trabajos de las manos del hombre que por nuestro prójimo. La reverencia puede no aparecer del todo, a menos que por fin aprendamos a abrazar el valor de la insensatez. La más grande de las almas que asignó la tarea de resolver la parte más ambiciosa del misterio del Ser pudo parecer en ocasiones más absurda que la persona complaciente que permanece en la seguridad de lo conocido.

Quizás pensemos santurronamente que es nuestro deber como un promotor de la luz el sostener nuestro reconocimiento del valor de Lucifer y sus anfitriones de la oscuridad. Sin ellos no habría vida material. Si no nos hubieran amado lo suficiente para entrar en el profundo olvido para desempeñar este papel, nosotros hubiéramos tenido que hacerlo, pues para todo lo que se diseñó en el plan de la Creación depende en el polo opuesto de la Creación que lo encarna un tercio de los seres individualizados.

La reverencia deja la marca del refinamiento sobre el que la hace una forma de vida. A menudo el refinamiento se malinterpreta como el pertenecer a alguien educado o inmerso en la cultura, pero pertenece tanto al granjero que se arrodilla en el lodo acunando con ternura al cordero recién nacido con sus manos toscas por el trabajo. Es el sello de alguien que reconoce el valor infinito de la vida como la personificación de lo Divino.

No puedo escupir más en el piso de lo que puedo en el rostro de otro, por ratos he entrado en estados de conciencia expandida y he visto la verdadera gloria de la tierra. He visto que la misma tierra sobre la cual estamos brilla con una luz mucho más hermosa que el atardecer más impresionante. Los científicos han medido una respuesta en las plantas que sólo puede describirse como un grito silencioso cuando se mata a una mosca en sus alrededores.

La respuesta a la contaminación, la pobreza y el desamparo no es más tecnología, es reverencia por los propósitos de la vida interior con el fin de cooperar con ella. Los promotores de la luz tienden a querer salvar y arreglar; esto todavía juzga y divide mientras que el reconocer al todo sana.

Generosidad

Si existe algo que caracteriza a la naturaleza más que otra cosa quizás, es la abundancia. La primavera no sólo trae una flor, el pino no produce sólo una semilla; por dondequiera que lo veamos, la vida fecunda habla de la generosa abundancia dentro del mundo natural.

La generosidad es permitir que esta abundancia natural nos utilice como un vehículo. Por consiguiente, es tan solo la vida dándose a sí misma. La persona con percepción se dará cuenta que el retener no es una opción, pues desde el momento que nos cerramos al flujo de la vida no sólo nos cerramos a dar, sino también a recibir y entonces ocurre el estancamiento y la atrofia. He aquí una ilustración:

Había dos pequeños estanques uno junto al otro en lo alto de una montaña. "Me pregunto qué habrá detrás de la orilla", dijo uno. "Quizás eche un vistazo". "No lo hagas!", dijo el otro, alarmado. "Guarda tu agua en caso de que te seques."

Pero el primero se orilló hacia el precipicio y viendo el maravilloso mundo allá abajo, se derramó por un lado de la montaña. Cayó como una cascada y fluyó hacia un pequeño riachuelo en donde las vacas bebieron y los niños jugaron y donde las flores crecieron a lo largo de la ribera. Corrió por todo el camino hacia el océano y vio ballenas, delfines y barcos. Se evaporó hacia las nubes en donde las gaviotas volaban y vio mucho más. Por fin, cuando las nubes pasaban por la ladera de la montaña, cayó en forma de lluvia cerca del segundo estanque.

"Yupii!", expresó. "Eso fue divertido! Voy a ir de nuevo!" Mientras se preparaba para caer por la orilla de nuevo, miró hacia atrás y vio que se había formado una delgada capa de cieno en su amigo.

La generosidad es apasionante y global. Ayuda a otros a construir en vez de mantenerlos atrapados en un ciclo rutinario. Para dar y dar de nuevo pero encontrar que en lugar de progresar hemos perpetuado el estatus quo, no sirve a la evolución de la conciencia. Sin embargo, el dar debe ir en proporción a la necesidad. No podemos darle a un hombre desamparado, sin trabajo y hambriento $1 y no esperar que lo necesite de nuevo al día siguiente. Al mismo tiempo, el satisfacer todas sus necesidades pero no ayudarle a remediar la falta de percepción que causó su dilema no es realmente satisfacer sus necesidades.

Puede en realidad uno provocar la percepción en otro sólo porque su hambre necesita ser saciada? Existe alguna seguridad de que no es exactamente la vida que él desea o que estaba destinada a vivir? La respuesta a ambas preguntas debe ser "No". La generosidad significa dar al nivel en el que el otro esté preparado a recibir.

La generosidad requiere de sensibilidad; no sólo la sensibilidad para calcular la preparación de recibir de nuestro prójimo (no el valor, pues cualquiera que vive y respira no es sino una parte de nosotros), sino también la sensibilidad para evaluar el nivel en el cual él es capaz de recibir.

El dar para compensar nuestras propias insuficiencias, es un obsequio estéril carente de espíritu (ej. no nos sentimos encantadores, así que nos las arreglamos para sentirnos necesitados). Por lo tanto, demos tal como la naturaleza lo hace: "Pues el retener es morir", sin pedir ni reconocimiento ni gratitud o incluso auto-satisfacción para saldar la deuda, sino porque somos herederos del Reino del Cielo y todo lo que tiene el Padre es nuestro.

"También existen aquellos que dan poco de lo mucho que poseen y lo hacen para que les queden agradecidos. Sus ocultos deseos hacen que esas dádivas sean indeseables. En cambio hay quienes poseen poco y lo dan todo. Son estos los que creen en la vida y en su generosidad, y su cofre jamás se encontrará vacío..."

Dar, por Kahlil Gibran (El Profeta)

Por qué la Inmortalidad es una Meta Cuando Nuestro Ser es Eterno

En la 3a etapa final de la evolución humana, el maestro cambia de mortal a inmortal. Durante la segunda fase de esta etapa, la carne se vuelve incorruptible y totalmente espiritual. Muy pocos comprenden el significado de este acontecimiento y todavía menos escriben o hablan acerca de ello.

Si podemos comprender cómo el reflejo del Infinito, aquel que es irreal (la Creación), puede volverse real cuando los cuerpos superiores del Infinito inundan su cuerpo material con luz y amor, podemos entender nuestra propia experiencia. La espiritualización o el hacer real a nuestro cuerpo es para nosotros el siguiente paso en la evolución de la conciencia, tal como lo es para el Infinito.

También es la forma en la que podemos contribuir más en nuestro servicio a la Única Vida. A pesar de que estamos en nuestra identidad más elevada, no una pequeña partícula sino una perspectiva única del todo, pretenderemos que somos una célula en el cuerpo del Infinito. Cuando un cuerpo se vuelve eterno o materia espiritual, esto ocurre como sigue:

- El cociente de luz-el volumen total de la luz interna-alcanza una etapa de masa crítica. Se vuelve más que un cuerpo mortal en su estado presente de evolución de lo que puede contener.

- Las células comienzan a transfigurarse una por una en material mortal y nuevamente esto alcanza una masa crítica. Sólo muchas células pueden transfigurarse antes de que todo el cuerpo lo haga.
- Cuando algo se transfigura a un nivel superior, hay una liberación de energía. La energía proviene de aquello que estaba atado en mantener presente a la ilusión en la etapa anterior. Surge nueva energía para facilitar más transfiguración de las células restantes.
- La energía en aumento produce el poder necesario para la transfiguración.
- Cuando el ser (puede ser uno de nosotros o el Infinito) se llena de luz y transfigura tanto a un nivel celular que la transfiguración total es inevitable, la glándula pineal descarga un destello de energía. Este al correr por el cuerpo, lo transfigura por completo de mortal a inmortal.
- Por lo tanto, si comparamos nuestro cuerpo físico con una célula dentro del cuerpo del Infinito, la transfiguración personal en un ser inmortal desata una reacción en cadena por toda la vida material. Esto permite a las demás células a alcanzar el mismo estado con más facilidad. En otras palabras, ayudamos a que evolucione la conciencia de toda la Creación y debido a que la evolución de todo ser comienza con sus partes más densas, también contribuimos a la evolución de la Única Vida.
- Nuestra propia evolución también recibe un enorme pinchazo en el brazo de la energía disponible y que antes estuvo atada a mantener la ilusión de la muerte.

Un verdadero guerrero de luz no entrega su poder a nada, incluyendo a la tiranía de la muerte. Él o ella luchan en lo posible para lograr la soberanía y convertirse en un ser libre, capaz de ir y venir entre los reinos llevando al cuerpo consigo. Tal individuo se ha vuelto el maestro o maestra de su propio destino, sabiendo que después de una vida de disciplina, la muerte ya no puede apagar la llama de la vida.

"Fui coronado por mi Dios: mi corona es Viviente:
Y fui justificado en mi Amo, Él es mi incorruptible salvación.
Fui liberado de lo que es falso, y no fui condenado,
Las sofocantes ataduras fueron cortadas por Sus manos: y recibí
la faz y la forma de una nueva persona. entré en ellas y fui
salvado;
Los conceptos de la Verdad me guiaron, la seguí y caminé sin
deambular.
Todos los que me vieron se sorprendieron, y fui considerado por
ellos como un desconocido,
Pero quien me conoció y trajo es el Altísimo en toda Su
Perfección. Él me glorificó con Su bondad, y elevó mis
pensamientos a la altura de Su Verdad.
Y desde entonces me dio el sendero de Sus preceptos y abrí las
puertas que estaban cerradas.
Rompí en pedazos los barrotes de hierro: pero mi hierro se
derritió y disolvió delante de mí,
Nada se me cerraba: porque yo era la puerta de todo."

Odas de Salomón (Apocrifo)

Abriendo los Chacras

Los chacras son vórtices energéticos que actúan como interfaces entre los niveles de luz en el cosmos y en lo físico. La luz se recibe a través de los chacras actuando como unidades de almacenamiento o capacitadores y posteriormente la descargan al componente físico diseñado para recibir la luz, a una taza capaz de ser recibida. Los componentes físicos principales dentro del cuerpo humano son las glándulas endócrinas. Sin embargo, cada célula también está equipada con su propio sistema minúsculo de chacras.

La tierra también tiene sus chacras y como se describe en la Biblia, la apertura de los siete sellos (Revelaciones) se refieren específicamente a la apertura de los chacras de la tierra para prepararse en su ascensión. De dónde vienen estos sellos o contactos?

Cuando ocurre el trauma o el cambio forzoso (dolor), el proceso de las reflexiones que la experiencia produce a menudo demora. En el caso de la tierra, nosotros debemos procesarlo por ella. La acumulación de estas apreciaciones suprimidas crea un bloqueo o tapón en el centro del chacra. Por consiguiente, la mayoría de la gente tiene chacras cónicos por enfrente y por detrás.

Cuando comenzamos a vivir vidas auto-examinadas y extraemos las apreciaciones de las experiencias pasadas, los chacras liberan sus sellos y se vuelven esféricos. Cuanto más nos volvemos conscientes del propósito de la vida interior que se oculta detrás de la forma, más se abren nuestros chacras y se traslapan. Al final hay un sólo campo de chacras unificado. La pena, la estimulación sexual, la conciencia expandida y otros sentimientos que casi siempre se localizan dentro del área de un chacra, ahora se sienten en todo el cuerpo.

Cuando los campos de los chacras se unifican, surge mucho más energía en el individuo y la guía interna se vuelve más fuerte. La razón es que la obstrucción del cuerpo mental se reduce parcialmente y la influencia de los cuerpos superiores inunda a los cuerpos inferiores. Uno comienza a vivir en la gracia; cooperar con el ser superior dejando el plan para esta vida en particular.

Justo antes de entrar en la conciencia de Dios, una experiencia mucho más milagrosa transfigura al campo de los chacras nuevamente. Los ancestros representaron a este acontecimiento con el símbolo de una paloma, con el pico hacia arriba y las alas extendidas en una esfera o círculo. Esto significa la apertura de cinco chacras adicionales utilizados por alguien en la segunda (conciencia de Dios) y tercera etapa (Maestro Inmortal).

Los cinco chacras adicionales se abren como resultado de la incorporación de todas las siete actitudes de apoyo en nuestras vidas. Su apertura ocurre en cuestión de minutos, a diferencia de la apertura gradual de los otros siete. A esto le puede seguir una incomodidad física y algunos hematomas que aparecen y desaparecen en grandes puntos de acupuntura, como las muñecas.

Sin embargo, la experiencia en sí misma es maravillosa y expansiva. La luz blanca rodea al cuerpo y una flama violeta es visible sobre la cabeza (como la descripción de las flamas durante Pentecostés en la Biblia, visibles en los que estaban presentes). La luz tiene una configuración particular que se asemeja a una paloma con un círculo sobre su cabeza.

La apertura ocurre del siguiente modo:

1. Las zonas del cuerpo en donde se localizan los ovarios de una mujer se abren en un estallido de luz blanca- primero el izquierdo y casi inmediatamente el derecho, pues se abre el octavo y noveno chacra;

2. Un faldón de luz irradia hacia abajo, semejando la cola de la paloma;

3. Esto enciende el tubo pránico y una gran ráfaga de energía viaja desde la base de la columna hacia la corona de la cabeza y aparece la llama violeta;

4. Inmediatamente después aparece sobre la cabeza una esfera de luz como del tamaño de un plato extendido de

aproximadamente 8". Se parece al arte Sumerio y Egipcio, representando las esferas sobre las cabezas de quienes tenían poder espiritual. Ahora está abierto el décimo chacra;

5. Enseguida el onceavo chacra a la mitad del omóplato derecho y el doceavo chacra en medio del omóplato izquierdo se abren y extienden alas de luz. Quienes pueden ver la energía directamente, han dibujado a los seres angélicos, quienes tienen los doce chacras abiertos, con alas;

6. Hasta este punto, la configuración completa de luz aparece como una paloma con una espera sobre su cabeza. Sin embargo, existe un motivo oculto del por qué los ancestros encerraban en un círculo a la paloma, más que tenerlo sobre su cabeza. El secreto radica en el nombre que los Lemurianos dieron al número 10 (recuerden, el círculo o esfera sobre la cabeza es el décimo chacra). El número diez se llama "lahun" en Lemuriano y en algunas otras lenguas antiguas. "La" significa todo y "hun" uno (la es "all" o todo en inglés y dicho de adelante para atrás y las lenguas aún tienen palabras como "un", "uno", etc.);

Entonces el número significa todo en uno y uno en todo (los Atlantes también conocían estos secretos detrás de la ley del uno).La esfera sobre la cabeza se hará mucho más grande mientras progresamos en las etapas finales de la conciencia de Dios. Al principio se extenderá todo hacia la cabeza, dividiendo la flama en dos "cuernos" a cada lado (también ilustrado en el arte antiguo). Al final, cuando el Maestro Inmortal supere toda limitación mortal, la esfera encerrará a todos los demás chacras-todos están en uno y uno está en todos.

Tal maestro tiene ahora el vehículo para viajar a su voluntad con la velocidad del pensamiento entre dimensiones y a través del tiempo y del espacio. Ahora la paloma está dentro del círculo, se

Las Cámaras de Frecuencia del ADN

(Figura 15)

ha conseguido el arquetipo de lo que un ser humano puede ser.

La Plantilla del ADN Humano

El ADN humano es el mapa hacia el cosmos. Es un mapa de tal frecuencia detallada que se puede utilizar para crear el lenguaje y una forma antigua de escritura que precede a las letras-las sigilias. Muchas escuelas ministeriales y culturas iluminadas se estampaban a sí mismas de una forma u otra como la plantilla del ADN debido al poder que tiene el representar al macro-cosmos.

Cuando alguien capaz de ver la frecuencia ve la cadena del ADN, esta se asemeja a una rosa. (*Ver Figura 15, Las Cámaras de Frecuencia del ADN*) Al observar el patrón en forma de rosa, estamos viendo los patrones de frecuencia que ocurren por todo el cosmos: la estructura gubernamental de Mu y un mapa de Shambala, la ciudad de la cuarta dimensión que está en los Himalayas. También se encuentra en las ventanas de la catedral Cristiana. El patrón de la rosa representa las órdenes de las antiguas escuelas ministeriales femeninas (la diosa) que una vez existieron en la tierra. Lamentablemente, muchas fueron exterminadas antes de tiempo, llevándose consigo los secretos de la activación del ADN por medio de la frecuencia, hasta ahora.

El poder contenido en el patrón de la plantilla de la frecuencia que existe por toda la Creación puede utilizarse para establecer un gobierno, para dibujar el sello de tu nombre o para desarrollar un mapa de evolución. Por ejemplo, a través de muchas vidas los iniciados se moverían de una a trece de las escuelas ministeriales con el propósito de dominar las trece facetas del divino femenino y las actitudes acompañantes que activarían las cámaras de frecuencia del ADN.

Utilizando la Plantilla de Frecuencia para Crear Sigilias

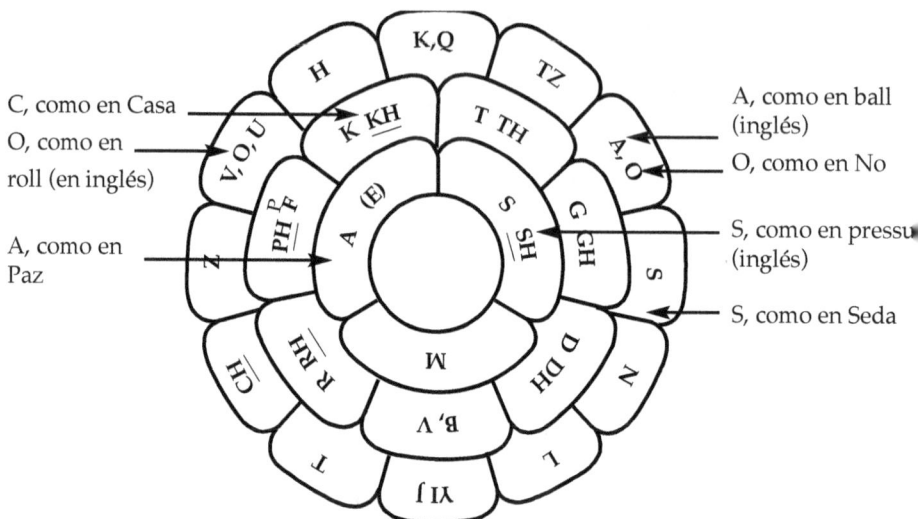

C, como en Casa

O, como en roll (en inglés)

A, como en Paz

A, como en ball (inglés)

O, como en No

S, como en pressu (inglés)

S, como en Seda

La sigilia en la plantilla deletrea Michael e(Mi-ka-el)

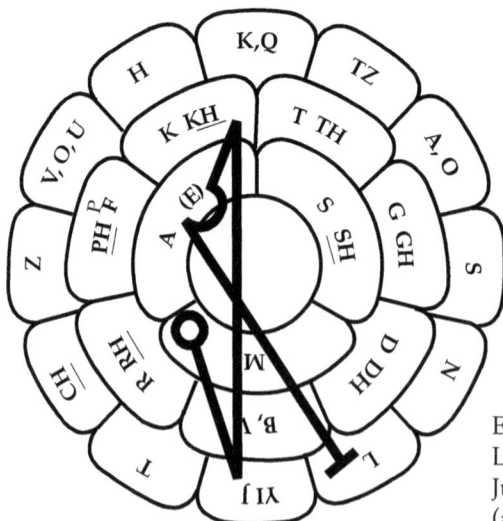

Cómo Crear tu propia Sigilia

1. Dibujar una "o" al comienzo
2. Terminar con una "i"
3. En caso de que toque estar en la misma cámara sonora dos veces consecutivas, hacer una curva.

Ejemplo:
La Sigilia de
Judith
(a la derecha)

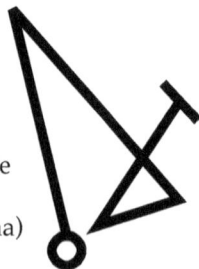

(Figura 16)

Durante los trece ciclos lunares de cada año (de una luna nueva a otra) podemos vivir los principios que cada una de las órdenes de la diosa abarcan, enfocándonos particularmente en uno específico a ese ciclo lunar. Terminamos el año explorando Ara-ka-na, practicando el permitir que la agresión y la negatividad de los demás pase a través de nosotros pues nos convertimos en un portal.

El poder de un sello para el nombre de alguien radica en la energía detrás de la palabra hablada. (*Ver Figura 16, Utilizando la Plantilla de la Frecuencia para Crear Sellos*) Si por ejemplo, tomamos el nombre de Michael, este planea el contrato del individuo con el Infinito: su destino y la frecuencia que es su perspectiva única dentro del universo. Un ser avanzado sabe que la frecuencia del nombre contiene su esencia o significado. Él sabrá que "Mi" es conciencia, "Ka" es energía y "El" es materia, revelando que la entidad así llamada ha asumido el pasar la conciencia a través de la energía hacia la materia. "El" también significa "señor" y Mi-ka-el también es el señor de la conciencia y la energía.

Los pétalos en el patrón de la rosa del ADN son varias cámaras sonoras de frecuencia activadas por la actitud. Alguien que sigue el método del hemisferio derecho de la ascensión utilizaría la alabanza, el amor y la gratitud, activando los tres pétalos medios o cámaras sonoras. Estas tres actitudes principales activan a las siete actitudes de soporte (y viceversa): la gracia, la reverencia, la independencia, la calma y el aplomo, abrazar el fracaso como una herramienta de aprendizaje, la capacidad para trabajar con el tiempo y vivir en el momento y la generosidad. Estas actitudes conectan la fila media de las siete cámaras sonoras. El incorporar las trece actitudes femeninas divinas activa a los trece pétalos

10. Ver la discusión en la sección titulada "La Verdadera Naturaleza de las Siete Direcciones" en el Capítulo 1.

exteriores y se abre la entrada dentro del centro de los doce pétalos exteriores del ADN. La persona se vuelve un ser cargado en lo positivo dentro de una Creación cargada en lo negativo.

El sonido de las cámaras de frecuencia activan a las cuerdas correspondientes del ADN, "conectándolas" de esa forma. Así, se puede utilizar la actitud para activar las cuerdas, 10 de las cuales están formadas por partículas sub-atómicas. En una persona regida por el hemisferio izquierdo, las cuerdas se activan por medio de las apreciaciones obtenidas y ello, a su vez, activa a las cámaras sonoras o a los pétalos de la rosa correspondientes.

De la misma manera que nuestros nombres enfatizan nuestra misión única o destino en el cosmos, también se enfatizan nuestras cámaras del ADN en un patrón específico y único. Esto nos brinda una perspectiva única y ubicación del punto de ensamblaje que a su vez, nos da una forma única de ver al mundo (uno podría decir que le da un sabor especial a nuestro mundo).

Esto se lleva a cabo porque la vida material es como los ojos y las manos del Infinito (el cuerpo físico). A este nivel, la diversidad del destino es esencial, específicamente la diversidad de la percepción. Noten también que la vida material está en el Sur[10] y nosotros mencionamos antes que la herramienta para soñar en el Sur hace uso del cambio en la ubicación del punto de ensamblaje para tener acceso a la información no cognitiva. De esta forma, todos tenemos perspectivas únicas.

CAPÍTULO TRES

LOS MISTERIOS DE LOS ARQUETIPOS

Los Arquetipos Como Parte del Cosmos

Los campos del cerebro humano se asemejan a un campo en forma de dodecaedro alrededor de cada uno de sus hemisferios. Un dodecaedro se parece a un balón de soccer con doce pentágonos conectados en cada uno de sus cinco lados, creando así una esfera facetada. El hemisferio izquierdo tiene un dodecaedro con doce pentágonos, pero el hemisferio derecho tiene un pentágono adicional en el medio.

Esas facetas representan los aspectos del divino masculino y el divino femenino: los arquetipos del dios y de la diosa. Parte de nuestra evolución de la conciencia es el incorporar estos aspectos en nuestras vidas y fusionar el campo del hemisferio izquierdo con el del derecho.

Un ejemplo de cómo un aspecto del hemisferio izquierdo (representado por un pentágono) se fusiona con uno del hemisferio derecho sería el siguiente:

Si alguien tuviera que dominar la capacidad para manifestar el dinero dondequiera que fuera necesario, no se preocuparía por los gastos o por tener que ahorrar o comprar un seguro. Siempre que haya una factura, el de alguna manera encuentra el dinero para pagarla. Sin embargo, un día se da cuenta que de repente comienza a endeudarse; los fondos no se manifiestan como solían hacerlo.

El ya ha aprendido cómo crear un flujo de provisión (el aspecto de la diosa). Ha llegado el tiempo de dominar al dios o a la faceta de provisión del hemisferio izquierdo, el cual es la capacidad para aprovechar y planear, de administrarse y ajustarse planeando qué ingreso será necesario para satisfacer las demandas. Este nuevo juego de capacidades en conjunto con las del hemisferio derecho, le permitirán dominar el aprovechamiento del flujo de provisión a través de otras áreas de su vida, tales como la administración del tiempo.

Cuando estos dos aspectos específicos se han integrado por completo en su vida, las dos facetas pentágono de los campos alrededor de las mitades del cerebro se unen en una sola, como un matrimonio sagrado del divino masculino y el femenino. Cuando todos los doce pares se han "unido" como aspectos de nuestras vidas, el fuego sagrado (kundalini), se eleva a través del tubo pránico y los chacras se abren.

Lo que aplica al hombre también aplica al planeta y a la larga, también al Infinito y su Creación. Desde 1998 los campos que rodean al planeta han estado fusionando sus facetas y dentro de los próximos años se llevará a cabo la apertura de los siete chacras.

Este proceso precede la entrada hacia la conciencia de Dios e incluye trece facetas de la diosa más doce facetas del dios y siete elementos neutrales (chacras), dando como total treinta y dos componentes. Para presentar estos aspectos, treinta y dos dioses, diosas y arcángeles neutrales se sujetan a supervisar la Creación: los llamaremos dioses creadores, aunque ellos son los quintos o a un nivel más abajo del Uno, la Diosa de toda Creación.

Debido a la gran importancia que tiene la tierra y el hombre dentro del gran esquema, los aspectos de estos treinta y dos dioses creadores que han venido a la tierra y crearon cuerpos para ellos mismos parecidos al hombre. Ellos crearon grandes cavernas dentro de la corteza terrestre, incluyendo los Salones de Amenti:

> *"....que pueden habitar eternamente ahí,*
> *viviendo con vida hasta el fin de la eternidad.*
> *Treinta y dos estaban ahí de Los hijos,*
> *hijos de la Luz que habían venido entre Los hombres,*
> *buscando liberar de la esclavitud de la oscuridad*
> *a aquellos que estaban atados por la fuerza del más allá."*
> *Las Tablas Esmeralda de Thoth, Tabla II*

Ellos representan y toleran los treinta y dos aspectos de la vida sobre la tierra y también las treinta y dos zonas geográficas; veinte están en la superficie de la tierra (trece diosas y siete chacras neutrales) y doce aspectos del dios representado por las zonas geográficas están en el interior de la tierra.

También sobre los tronos de luz en Amenti pero no en la forma de hombre, estuvieron los siete Señores de Luz que habitaban en la tierra en un ciclo de vida anterior. Sólo siete existieron hasta que fueron llamados dos más al servicio conforme entramos a la 4ª dimensión en Marzo del 2000. (*Ver Figura 17, Los Siete Señores de la Luz*)

Los Siete Senores de la Luz

Señor 3   Untanas
Señor de los Salones de los Muertos. Es el director de la negatividad a la que se le permite la entrada al plano terrestre.

Señor 4   Quertas
Señor de la Vida. Es el dador de la fuerza vital que libera las almas de la humanidad.

Señor 5   Chietal
Señor del poder de la intención. Es el dador de la frecuencia que forma la vida.

Señor 6   Goyana
Señor de los misterios ocultos. Es el guardián de los poderes conferidos a los hombres, protegiendo el camino de la luz de aquellos indignos.

Señor 7   Huertal
Señor del tiempo y el espacio. Trabaja con el propósito de la vida y el proceso por el que se desenvuelve el propósito.

Señor 8   Semveta
Señor del karma y los ciclos de la humanidad. El sopesa Los corazones de los hombres.

Señor 9   Ardal
Señor de la luz blanca. Convierte al caos en orden.

Horlet
Gobierna toda vida sobre la tierra y vigila la estabilidad del eje de la tierra. También se le conoce como el Morador.

(Figura 17)

154

Los arquetipos del dios y de la diosa están representados por pentágonos (figuras de cinco lados). Cada uno toca el lado de otro pentágono; por consiguiente, cada pentágono interactúa con otros cinco.

Por ejemplo: uno de los lados del pentágono que representa al dios, Señor Ki-as-mus, estaría tocando el del Señor Karama, ya que ellos trabajan juntos para equilibrar la forma en que se desenvuelve el cosmos. El Señor Ki-as-mus diseña el tiempo y el espacio en el que este aliento de Dios se desenvolverá. El Señor Karama decide cuándo y dónde se necesitan experimentar estas porciones no resueltas durante este ciclo Creativo con el propósito de resolverlas.

Los dioses trabajan con la medida (la matriz) y el tiempo en el que se desenvuelve la Creación. Las diosas por otra parte, trabajan en cómo se desenvuelve (movimiento) y llenan los detalles creativos, supervisando la calidad del viaje.

Los Arquetipos Dentro de la Vida Diaria

Nuestro fracaso en comprender la necesidad de que los individuos equilibren los arquetipos internos ha creado distorsiones en cómo se expresan estos en la vida diaria. Algunos ejemplos son:

- En muchas culturas en las que las prácticas espirituales y las tradiciones espirituales perdurables son una forma de vida, el hombre tiene autonomía sobre estas áreas de la vida. Los ejemplos incluyen a la cultura Judaica, Tibetana e indígena. Debido a que a la mujer se le niega participar por completo en las prácticas espirituales de estas culturas, han atraído la represión de razas que son más masculinas.

- El movimiento de las mujeres en el mercado del trabajo, el mundo corporativo y las fábricas – dominio del hombre – siempre han tenido un costo. Han tenido que ocultar sus tendencias de diosa con el fin de competir y "encajar". En otras palabras, las mujeres han tenido que perder su esencia, volviéndose cada vez más como el hombre para ser aceptadas en estos ambientes.

- En la mayoría de las culturas el hombre se "avergüenza" de estar involucrado de alguna forma con los aspectos de la vida de la diosa, sobre todo frente a otros hombres que pudieran creer que ellos son homosexuales. Por lo tanto, ellos viven vidas estériles y austeras y debido a que el desequilibrio de la masculinidad provoca la separación, viven desconectados de la red de la vida. Esto causa un gran daño al ambiente, gran indiferencia por la siguiente generación y falta de respeto por las tradiciones sagradas de los demás.

- En los tiempos medioevales de Europa, las mujeres celebraban los ritos sagrados y se les reconocía como el dominio de la diosa. Después de la exterminación de entre 9 y 10 millones de mujeres (se estima que el 10% eran niñas), estos ritos los celebraban solo los hombres y se volvió en una parodia ridícula de su naturaleza sagrada original. La Inquisición había suprimido con éxito la expresión del divino femenino.

Cuando se le enseñan las tradiciones de la diosa a los hombres, casi siempre tienen respuestas como: "Bien, usted pone gran énfasis en esta información, así que debe ser importante, pero en qué forma es relevante para mí? ...Oh, por cierto, puede la clase organizar una cena con usted al término de nuestra semana juntos para celebrar lo que hemos aprendido?"

Cuando les hago la observación de que acaban de demostrar dos aspectos de la diosa, aquellos de Alu-mi-na (Diosa de la celebración) y Hay-hu-ka (Diosa que engaña para aprender), se sorprenden.

El equilibrio dinámico que nos familiariza con estos arquetipos y el vivirlos nos prepara para la conciencia de Dios. El estudiar un aspecto de la diosa durante cada uno de los trece ciclos lunares del año y un arquetipo del dios durante cada mes es a menudo un enfoque muy exitoso.

Los arquetipos deberían estudiarse de preferencia en el orden dado, ya que se construyen uno sobre el otro. A muchos estudiantes les preocupa si sus chacras están "abiertos", fallando en entender que hasta que este matrimonio sagrado del masculino y femenino se lleva a cabo, el niño (el surgimiento del kundalini para abrir los chacras), no puede nacer.

Los Siete Señores de la Luz

Desde ciclos atrás los Siete Señores de la Luz han venido a gobernar varios aspectos de los poderes que sustentan a la vida sobre la tierra. Estos siete señores (Señores del 3 al 9, ya que los Señores 1 y 2 son señores del caos y de la oscuridad), caminaron una vez sobre la tierra durante sus ciclos previos de vida mucho antes de la llegada del hombre (*Referirse a la Figura 17, Los Siete Señores de la Luz*). El que estabiliza el eje es el señor conocido como el Morador. Sin embargo, el Señor de los Señores de los Siete es el noveno, Ardal, quien regula la evolución de la humanidad.

Dentro de los Salones de Amenti, creció la Flor de la Vida, llamada también el fuego frío y el centro de fuerza vital. Los treinta y dos tronos de los Hijos de la Luz están colocados a su alrededor y utilizan su radiación para renovar sus cuerpos constantemente. Estos hijos e hijas inmortales de la Luz han encarnado muchas veces entre la humanidad para enseñar y guiar su evolución. Ellos representan facetas de conciencia de la vida en la tierra y por su presencia, fortalecen estas facetas, manteniendo el orden y evitando que la tierra sea expuesta al caos.

Antes de que podamos comprender qué es lo que representan los Siete Señores de la Luz, el Morador y los treinta y dos guías de la gran luz, necesitamos tomar en consideración lo siguiente:

Para entender a la tierra necesitamos entendernos a nosotros mismos. El hemisferio izquierdo del hombre tiene doce facetas representantes de los doce arquetipos del dios. Esto se refiere al campo de la geometría sagrada del hemisferio izquierdo. El hemisferio derecho tiene trece facetas que representan las trece facetas de la diosa.

Los siete chacras reciben e interpretan a los siete niveles de luz en la existencia dentro del cosmos al recibir estos niveles de luz de los siete cuerpos. Los siete cuerpos del hombre están todos formados por estas siete frecuencias de Luz siendo a su vez transmisores de ellas. Así, el primero en recibir el séptimo rayo (violeta) es el cuerpo espiritual, el cual también recibe a todos los siete rayos y por lo tanto, es el cuerpo de la luz blanca. Este pasa posteriormente al chacra coronario, el cual descarga esta luz violeta en forma de información sutil a su parte correspondiente del sistema endocrino, la glándula pineal.

Ya que la tierra es el hábitat del hombre, ella tiene los mismos componentes. Por consiguiente, ella es tan especial y única entre los planetas como los humanos lo son entre las especies. Tal como la humanidad, no se ha oído que la diversidad que hay en la vida que florece sobre ella se encuentre en otra parte.

Los Siete Señores de la Luz representan los siete niveles de luz que impregnan el cosmos y que son recibidos por los chacras

---

11. Ver *The Gift of the Unicorns* (*El Regalo de los Unicornios* en inglés) para mayor información acerca de los Señores de Luz.

terrestres. Por lo tanto, ellos también representan a los siete cuerpos de la tierra vistos en el Capítulo 1, La Verdadera Naturaleza de las Siete Direcciones.

Se puede decir que el Morador representa al tubo pránico que en el hombre corre desde la corona hacia el perineo y es paralelo a la estructura energética de la tierra, corriendo a través de su centro para traer fuerza vital y estabilidad al planeta. Si el Morador renunciara a este apoyo, de inmediato tendríamos una inclinación del eje.

Los treinta y dos portadores de luz planetarios, los Hijos de la Luz desde las altas esferas, representan lo siguiente:

- Doce representan a los arquetipos de dios;
- Trece representan a los arquetipos de la diosa;
- Siete representan a los siete niveles de luz o los siete chacras y cuerpos de la tierra, tal como lo hacen los Siete Señores de la Luz.

Los Símbolos Sagrados

Para comprender los treinta y dos símbolos sagrados que representan estas facetas, hay que estar consciente de lo siguiente:

- Los símbolos significan un ser real lleno de luz en los Salones de Amenti, así como un principio arquetípico real en el caso de los dioses y las diosas;
- La fuente de la fuerza vital de la tierra está albergada en un gran templo de luz en los Salones de Amenti y está protegida de intrusos indeseables por los Salones de los Muertos.

Los símbolos, treinta y dos en total más uno para el Morador, son las llaves para una extensa corriente de conocimiento (*Ver Figura 18, Los Veinte Símbolos Sagrados*). Por ejemplo, existen

Los Veinte Símbolos Sagrados

El campo icosaédrico que rodea a la tierra y la colocación de los
20 símbolos sagrados: los 13 símbolos de la diosa y los 7 símbolos de
losSeñores de la Luz. Los 12 símbolos del dios están dentro de la
tierraen un patrón dodecaédrico.

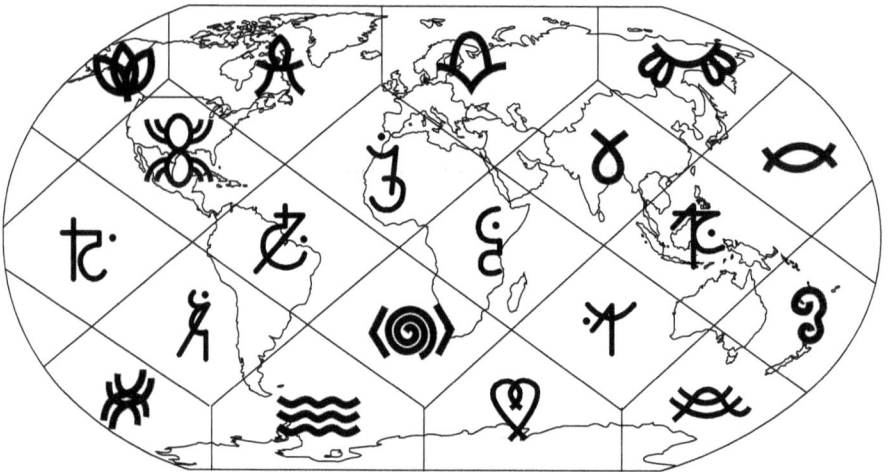

Se construyeron muchos templos en sitios donde la energía representada
por el símbolo se sentía en su concentración más intensa.

(Figura 18)

treinta y dos realidades distintas disponibles para el hombre que pueden armarse por medio de mover y mantener la posición del punto de ensamblaje. Se encontrará que este antiguo conocimiento oculto tiene eco en muchos caminos espirituales. Algunos templos tienen dieciséis pilares masculinos y dieciséis pilares femeninos, tal como las dieciséis piezas dentales superiores y las dieciséis inferiores que protegen el templo del cráneo humano.

Existen zonas físicas y geográficas que reúnen los diferentes niveles de luz concentrada de estos grandes seres que actúan como conductores. Ellos también están representados por estos símbolos. Hay veinte en la superficie del planeta y doce en su interior. La superficie de la tierra se puede dividir en un icosaedro, un sólido Platónico que tiene veinte facetas, todas con características idénticas. El campo icosaédrico de energía que rodea a la tierra se puede apreciar por ejemplo en los patrones del clima y científicos como Bruce Cathie y Buckminster Fuller lo han confirmado.

Los Arquetipos de las Diosas

(*Ver Figura 19, 13 Arquetipos de la Diosa*)

1. **Pana-Tura**–En la lengua madre original de la tierra, "Pana" significa elemento o material terrestre y "tura" significa puerta. Pana-tura contiene la puerta a la vida material y de ahí se deriva la leyenda de la Caja de Pandora. La frecuencia emitida en la vida material convoca a aquello que se manifiesta. Si la caja de Pandora permite la entrada a la enfermedad y a arañas ponzoñosas, eso se debe a que nuestra frecuencia (emoción) está distorsionada y envenenada.

   El símbolo de Pana-tura semeja una semilla emergiendo de la tierra, también los genitales femeninos. Ella germina vida

Arquetipos de la Diosa

1. PANA-TURA Diosa de la germinación: la Madre. Ella es la esencia de la energía dadora de vida que nace en la forma. Ayuda que las potencialidades se materialicen.

2. AMA-TERRA-SU Diosa de la historia. Ella es en la tierra la guardiana de la historia almacenada en las rocas, la arena y la tierra. Ella conserva los datos de la curva del tiempo, la cual es nuestra más grande historia.

3. KA-LI-MA Diosa de la equidad y destructora de la ilusión. Ella trae equilibrio al crear potencialidades que pueden compensarse por las distorsiones que crea el karma.

4. ORI-KA-LA Diosa de la profecía con ojo visionario. Ella es el oráculo y la poseedora de la llave para cambiar el futuro.

5. AU-BA-RI Diosa del sonido o frecuencia. Ella utiliza la furia de Lucifer para atravesar porciones estancadas de la Creación. Ella es la sanadora harmónica cósmica que trabaja con la manifestación potencial que crea la palabra hablada.

6. HAY-HU-KA Diosa de la energía del cambio. Trabaja con el propósito de la vida interior para evolucionar a la conciencia a través de la manipulación de corrientes externas. Ella es la maestra que engaña a los demás para que aprendan.

7. ISHANA-MA Diosa de la belleza, la gracia y la elegancia. Facilita la interacción pacífica entre sus hijos para la convivencia armónica. Es una mediadora y promueve la cooperación alegre. Ella es la diosa del amor propio.

8. APARA-TURA Diosa de los ciclos. Ella es la operadora que abre las puertas a los ciclos que se están abriendo y cierra puertas a los ciclos que se están cerrando. Celebra el comienzo y el final de los ciclos.

9. HAY-LEEM-A Diosa de los recursos. Ella sopesa las consecuencias de las acciones de hoy en toda vida, incluyendo la naturaleza y las futuras generaciones.

10. UR-U-AMA Diosa de la creatividad y la inspiración. Ella sabe que el verdadero arte inspira a la percepción alterada y que la vida debe vivirse con creatividad.

11. AMARAKU Diosa de los nuevos comienzos y la forjadora de las nuevas formas. Cuando lo viejo se va, ella inventa un nuevo enfoque. Ella es la innovadora.

12. ALU-MI-NA Diosa que protege lo que no se puede conocer. Ella cuida que aquellos que tienen motivos impuros tengan acceso a la fuente de todo conocimiento espiritual. Es la guardiana que decide quién puede cruzar.

13. ARA-KA-NA Diosa del poder para trascender toda frontera. Es la guardiana del portal o pasaje entre el Creador y la Creación. Ella representa a la puerta oculta dentro del núcleo del ADN humano que nos permite convertirnos en el YO SOY que YO SOY.

(Figura 19)

Cómo se Forma la Materia

	La Matriz (un patrón de luz)	La Frecuencia (el tono específico)	El Plano

PASO 1
Se forma el proyecto dentro de la Trinidad de la vida Interior

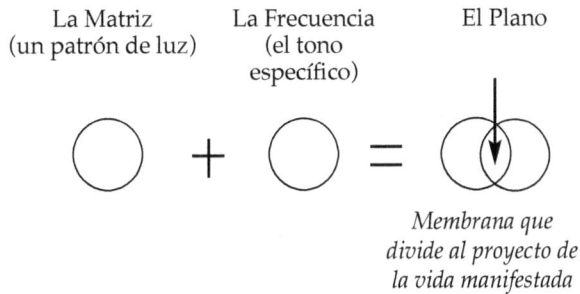

Membrana que divide al proyecto de la vida manifestada

PASO 2
Una frecuencia correspondiente dentro de la Trinidad de la Materialización invoca al plano. (Con la frecuencia, lo similar se atrae)

(a) El plano comienza a empujar contra la membrana

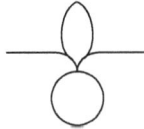

Bolsa de frecuencia creada por los divas

(b) El plano ahora está en la Trinidad de la Materialización

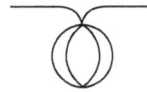

El plano comienza a llenar el espacio de la frecuencia similar

---

PASO 3
El proyecto se carga en negativo (habiendo venido de la Trinidad de la Vida Interior) y atrae átomos (cargados en positivo – dentro de la materia, los opuestos se atraen)

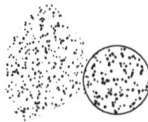

(a) Los átomos corren hacia el espacio designado y se acomodan por sí mismos, de acuerdo a la matriz y la frecuencia

(b) Se materializa la forma

(Figura 20)

163

material (la esencia femenina es la germinación, el masculino insemina) y da luz a la forma. Para materializar desde el éter (un tomate, por ejemplo), la vida pasa por los siguientes pasos: (*Ver Figura 20, Cómo se Forma la Materia*)

• La Trinidad de la Vida Interior está separada de la Trinidad de la Materialización por una "membrana" llamada en muchas escrituras "el velo". A pesar de que ambas trinidades son negativas en relación al Infinito, la Trinidad de la Materialización es *positiva* con respecto a la Trinidad de la Vida Interior.

• El plano para el tomate se encuentra dentro de la Trinidad de la Vida Interior. El plano es el producto de la interacción del masculino (la matriz) con el femenino (la frecuencia). Imaginen dos círculos traslapándose para formar una vesica pisces (vejiga de pez en latín) – el círculo de la madre y el círculo del padre que forman el plano.

• Al plano también se le puede llamar una bolsa de potencialidad de materia esperando a ser. Hasta ahora la bolsa de potencialidad no ha nacido a través de la membrana para tomar forma.

• Para poder comprender la siguiente secuencia de pasos, es importante saber que dentro de la Creación los opuestos se atraen, si nos referimos a la energía y a la materia (átomos), pero con la frecuencia y la luz, los mismos polos se atraen.

• La diva responsable de trabajar con la planta de tomate decide que es tiempo de que el tomate sea creado. Primero, el define el espacio en el cual el tomate se formará creando una frecuencia del tomate sólo en ese espacio (cada creación tiene una frecuencia como firma). El aspecto de frecuencia (la madre) del plano (bolsa de potencialidad), es atraída por la frecuencia similar que la diva toca y el plano es jalado a través de la membrana.

• La bolsa de potencialidad, habiendo venido de la Trinidad de la Vida Interior, está cargada en negativo – la polaridad opuesta a la vida material. Con los átomos y la energía, los opuestos se atraen, así corren hacia la bolsa de potencialidad para formarse a sí mismos, de acuerdo al plano del tomate. Nosotros utilizamos los mismos principios para manifestar las circunstancias de nuestra vida por medio del pensamiento y la sensación. Este aspecto de la diosa da forma a todos los potenciales, pues convocamos a nuestra realidad al emitir ciertas frecuencias.

2. **Ama-Terra-Su**–A pesar de ser una diosa cósmica como todos los demás arquetipos de la diosa, se le llama por el nombre que las razas antiguas de la tierra le dieron. "Ama" (madre), "terra" (tierra), "su" (conciencia) es la guardiana de la historia terrestre. Su símbolo se asemeja a una lengua, pues el método femenino para conservar la historia es la tradición oral. El símbolo también significa la historia más larga que tiene la humanidad, la espiral en el tiempo.

Muchas culturas optaron por la forma femenina de almacenar la historia a través de la tradición oral. Ellos evitaron el uso de la escritura porque esta empuja a una civilización hacia el dominio del hemisferio izquierdo. La historia escrita tiende a enfocarse en las deudas y las acciones, mientras que la historia oral trae las emociones del drama a la vida. El antiguo se concentra en los espejos, el más reciente en la vida interior.

Pero como veremos en el reino de la quinta diosa Au-ba-ri, cuando alguien habla y otros escuchan, se desarrollan formas de pensamiento que sacan aquello de lo cual se habla hacia el presente (en la frecuencia y la luz, presente en la visualización, lo similar se atrae). Si se narran historias de gran heroísmo, la tribu producirá grandes héroes una vez más. Si toda la tribu siente evasión a la cobardía, tenderán a evitar ser cobardes. De esta forma la historia nace.

Si comparamos el escenario descrito a la mayoría de las civilizaciones industrializadas modernas, nos damos cuenta que nuestras propias historias no juegan una parte muy activa en nuestras vidas. Ellas dan forma al futuro sólo de una pequeña manera y como resultado, no influyen en la conducta de las sociedades como pudieran. Cómo vamos a aprender del pasado cuando la persona promedio sabe muy poco de ella?

3. **Ka-Li-Ma**–Existe un equilibrio continuo para crear la equidad debajo de la superficie de la vida. Llamada por Emerson "La Ley de la Compensación", esta suma y sustracción para provocar justicia es el dominio de la diosa Ka-li-ma (ka=energía, li=iluminar, ma=madre), la madre de la energía iluminadora. Su símbolo significa bolsas de potenciales de equilibrio colgando de la membrana que separa a la vida manifiesta de la no manifiesta. En otras palabras, si una de las elecciones se vuelve realidad, también se tiene que manifestar un potencial equilibrador. El símbolo también representa una balanza. A esta diosa se le llama con frecuencia Justina y siempre se ilustra con una balanza.

Por todo material ganado se paga un precio. Emerson, en su ensayo de *la Ley de Compensación*, explica:

*"Por ejemplo, los fisiólogos han observado que no existen en el
reino animal criaturas favorecidas, sino que una cierta
compensación equilibra siempre las cualidades y los defectos.
Un exceso en un lado, lo compensa una pérdida en otro.
La teoría de las fuerzas mecánicas es otro ejemplo de esto.
Lo que se gana en fuerza se pierde en tiempo y al contrario.*

El mismo dualismo existe en la Naturaleza y en la condición del hombre. Cada excedente causa un defecto; cada defecto un exceso."

Es una ilusión el que cualquier cosa se nos pueda quitar; debe reponerse de alguna otra forma toda cosa que se nos haya quitado. Lo mismo aplica al material ganado. Por cada ganancia hay una pérdida. La injusticia es una ilusión y Ka-li-ma disipa a la ilusión al traer la justicia.

Es una ilusión el que cualquier cosa se nos pueda quitar; debe reponerse de alguna otra forma toda cosa que se nos haya quitado. Lo mismo aplica al material ganado. Por cada ganancia hay una pérdida. La injusticia es una ilusión y Ka-li-ma disipa a la ilusión al traer la justicia. La justicia de la diosa tiene que ver con la moralidad más que con la ley masculina inferior que trata con la ética. La moralidad abarca al espíritu de la ley y sirve a la vida interior. La ética trata con la carta de la ley y sirve a la forma o las apariencias; aquello que se gana pero que en verdad es parte de nuestra verdadera naturaleza, tal como la sabiduría no lleva una penalidad continua.

Proviene del campo unificado de la vida interior más que del separatismo de la vida material. Pagamos por perforar la ilusión oculta dentro de la oposición de nuestras vidas, pero una vez que se ha pagado la cuota y se abre la puerta de la sabiduría, es de nosotros el recibir con libertad.

"No hay pena para la virtud; no la hay para la sabiduría.
Una y otra son, hablando con propiedad, adiciones del ser.
Por una acción virtuosa afirmo mi existencia, soy,
yo contribuyo a la creación ...

No puede haber exceso en el amor; no lo hay en el
conocimiento ni en la belleza, cuando estos atributos se
consideran en su más puro sentido.

Ensayo de la Ley de Compensación, por Ralph Waldo Emerson

4. **Ori-Ka-La**–'Ori' (alumbra el camino o lámpara), 'ka' (energía), 'la' (todo), significa aquella que alumbra el camino para la energía de todos. Ella es el oráculo y la visionaria. Es guía y tiene la llave del futuro. La palabra "llave" viene de ka-la y sobresale más en algunas lenguas que otras (tales como el Francés).

El símbolo de Ori-ka-la no sólo refleja el futuro probable contenido en la vesica pisces, sino también el tercer ojo o el ojo visionario. El motivo por el cual la vesica pisces o el proyecto de los acontecimientos potenciales (creado por los círculos sobrepuestos de la matriz y la frecuencia) es de importancia para esta diosa y se debe a que es ahí donde se conserva el futuro.

Todas las probabilidades se encuentran en la Trinidad de la Vida Interior. Ella ve cuáles futuros probables serán expulsados por la membrana hacia la manifestación, basada en las frecuencias más dominantes de hoy.

El beneficio de conocer el futuro más probable es que lo podemos cambiar a uno de mayor beneficio cambiando a su vez la frecuencia (emoción) que emitimos hoy en día. Es por eso que ella tiene la llave del futuro de todos.

5. **Au-Ba-Ri**–'Au' significa escuchar, 'ba' es cuerpo o a veces bebé, "ri" es brillar o ser luminoso. Au-ba-ri significa aquella que a través de escuchar crea un cuerpo luminoso. Es el origen del nombre Audrey y la raíz de la palabra embrión. Su símbolo representa un oído izquierdo gobernado por el hemisferio

derecho e implica escuchar con el corazón. También asemeja a un embrión.

El embrión como un símbolo de escuchar está basado en un principio en el que dependen las tradiciones orales mencionadas bajo Ama-terra-su. Cuando alguien escucha desde el corazón a alguien que habla emocionado, se crea una forma de pensamiento entre ellos que pone en movimiento la frecuencia que atraerá al potencial. De esta forma sus palabras cobran vida y toman forma. El oído es como el útero receptivo, las palabras lo inseminan y se crea un "ba" o el embrión de un bebé (un futuro potencial). Otros grandes servicios prestados a través del escuchar son:

• En nuestro viaje para cumplir con nuestro destino, no podemos encontrar el significado de muchos de nuestros desafíos desde nuestra posición de ventaja. En ocasiones la aparente oposición abrumadora puede dejarnos sintiéndonos frustrados y deseando un lugar dónde respirar. Este tipo de escucha no requiere de una respuesta o consejo, sólo permite a la otra persona aliviar algo de las crecientes presiones.

• Cuando escuchamos la insensatez de otro, podemos aprender sus lecciones por ellos. Ya que la única razón de la experiencia es el resolver ciertos misterios del ser, el obtener la perspicacia en su nombre puede ayudarlos a salir de la rueda de experiencias en la que pudieron haber estado encerrados.

6. **Hay-Hu-Ka**–'Hay' significa diosa, 'hu' vida interior, 'ka' energía. Hay-hu-ka es la diosa de la energía de la vida interior. Su símbolo representa una sub-corriente ya que su influencia está debajo de la superficie de la vida material. Ella hace trucos que conducen al aprendizaje y casi siempre se le llama la embaucadora o Loki, la maestra coyote.

Hace uso de la risa como una herramienta de enseñanza y también se le conoce como el payaso sagrado. Utiliza lo ridículo e inesperado para disolver la energía estancada y para evitar que nos volvamos pomposos y el tomarnos demasiado en serio.

Ella manipula los acontecimientos para permitirnos convertir la enseñanza en conocimiento experimental. Sacude nuestra percepción cuando se vuelve demasiado estrecha, dándonos el resultado contrario de lo que se esperaba. Ella es la custodia de la poderosa fuerza de la energía invertida.

La energía invertida se basa en el concepto del punto central – el hecho de que la palanca más grande aun tiene un solo punto sobre el cual se equilibra el movimiento. Muchos no pueden entender por qué la tierra, un pequeño punto en la inmensidad del espacio, puede ser tan importante. La razón es que el futuro del universo se centra aquí.

No importa qué tan poderoso sea el movimiento en una dirección; al conocer el punto central puede invertir la misma fuerza, tal como un golpecito a una tapa que gira puede desequilibrar su rotación. Hay-hu-ka utiliza su conocimiento para invertir las corrientes de existencia cuando se alejan demasiado del curso del propósito de la vida interior.

7. **Ishana-Ma**–'Ish' significa venir, 'ana' significa del Cielo y 'ma' madre. Ishana-ma es la madre que viene del cielo. Como su nombre implica, a ella le preocupa crear una vida familiar que sea como el cielo en la tierra. Ella es el arquetipo de Afrodita.

En la realidad, la familia es como un microcosmos del macrocosmos. Esta abarca las características de las razas dentro de la Creación – la familia de las creaturas de Dios. La interacción suave y armoniosa entre estas facetas del Uno expresándose como el colectivo es el dominio y responsabilidad de esta diosa. El futuro depende de que ella ejecute estas funciones adecuadamente. Se debe establecer el equilibrio entre todas las creaturas, pues el viaje de vuelta al corazón de Dios comienza.

También le preocupa que dentro de la relación de una parte de la Creación con otra, el masculino y femenino estén en perfecto equilibrio. Cuando uno domina al otro, el flujo de la evolución de la conciencia se interrumpe. Su símbolo es un espiral masculino (en sentido contrario de las manecillas del reloj) y femenino (en sentido de las manecillas del reloj) en perfecto equilibrio. También muestra un reflejo del Infinito a su Creación.

Esta diosa acoge a la auto-estima y al auto-respeto, el punto de partida para el respeto hacia los demás. Ishana-ma promueve el aprecio del milagro del ser; la divinidad dentro de cada célula, la perfección en cómo responde la forma a la intención personal. Conforme reconocemos con agradecimiento la oleada de la fuerza vital a través de nuestros cuerpos, esta aumenta un céntuplo.

"¡Yo soy el poeta del cuerpo y el poeta del alma.
Me celebro y me canto a mí mismo.
Y lo que yo diga ahora de mí, lo digo de ti,
porque lo que yo tengo lo tienes tú
y cada átomo de mi cuerpo es tuyo también.
Creo en la carne y en los apetitos,
y cada parte, cada pizca de mí es un milagro.
Divino soy por dentro y por fuera, y
santifico todo lo que toco o me toca.

Si algo hay que yo venero más que las otras cosas,
ese algo es la extensión de mi cuerpo y cada una de sus partes,
Traslúcido molde de mi cuerpo, tu lo serás!"
Extractos de Canto a Mí Mismo, Walt Whitman (1819-1892)

8. **Apara-Tura**–'Apara' significa operador y 'tura' puerta. La palabra 'apertura' proviene de su nombre. El nombre Dorothea que ha sobrevivido en algunas de nuestras lenguas significa la diosa de la puerta. Apara-tura es la operadora de las "puertas" que abre y cierra los ciclos de la vida. Su símbolo está compuesto de dos antiguos:

• Los paréntesis se encuentra como el símbolo en la antigua runa Norse que significa apertura, también utilizada por los Druidas y otras culturas Europeas antiguas;

• La espiral en sentido contrario a las manecillas del reloj se puede encontrar en los petroglifos de muchas Tribus Norteamericanas. Esta representa el cierre de un ciclo.

Por lo tanto, su símbolo significa la apertura y cierre de ciclos. Ella es la diosa del nacimiento y de la muerte y ofrece un perfecto ejemplo de cómo los dioses y las diosas trabajan juntos. Su contraparte, Ka-pa-el, determina cuando la energía contenida en un individuo, nación o raza ha alcanzado una elevación crítica o un punto bajo que necesita cambio. Es entonces cuando la diosa crea las condiciones idóneas para el nacimiento en un estado más elevado del ser (transfiguración) o el reciclaje de los elementos atómicos de la forma (la muerte).

Ella es la intérprete de la canción de la muerte. Crea la frecuencia que llamará al alma al mundo espiritual en los siguientes días:

• El cuerpo pierde energía cuando tiene experiencias infructuosas que no ofrecen percepción;

• La frecuencia del cuerpo disminuye y ya no puede albergar a la frecuencia del alma con facilidad. Entonces ocurre la enfermedad;

• Al final la frecuencia del cuerpo se vuelve tan inhospitalaria que comienza a funcionar bajo la orden del dios Ka-pa-el, determinando que debe hallarse un lugar más armónico para que el alma more en él (el alma clama por ello);

• La diosa Apara-tura crea una fuerte frecuencia correspondiente dentro del mundo espiritual para traer al alma fuera del cuerpo, el verdadero significado del concepto del canto de la muerte;

• El alma se va, rompiendo el capullo lumínico que entonces se pliega en sí mismo, semejando un embrión. La fuerza vital se derrama y el cuerpo muere. El trauma, tal como un accidente mortal, puede rasgar el capullo y luego el alma se va, invirtiendo el orden.

Al celebrar los ciclos de existencia y los ritos de tránsito, Apara-tura crea la historia. Ama-terra-su registra y narra la historia, pero al crear los puntos altos y bajos a lo largo del viaje de la vida, Apara-tura ayuda a forjarla. La razón por la que la familia del hombre no se siente unida es que se ha olvidado su historia común. Sólo existe la historia nacional, de donde se origina el nacionalismo y fragmenta la unidad del hombre. Esta diosa contribuye a nuestro sentido de pertenencia al proporcionar experiencias e historia comunes.

9. **Hay-Leem-A**–'Hay' significa diosa, 'leem' agua y flujo, 'a' significa de. De esta diosa se deriva el nombre de Halima, muy común en el Medio Oriente. Hay-leem-a administra el abastecimiento y la demanda de recursos. Como la diosa de la fluidez, ella ve que las acciones de hoy en día no priven a las futuras generaciones de la provisión necesaria para llevar a cabo su destino.

Dentro del cosmos no puede ocurrir un pensamiento o una acción sin que lo afecte. Dondequiera que caiga un guijarro, las ondas continúan por siempre. Hay-leem-a supervisa el suave desarrollo del panorama completo y considera la forma en que los detalles lo afectan.

Su símbolo se halla en las escrituras de muchas culturas antiguas y es el símbolo del agua o flujo. La fluidez del desarrollo del propósito de la vida interior es suave sólo cuando se ve a largo plazo. Si no podemos ver la perfección del panorama completo, el panorama pequeño puede verse demasiado caótico. Hay-leem-a tiene la gran percepción de cómo fluirá el movimiento del río de la vida con el fin de orientar a la vida de regreso en caso de que cambie de dirección.

"Los cambios que con breves intervalos trastornan la
prosperidad de los hombres, son advertencias
de la Naturaleza, cuya ley es el crecimiento...
Y, sin embargo, también la compensación de
las calamidades es visible para la inteligencia
después de largos intervalos de tiempo."
Ensayo de la *Ley de Compensación*, por Ralph Waldo Emerson

10. **Ur-u-Ama**–'Ur' es luz en lengua Naga (la lengua sagrada de la antigua Lemuria). Su nombre significa Madre de la Luz. También es la madre de la creatividad, el arte y el nuevo pensamiento. Su símbolo es un tejido, pues ella trae el arte al tejido de la vida. Ella es la musa que inspira y la tejedora de sueños que convierte los sueños a la manifestación.

Cada vez que encontramos belleza que nos llena de éxtasis,

hemos captado un vislumbre de la perfección de la vida interior, atisbando a través de los espejos de la vida material – eso es arte. La cualidad se encuentra no sólo en la naturaleza sino en todo el gran arte. Se nos ha abierto una mirilla hacia aquello que trasciende a la mortalidad, algo inimaginable pero eterno. Este es el don de Ur-u-ama, la madre que deja que brille la luz hacia el destino.

Esta diosa trae inspiración a las áreas de la red de la vida que necesitan ser estimuladas a la creatividad, áreas que están estancadas, pues la creatividad se establece en la fuerza vital. Como el epítome de toda energía de la diosa, ella mejora la calidad del viaje de la vida.

Cuando un artista atraviesa por una noche oscura del alma, esto se refleja en su trabajo. Su corazón no está en ello y entonces la magia se va. Esta diosa retira su inspiración de aquellos cuyo corazón no está en su trabajo, quienes llevan a cabo sus tareas de forma mecánica. El producto de dicho trabajo no tiene alma y aporta poco beneficio para el receptor. Las tareas más mínimas se vuelven actos de creatividad y devoción cuando se hacen desde el corazón.

11. **Amaraku**–'Ama' es madre, 'ra' significa padre y 'ku' es el kundalini o la energía del fuego sagrado (también llamada la energía serpiente). Su nombre significa nacimiento de lo nuevo. El ku nace al equilibrarse la madre y el padre.

Los Kumaras (sus contrapartes dios) y los Amarakus, gobernantes, altos sacerdotes y sacerdotisas de la antigua Lemuria, eran naguales. Un nagual es una especie de ser que tiene un doble capullo lumínico alrededor de sus cuerpos, más que el usual que otros tienen (la forma total de los siete cuerpos están uno dentro de otro). El propósito de esto es dar al nagual más energía para que él o ella puedan llevar a cabo el propósito de su existencia, el guiar a los demás para liberarse de la ilusión.

Entre la segunda (conciencia de Dios) y la tercer (Maestría Ascendida) etapa de su evolución, el capullo luminoso de los naguales se divide y ya sea que se conviertan en naguales de cuatro o de tres hojas, dependiendo en si se dividen en dos o tres. El hombre o la mujer nagual de cuatro hojas trabajan juntos. El trae información de lo desconocido y ella da vida a las nuevas formas de ser en lo conocido (la vida material). Los naguales de tres dientes (tanto hombres como mujeres), se vuelven los hermafroditas divinos y representan al elemento neutral. Ellos traen información de lo que no se puede conocer, lo que el hombre y la mujer nagual de cuatro dientes interpretan perfectamente en la vida diaria. Los Kumaras y los Amarakus caen en estas categorías.

La esencia de esta diosa es traer nuevas formas de ser – nuevos comienzos. Ella encuentra nuevas maneras para ayudar a expandir a la conciencia en lo desconocido y ayuda a convertirlo en lo conocido por medio de la experiencia, tal como los naguales.

El símbolo de la flor de loto de tres pétalos es representante de la forma en que el campo de tres hojas del nagual se divide y también representa la relación entre el nagual de tres hojas y del hombre y la mujer nagual. La flor de loto fue uno de los símbolos de Lemuria, aunque por lo regular se ilustraba con siete pétalos. Tres representa lo desconocido y también a la diosa. También representa el perfecto equilibrio entre el masculino, el femenino y lo neutro.

12. **Alu-Mi-Na**–'Alu' significa de todos, 'mi' es conciencia y 'na' es sabiduría. Esta palabra también se volvió más tarde en la raíz para iluminado. Alu-mi-na contiene la sabiduría del conocimiento de todos. Uno tiene que ser iluminado para pasar por el portón hacia lo desconocido y a la fuente de todo conocimiento que ella protege. Es por ello que su símbolo es una vela encendida.

Cuando se trajeron a la expresión a todas las órdenes de las diosas anteriores y las órdenes de los dioses se mezclaron con ellas, nos volvimos poderosos. Ella nos pondrá a prueba para ver qué tan sabiamente utilizamos este poder que hemos acumulado, pues más allá de la puerta que ella cuida está la inmortalidad. Esta prueba sólo se da una vez en la vida y puede tomar cualquier forma y venir sin aviso.

Su vela encaja en el cáliz de su dios contraparte, simbolizando que ellos son los últimos en unirse antes de que la tercera etapa y la final eliminen todo pensamiento y que la mente superior tome el control.

Alu-mi-na insta al auto-examen, a la celebración de los logros y a la profunda vida con sentido. Durante la celebración, la luz de las velas son un remanente de nuestro pasado distante, cuando la humanidad estaba familiarizada con su diosa y su aspecto de crear la celebración a lo largo del viaje de la vida.

13. **A-Ra-Ka-Na**–Su nombre significa 'De Luz, Energía y Sabiduría'. Su símbolo es una araña estilizada en forma de un ocho. El ocho representa el punto de convergencia (el punto cero) entre el Creador y la Creación. Como la araña sentada en medio de su red, Ara-ka-na está al centro de todos los niveles de la Creación – el punto cero. Todas las bandas de frecuencia del

12 Ordenes de Dioses

1. LA-U-MI-EL Señor de toda conciencia. El símbolo es el jeroglífico de la reciprocidad, también utilizado para indicar sabiduría en la cosecha. Este señor trabaja con la ley de la compensación en la naturaleza para determinar la evolución equilibrada de las especies.

2. AKASHA-EL Señor de los registros Akáshicos y guardián de la historia. También es el guardián de la palabra hablada y del lenguaje. El determina las visiones siendo el sostenedor del panorama global. El símbolo significa registro permanente.

3. KARAMA Señor del karma. Determina dónde es mejor aprender y experimentar el karma. El símbolo representa la apertura de los 12 chacras, el cual ocurre cuando un ser ha quitado los sellos del karma no resuelto al aprender las lecciones que las experiencias pasadas enseñan.

4. URI-EL Señor de la inteligencia. Es el intérprete de las visiones obtenidas y rediseña la evolución de la conciencia como corresponde. Convierte la información en lo conocido por medio de la inteligencia.

5. KI-AS-MUS Señor del tiempo y el espacio. Trabaja dentro de la cantidad asignada de tiempo para hacer evolucionar a la conciencia dentro de cierto espacio (en la Creación, el tiempo y el espacio han establecido límites).

6. MI-RA-EL Señor de los símbolos del conocimiento oculto (incluye la codificación del ADN). El determina lo que debe ocultarse y lo que debe revelarse dentro de la codificación del ADN o a través de los símbolos. El también trabaja con la energía crucial.

7. OM-KA-EL Señor que contiene la percepción. El crea la plantilla que cumple con el propósito de cierta parte de la creación. El símbolo representa enfoque y voluntad, o intención enfocada.

8. KA-PA-EL Señor de los ciclos. Trabaja con los ciclos del cambio por el que atraviesa toda vida: transformación, transmutación y transfiguración. La espiral es ya sea positiva, resultando en una forma superior de la forma de vida, o negativa, resultando en la muerte.

9. LEEM-U-EL Señor del flujo de la conciencia. El supervisa la interacción de las distintas formas de conciencia durante la inhalación y la exhalación de Dios—los grandes ciclos creacionales.

10. ILLUMINATI Señor de la iluminación. El crea las líneas de la rejilla a lo largo de las cuales se formará la creación. El es el arquitecto e ingeniero para el manejo de la geometría sagrada.

11. KU-MA-RA Señor de la jerarquía y el gobierno. Trae estabilidad a través de la estructura al crecimiento. Representa el perfecto equilibrio entre los elementos neutro, femenino y masculino.

12. KA-LI-SA Señor de la distribución de la energía. El determina la cantidad de energía que puede contener una forma de vida.

(Figura 21)

178

Creador y de la Creación se juntan en este portal, el lugar de la no frecuencia. Todo lo que existe, incluso alto tan extenso como el Infinito, tiene la capacidad de convertirse en algo más, impulsado por el movimiento de la conciencia. El punto cero es el portal por el que se puede tener acceso a nuevos niveles de evolución.

Cuando nos movemos hacia la etapa final de la maestría ascendida, el portal central (el lugar de la no frecuencia) dentro de nuestro ADN se abre y tenemos acceso a la energía de todo lo que hay afuera. Como el punto cero cósmico, nuestro ADN se convierte en el portal entre el Creador y la Creación, nos volvemos el Yo Soy el Que Soy. La diosa Ara-ka-na contiene el potencial de aquello que espera ser y como su símbolo, Arachne, sostiene la red de toda la vida que es.

Las Ordenes de los Dioses

(Ver Figura 21, 12 Ordenes de Dios)

1. **La-U-Mi-El**–'La' significa todo, 'U' quiere decir de, 'Mi' es conciencia y 'El' Señor (también puede interpretarse como "materia"). Por consiguiente, el nombre muestra que este dios es el señor de la conciencia de todo. Su símbolo es el jeroglífico de reciprocidad. Su forma viene de un antiguo objeto para la cosecha, pero también es una representación estilizada de una mano dando y otra recibiendo.

   Así como la Diosa Pana-tura manifiesta la vida material, La-u-mi-el determina qué tanta conciencia debe contener la forma sopesando su papel dentro del panorama global. Un ejemplo de esto sería que los Planetas tienen diferentes eras (llamados Yugas por los Indús) por las cuales pasan, basados en el rayo de luz del sol central por el cual se mueven. Algunas eras, como por la que acabamos de entrar, son tiempos de despertar; otros son tiempos de dormir.

Una vez que se determina que una era de olvido trae demasiada oscuridad a un planeta, se vuelve necesario enviar a un guía: un ser de gran conciencia para encarrilar de nuevo a la evolución planetaria. Cristo fue tal guía. Con el fin de que su cuerpo fuera de una frecuencia lo suficientemente alta para albergar tanta conciencia, el linaje Esenio tuvo que prepararse siete años para recibirlo. Con cada generación subsecuente los cuerpos se volvieron más puros y albergaron mayor conciencia.

Dentro del escenario de la misión de Cristo, también tenía que haber un Poncio Pilatos y un Herodes. Ellos debían tener menos conciencia o el escenario de la crucifixión no hubiera ocurrido para sobrevivir a través de las eras como un testimonio de la entrega de la voluntad al plan divino.

Cuando mencionamos la conciencia con la que nace un individuo, estamos hablando en este contexto de qué tan grande o pequeña es la porción de luz que él o ella contienen, qué tan "despierto" está. En realidad lo que esto significa es qué tanta luz reflejan del Infinito. El otro aspecto de este gran señor es la reciprocidad. El cómo se relacionan el nivel de conciencia que un ser puede contener y la reciprocidad ha sido entendido por las culturas indígenas a través de la historia. Si alguien recibe un regalo (por ejemplo, el fruto de un manzano) consciente del milagro de su vida y lo recibe con gratitud, la conciencia del manzano aumenta. Por medio del reconocimiento dirigimos a otra forma de vida hacia una evolución superior y a una expresión de vida más compleja. Es la forma indígena de dejar un regalo simbólico, como harina de maíz o tabaco, como reciprocidad para expresar su gratitud.

Otra forma en la cual la reciprocidad aumenta la conciencia se ve en la forma en la que invertimos los papeles vida tras vida. Las familias de almas, que casi siempre son un grupo de cinco cuyos destinos están conectados, a menudo alternan papeles con el fin de maximizar la oportunidad del otro para su aprendizaje. En una vida uno puede ser un autor y una víctima en la siguiente. Las civilizaciones harán lo mismo, de ahí el surgimiento y la caída de los imperios. Este señor lo instrumenta.

2. **Akasha-el**–El símbolo de Akasha-el significa registro permanente y su nombre (aka=palabra, sha=conciencia o sagrado, el=señor), significa el señor que contiene la conciencia de la palabra. El es el guardián de los registros Akáshicos, el guardián de la historia de la Creación. El ve la perspectiva más amplia para obtener las visiones que ofrece la historia.

Los registros Akáshicos son como la librería del cosmos. Una raza avanzada que enfrenta ciertos problemas investigaría la historia de otro para evaluar cómo abordaron problemas similares. Ellos harían esto teniendo acceso a los registros Akáshicos, ya que esa raza debió haber existido hace mil millones de años.

Los registros Akáshicos tienen tres capas, parecidas al número de pisos que contiene una librería. La historia del fondo tiene los registros de todo el conocimiento experimental. La historia del medio tiene los registros preservados de todos los pensamientos que se han pensado. La historia de arriba tiene los registros de los deseos y las suposiciones. Cada vez que alguien piensa: "Qué pasaría si...?" ese pensamiento se almacenaría en este nivel de los registros Akáshicos.

Cuando esta exhalación de Dios, este ciclo Creacional se concluye, es Akasha-el quien entregará la llave de la librería a la Trinidad Primordial para que puedan extraerse de la experiencia todas las visiones.

3. **Karama**–El karma es un espejo para obtener las apreciaciones. Nuestra sensación de sentirnos víctimas es el efecto de no comprender este concepto o de qué tan imposible es en realidad la injusticia. Como el dios del karma, Karama y la diosa contraparte Kali-ma se viven en la vida diaria, la ilusión de la injusticia se desvanece. La cruda verdad de que somos creadores de nuestra propia realidad se vuelve irrefutable.

El karma se forma cuando la percepción distorsionada crea una emoción distorsionada. Cuando se sostiene el espejo de nuestra percepción defectuosa en nuestro entorno, nuestras experiencias nos brindan la oportunidad de corregir nuestra percepción.

El karma no resuelto constriñe el flujo de la energía universal. Esto se manifiesta como bloqueos o sellos en nuestros chacras. Como hemos visto, al final se abren doce chacras conforme liberamos estos bloqueos al obtener las visiones de nuestras experiencias. Esto nos libera del karma y abre un campo de luz alrededor del cuerpo en forma de paloma. La firma del Señor Karama es la paloma, representando el campo de un ser que ha resuelto todo el karma pasado.

Karama equilibra el karma personal, nacional, racial, galáctico y cósmico. El determina cuándo se pueden aprender mejor las lecciones y cómo se pueden presentar los espejos para maximizar el aprendizaje.

4. **Uri-el**–Uri-el es el señor de la inteligencia. La inteligencia analiza y elige entre aquello que enriquece más la vida y lo que

no (la elección a lo que todo se reduce). Se le puede referir como el crítico en el público que observa el despliegue de la obra de la Creación y evalúa el significado más profundo de lo que revela la obra.

Su responsabilidad es el interpretar la información no cognitiva (sentimientos) del cosmos recolectada por su diosa contraparte, Ori-ka-la. Muchas especies como la vida vegetal, exploran lo desconocido sintiendo la falta de capacidad para interpretar esos sentimientos. Ya que todas las especies tienen un objetivo común que es la exploración de lo desconocido, Uri-el y sus legiones de trabajadores tienen que interpretar esta información no-cognitiva para que la evolución de la conciencia pueda realinearse adecuadamente.

Además, las visiones de los Maestros Ascendidos que suben directamente al Infinito, se filtran hacia la Creación, cambiando la verdad a cada momento. Esto también necesita tomarse en consideración, pues es posible que el diseño inicial para la experiencia ya no sea relevante.

El símbolo para Uri-el representa el movimiento lineal de la conciencia inherente lejos de la Fuente, ya que realinea la forma en que se desenvuelve la conciencia. También representa las cuatro direcciones o bloques de la Creación.

5. **Ki-as-mus**–De este nombre proviene la palabra para cosmos, como se encuentra en las lenguas más modernas de la tierra. La raíz para Ki-as-mus o cosmos es la palabra Lemuriana antigua Kia, que significa "x" o sociedad (reflexión, en dialectos posteriores).

El símbolo de este señor es una "x", que representa el concepto de "como es arriba, es abajo". También asemeja un reloj de arena para indicar que hay mucho tiempo y espacio asignado para este ciclo creacional. Con el fin de que la

Creación se extienda dentro de cierto espacio dentro de un tiempo determinado, Ki-as-mus necesita regular la velocidad en la cual se desarrolla.

Para poder regular la velocidad de la evolución de la conciencia, este señor debe regular el estancamiento y el flujo, o crecimiento. El estancamiento ocurre cuando los seres no llevan a cabo su contrato con el Infinito para explorar lo desconocido extrayendo las lecciones de su experiencia.

Cuando el crecimiento es demasiado lento, Ki-as-mus instrumenta la ayuda de los "rompedores del sistema" dentro del cosmos, seres de luz que, por medio de un gran auto sacrificio, descienden rápidamente a zonas densas y encarnan ahí para convertirse en los guías.

Cuando el crecimiento es demasiado rápido, Aubari, la diosa correspondiente, trae algo de la rabia de Lucifer para adoptarla, basada en los cálculos de Ki-asmus acerca de cuánto se debe retardar el crecimiento. Entonces las almas se prestan como voluntarias para tomar la rabia de Lucifer con el fin de cambiarla en entendimiento.

6. **Mi-ra-el**–Este arquetipo del dios trabaja en conjunto con Ki-asmus para infundir ciertas porciones de la Creación con la luz. Por ejemplo, si toda la humanidad entrara hoy en la conciencia de Dios, sería desastroso para muchas razas cuyas lecciones estamos aprendiendo a través de otro, ya que el aprendizaje disminuye drásticamente durante las primeras dos fases de la conciencia de Dios. Por consiguiente, el Señor Mira-el programa los códigos en el ADN humano que sólo activarán nuestra capacidad para recibir más luz cuando se aprendan ciertas lecciones.

El otro método para activar un nivel superior de conciencia en el momento oportuno es el de proveer símbolos o códigos que representen cuerpos ocultos de información. Cuando se confronta con ese código o símbolo en un tiempo determinado, vuelve el recuerdo de la información que este representa. Si por ejemplo, la humanidad es responsable de resolver el misterio de la sociedad, es necesario que olvidemos que todos somos uno, de lo contrario sería imposible relacionarnos. De esta forma, Mi-ra-el decide qué es lo que se puede revelar y qué debe permanecer oculto para llevar a cabo el propósito general.

El símbolo de este señor es una cuerda del ADN debido a su papel clave en la programación del ADN. Sin embargo, el símbolo tiene un significado más profundo que revela una faceta más de este propósito general. Las cuerdas del ADN de hecho no cruzan de la forma que pareciera como un símbolo bi-dimensional. Estas se tuercen o giran y sólo parecen cruzarse una sobre la otra. Como su diosa contraparte, este señor trabaja con la energía crucial. Ya sea que la responsabilidad de la diosa es invertir el flujo de los acontecimientos que van en una dirección no deseada, la del señor es ofrecer esos momentos claves que convierten a la vida en una dirección nueva y mejorada.

Todas las grandes tradiciones espirituales han enseñado que los grandes cambios hacia la conciencia superior dependen de estos momentos claves. Las tradiciones Taoístas dicen: El amanecer sólo llega una vez. El entrenamiento Tolteca se enfoca en preparar al aprendiz para ese momento de prueba que sólo llega una vez para ver si él o ella es digno de liberarse de las limitaciones mortales.

Al diseñar el momento clave de un individuo, Mi-ra-el debe determinar el tiempo exacto cuando ese individuo ha alcanzado el grado de preparación. Ese momento crucial debe estar lleno de simbolismo programado en su ADN pertinente a su destino.

Este debe ser relevante para aquello con lo que se ha comprometido a resolver con el Infinito.

7. **Om-Ka-El**–El símbolo de este dios es un tetraedro dentro de una esfera. La esfera significa mente (om) y el tetraedro representa la voluntad de fuego (ka).

Cuando las órdenes del dios deciden que ciertas visiones han fracasado en ceder no obstante de que muchos seres intentan extraerlas por medio de la experiencia, Om-ka-el diseña una plantilla experimental para poder enfocarse en estas situaciones. Un ejemplo es la curva del tiempo sobre la que la humanidad ha estado viajando.

Ya que las razas deben permanecer en un estado de unidad dentro de la diversidad para que esta exhalación llegue a una conclusión oportuna, Om-ka-el diseñó esta futura dinastía o plantilla.

Debido a que fracasó en alcanzar el resultado deseado, se diseñó una plantilla adicional, llamándola humanidad en una espiral de tiempo, para explorar sus lecciones faltantes.

Una vez que se diseñó la plantilla, Om-ka-el tiene que sostener el espacio para finalizar el experimento. Debido a la mucha responsabilidad que descansa sobre la humanidad, ha habido intentos enfocados ya sea para reprimir o eliminarnos a todos. También ha habido intentos bien intencionados para "iluminar" a toda la raza de otras razas que no ven el panorama global y que han fracasado en reconocer el valor de la insensatez humana.

Por cada represión, Om-ka-el regula eso, se deja entrar una cantidad balanceada de luz para que el resultado global sea uno sin interferencia. El tiene que evitar que los incrédulos destruyan a quienes están involucrados en el experimento. La tierra ha tenido que llegar bajo la estricta protección de este dios por su papel como el punto crucial para el futuro.

La asistencia de su diosa contraparte, Ishana-ma, ayuda a que componentes distintos dentro de un experimento (como las razas de la tierra), interactúen sin problemas.

8. **Ka-pa-el**–El símbolo del dios Ka-pa-el se utiliza comúnmente con electrónicos y también se encuentra en glifos de campos de trigo que han aparecido en años recientes. Con los electrónicos, este significa "capacitor", que puede describirse como una unidad de almacenaje para la energía. Un capacitor de energía es como una jarra para agua – uno puede almacenar la suficiente debajo de una llave para utilizarla posteriormente.

Las razas, los sistemas planetarios o los individuos solo pueden contener tanta energía en su forma presente igual que la jarra sólo puede contener tanta agua. Si el volumen de energía se vuelve demasiado, debe transfigurarse al siguiente nivel de su evolución. Si el volumen de energía es demasiado bajo, debe reciclarse a sí mismo (morir). Ka-pa-el monitorea estos ciclos.

Su nombre significa el padre de la energía. Este símbolo de un capacitor es relevante también por otras razones: El mismo es un capacitor en el que se almacena la energía liberada cuando una forma material muere y la libera de nuevo cuando ese ser toma otro cuerpo. Desde la flor de pensamiento más pequeña del jardín hasta la muerte y el renacer de los sistemas solares, Ka-pa-el es el administrador de la energía liberada o necesaria durante estos ciclos.

Es este principio del capacitor que despierta a la vida dentro del Infinito, pues obtiene cada vez más percepción y energía y al final tiene que transfigurarse. La liberación de energía cuando "por fin se desborda la jarra" es lo que despierta las emociones del Infinito.

9. **Leem-u-el**–El dios Leem-u-el tiene un símbolo que representa el conducto toroidal, el gran movimiento de la inhalación y exhalación de Dios. La parte superior de su símbolo es amarilla y la inferior es negra, representando el día y la noche de la Creación; el tiempo del despertar y el de dormir; la inhalación y la exhalación.

Su nombre significa Señor de la Fluidez y sus preocupaciones son los grandes ciclos de la Creación. El contiene la percepción del destino para toda vida – ese contrato que hicimos con el Infinito sobre qué parte de lo desconocido resolveremos con todas nuestras vidas múltiples. El supervisa la forma en cómo los destinos personales contribuyen para la realización del destino cósmico. Este es la suma global de acuerdos u objetivos para esta exhalación de Dios. Cada inhalación tiene un propósito específico qué llevar a cabo, que se agrega a la percepción obtenida por los ciclos anteriores hasta que el Ser Inmenso, el cual incluye a la Creación, se transfigura así mismo.

Leem-u-el toma en cuenta qué elementos del plan global aún están incompletos y da esta información a otros dioses para diseñar o re-diseñar plantillas o para ser tomadas en cuenta, pues ellos diseñan el tiempo o la velocidad en la que se desenvuelve el plan. Esto ayuda al Señor Karama a determinar cuánto dolor se necesita para producir un cambio.

10. **Illuminati**–El nombre de la orden sagrada de este dios no debe confundirse con ningún grupo sobre la tierra que se llaman a sí mismos de la misma manera o utilizan este símbolo sagrado. Aquellos que han tenido acceso a fragmentos de conocimiento oculto que han querido utilizar para obtener poder, a menudo se han modelado a sí mismos bajo estas verdades eternas. El señor de los Iluminati (señor de los iluminados), tiene un ojo derecho

como su símbolo, pues está gobernado por el conocimiento del hemisferio izquierdo. El ilumina con información.

Alrededor de cada planeta, pilas de rejillas o mallas de líneas de luz gobiernan a las especies del planeta. Cada especie tiene su propia rejilla que le dice cómo comportarse. Cuanto más compleja es la expresión de las especies, más alta está "apilada" la rejilla, formando una jerarquía de especies en términos de complejidad. El señor de los Iluminati es responsable de programar las rejillas y las líneas de energía para que cada especie pueda representar su parte adecuada en el gran diseño de la Creación.

Tal como los tres cuerpos superiores originales del ser inmenso en el cual moramos (la Madre de Dios) tenían aspectos de su propia "caída" en conciencia para producir primero al Infinito y posteriormente a la Creación para que un planeta entrara en conciencia hasta que fuera físico por completo. Cada vez que un planeta o un sistema solar cae, este señor necesita reprogramar las rejillas para alojar a la conciencia inferior conforme se transfigura.

11. **Ku-ma-ra**–Hemos discutido la forma en cómo funcionaban estas órdenes en la antigua Lemuria bajo la diosa correspondiente. Sin embargo, en el cosmos, la función del dios Ku-ma-ra es bajar información que es luz de una banda de compasión a la siguiente. El símbolo representa las cuatro bandas de compasión dentro del Creador y de la Creación, como lo representan las palabras Hebreas yod, hay, vau, hay. Estas aparecen dentro de un estandarte, como lo utilizaban los gobernantes Lemurianos.

El orden en el cosmos se debe a las órdenes del cosmos. En otras palabras, a través de todo el cosmos existe una jerarquía de gobierno que recibe orientación en forma de información desde lo más alto para que los niveles inferiores la interpreten. Estos gobernantes o reyes son los Ku-ma-ras. El dios Ku-ma-ra transmite los niveles de información más altos de una banda de compasión a la siguiente.

Los tres lados del estandarte también representan la relación entre los naguales de tres dientes, el hombre nagual de cuatro dientes y la mujer nagual de cuatro dientes. En el gobierno del cosmos esta trinidad gobernante se encuentra en cada nivel.

En las civilizaciones antiguas de la tierra los gobernantes eran los que tenían la más grande percepción y sabiduría. Al caer la conciencia de la tierra, a menudo los gobernantes eran los más implacables o los más poderosos. Lo principal de los Ku-ma-ras, era que actuaban como conducto para orientar a la gente de forma elevada, se ocultó y la oscuridad y el dolor reemplazaron a las edades de oro. Los padres o gobernantes (Ku significa energía dirigida desde la Ma o madre y Ra o padre), comenzó a explotar sus cargas o niños.

12. **Ka-li-sa**–Ka es energía del fuego sagrado, Li significa iluminar y Sa sagrado (como en Santo) o conciencia. Lisa, en dialectos posteriores de la antigua lengua madre, significa contenedor. Ka-li-sa significa contenedor del fuego sagrado. La palabra "cáliz" proviene de Ka-li-sa.

El símbolo de este dios es un cáliz. El símbolo de la vela de la diosa correspondiente, Alu-mi-na, puede reposar dentro del cáliz. La fusión de sus símbolos es importante pues son el último par de los arquetipos de dios y diosa a fusionar (lo cual debe ocurrir antes de que Ara-ka-na abra el portal del siguiente ciclo de la evolución).

El dios Ka-li-sa es el señor de la iniciación y prepara al receptor para que pueda contener más luz a un nivel superior de luz. La luz viaja por caminos de la misma manera que el agua lo hace por los ríos. Si una represa estalla su corriente de agua, el río ya no podría alojar esta cantidad creciente de agua y se desbordaría sobre sus bancos. De la misma forma, las iniciaciones ayudan a preparar al sistema nervioso para recibir una cantidad de luz más grande.

El principio aplica en todo el cosmos. Si un planeta se está transfigurando, es necesario cambiar sus líneas y rejillas para alojar el incremento de luz resultante.

La función de este dios es un componente importante en la preparación para entrar por el portal de Ara-ka-na hacia un nuevo ciclo de evolución. El salto más grande de conciencia que cualquier ser puede dar es moverse de las etapas de una forma de expresión de conciencia a la siguiente. Muchos han intentado dejar las etapas de la humanidad sin la preparación adecuada con resultados nefastos, sobre todo entre los videntes Toltecas (muchas otras tradiciones no han llegado tan lejos). Si nos hemos ganado el derecho de cruzar más allá de este punto, el nivel de luz que hemos adquirido será calculado por Alu-mi-na para que sean suficientes; Ka-li-sa nos preparará para lo que hay más allá y saldremos del reino humano y entraremos en el reino de dios.

CAPÍTULO CUATRO

LA ALQUIMIA DE LA RELACIÓN

Relación–Clave Sagrada para Develar los Misterios de Dios

Cuando Uno se expresa como el colectivo a través de su creación, es para el propósito de aprender sobre los misterios de su ser. Esto se logra con muchas partes que se relacionan entre si y que se reflejan varias facetas en la existencia del uno al otro. El mismo Infinito aumenta en conocimiento y luz, la cual es información, por medio de la relación – la relación con su Creación (*Ver Figura 22, Plan de las Etapas Sociales y de las Etapas de la Relación*).

Por consiguiente, se le puede referir a la relación como Sagrada de Sagradas, el templo interior sagrado en donde se realiza el propósito del Infinito. Con cada relación se presenta una nueva oportunidad para develar otro de los misterios del ser de Dios a los

Plan de las Etapas Sociales y de las Etapas de la Relación

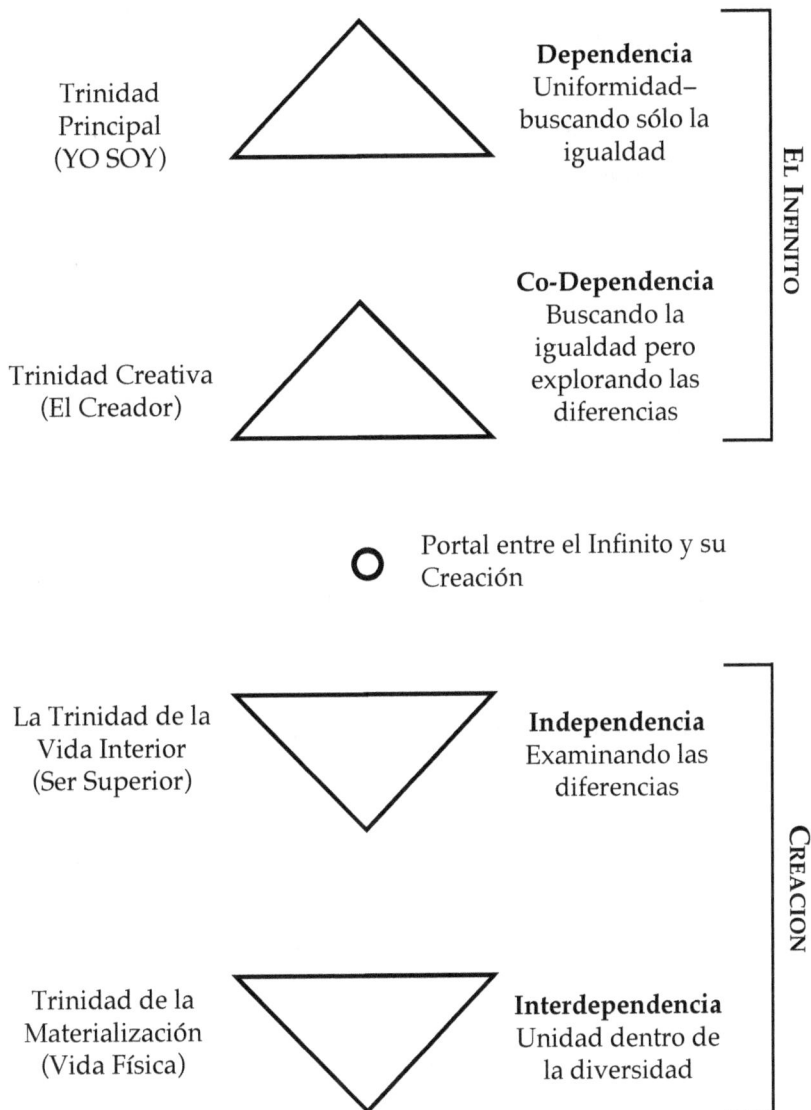

Trinidad
Principal
(YO SOY)

Dependencia
Uniformidad–
buscando sólo la
igualdad

EL INFINITO

Trinidad Creativa
(El Creador)

Co-Dependencia
Buscando la
igualdad pero
explorando las
diferencias

O Portal entre el Infinito y su
Creación

La Trinidad de la
Vida Interior
(Ser Superior)

Independencia
Examinando las
diferencias

CREACION

Trinidad de la
Materialización
(Vida Física)

Interdependencia
Unidad dentro de
la diversidad

(Figura 22)

que nunca antes se había tenido acceso. Es la caldera sagrada de la alquimia donde el plomo (lo desconocido o la luz inflexible) se convierte en oro (lo conocido o la luz). El don de la relación nunca debe darse por hecho.

A pesar de que toda relación nos refleja lo que somos, lo que juzgamos, lo que hemos perdido o lo que tenemos que aprender, muy pocos nos tomamos el tiempo de observar las profundas lecciones que estas aportan. Conforme crecemos en conciencia, nos damos cuenta que nuestros corazones se abren para incluir a toda la vida y en ese punto no sólo aprendemos de los espejos en nuestra propia experiencia, sino también al observar a los demás.

Es un acto de amor incondicional el no dejar pasar la experiencia de los demás infructuosamente. Al obtener lecciones en su nombre, podemos sacarlos de su círculo vicioso por medio de la compasión. Ahora la vida les permitirá avanzar para resolver otras piezas del misterio más que repetir las mismas experiencias una y otra vez.

La relación es la herramienta principal en la evolución de la conciencia. Cuando una relación se estanca, los cambios forzosos ponen fin al punto muerto. Las dos causas principales de este estancamiento son: primero, cuando la relación no evoluciona a través de sus etapas de crecimiento y segundo, cuando existe un desequilibrio dentro de su polaridad. En otras palabras, el estancamiento ocurre cuando sus componentes masculino y femenino persisten en ser extremadamente desequilibrados. El don del desequilibrio es el crecimiento.

Si todas las cosas están en perfecto equilibrio, la conciencia no se mueve. Sin embargo, cuando el desequilibrio persiste de un lado o de otro, ocurre el estancamiento.

Las etapas evolutivas de la relación son las mismas para las relaciones interpersonales o culturales. (*Ver Figura 22, Plan de las Etapas Sociales y de las Etapas de la Relación*)

1. **Dependencia:** En esta etapa se hace hincapié en las similitudes. Las parejas lo experimentan como su etapa inicial de estar "enamorados". Ellos sienten euforia porque se ven a sí mismos en el espejo de la otra persona. Culturalmente esto se manifiesta como una vida tribal en donde se espera que la persona se comporte de cierta manera a cambio del apoyo de la tribu.

2. **Co-dependencia:** Se expresa algo de individualidad, pero todavía hay un fuerte deseo por identificarse entre sí y ninguno da un paso afuera ni demasiado lejos de "la caja". Muchos miembros tribales en Norteamérica se encuentran en este estado, en el que viven en la ciudad pero conservan fuertes lazos de dependencia con la tribu.

3. **Independencia:** En la interacción personal cada individuo se desespera por encontrar su propia identidad. Ahora las diferencias se resaltan. En las sociedades modernas y mecanizadas, se necesita todo tipo de seguro ya que no existe el apoyo tribal. En los departamentos, la gente vive sin conocer el nombre de su vecino.

4. **Interdependencia:** Si se sobrevive a la etapa 3, esta trae más estabilidad. Las personas están seguras en sus relaciones y son compasivos con las diferencias del otro. Esta es la plantilla para la vida comunitaria en el futuro: un grupo vive junto por un objetivo común, se compromete voluntariamente a ciertas contribuciones y es libre de expresarse y crecer en la diversidad.

Estas etapas conducen de la uniformidad a la unidad dentro de la diversidad. La uniformidad ya no puede abarcar la voluntad del Infinito totalmente para explorar el ser a través de sus creaciones.

Hay menos compromiso con el panorama global y se puede desarrollar el egocentrismo. En el estado de la unidad dentro de la diversidad los cambios se maximizan para que el crecimiento personal contribuya al crecimiento del grupo dentro de un ambiente estable. Las sociedades tribales que permanecen en la monotonía se les impulsa a hacer un cambio de forma dolorosa. La diversidad produce más cambios para explorar lo desconocido.

Cuando los compañeros no aportan un equilibrio interno del masculino y femenino en una relación pero en su lugar confían en el otro compañero para que este provea la pieza faltante, la relación está en riesgo. Al momento que un compañero obtiene un mejor equilibrio interno, el otro ya no sabe cómo relacionarse.

Las naciones y las razas se vuelven vulnerables de la misma forma cuando al femenino en su interior no se le permite expresarse total y adecuadamente, por ejemplo. Existen culturas femeninas en la tierra que tienen una profunda espiritualidad intrínseca que impregna la vida diaria y sociedades masculinas en donde dominan la lógica, la ciencia y el materialismo. Culturas que han sido conquistadas tales como el Tíbet, las indígenas en Norte y Sudamérica, la Judía, la Armenia y otras, personifican al femenino conquistado por el masculino. Esto refleja el equilibrio interno ocasionado cuando los hombres han dominado los aspectos espirituales de esa cultura y en algunos casos han excluido al femenino.

La relación es parte de la fuerza más poderosa en la existencia: el deseo del Infinito para evolucionar su conciencia. Como tal, es imparable en su propósito para promover el crecimiento. Podemos ya sea honrarlo, co-operar con su misión divina para explorar la conciencia, o convertirnos en su baja. Nosotros nunca somos una víctima; la elección siempre ha sido y será nuestra.

Responsabilidad–Apoyo vs. Salvamento

Uno de los grandes impedimentos para que los trabajadores de la luz progresen es un sentido de responsabilidad inapropiado – el sentimiento equívoco y profundamente arraigado de necesitar sentirnos culpables de florecer cuando otro no lo hace. A menudo parecemos pensar que de alguna manera servimos mejor a la vida cuando nos unimos a otros en su ciego estado de víctima o que no nos atrevemos a ser felices hasta que hayamos salvado a los demás. Vemos a la felicidad como algo que debemos merecernos más que el derecho de nacimiento del hombre. En lugar de dejar que brille nuestra luz y convertirnos en uno de los guías o faros de luz del planeta, nos hundimos de nuevo en la miseria del hombre. Al usar el grillete y la cadena de la culpa y con la necesidad de salvar, nos impedimos remontar el vuelo en los altos vientos del destino.

Cuando emprendemos el camino de la iluminación, debemos liberar a otros a la responsabilidad de sus seres superiores divinos. A excepción de nuestra responsabilidad para con nuestros hijos menores, sólo somos responsables de nosotros mismos. Si podemos abrirnos hacia nuestra divinidad, podemos elevar la conciencia de cada hombre, mujer y niño sobre la tierra. Nuestra más grande contribución siempre es a través de la frecuencia alterada que emitimos conforme nos llenamos con luz y no a través de lo que hacemos. Esta frecuencia pura cambia todo lo que toca.

El ser sólo responsable de uno mismo es el centro de una actitud que se rehúsa a salvar a aquellos que manipulan por medio de la ineptitud. La manipulación por quienes eluden el hacerse responsables de su propia vida puede incluir lo siguiente:

- Confusión–Confusión y obsesión sobre las preguntas es una alternativa (quienes al no sentirse amados, establecen el sentirse necesitados) y mientras los demás estén cerca para salvarnos, no necesitamos desarrollar la auto confianza;
- Auto-destrucción–Si no encuentro valor en mi propia vida pero tu continúas intentando rescatarme, debe tener un valor. De igual forma, si no he lidiado con el no sentirme amado por mis padres, te coloco a ti en un papel de padre salvador, lo cual me hace sentirme amado;
- Aléjame del dolor–El dolor es el deseo por el cambio. Si alejamos a alguien del dolor, también los alejamos del cambio. Al mimarlos los mantenemos dentro de su agonía inadvertidamente. La clave es organizar en lugar de agonizar; ayudar a construir una salida de lo que se necesita cambiar es mejor que revolcarse en el dolor hasta que este se vuelva un compañero 'íntimo';
- El Juego de la Culpa–Si puedo hacer que te sientas culpable, continuarás intentando compensarte, haciendo que yo pueda controlarte; o si me enojo contigo y te mantengo fuera de equilibrio al tener que defenderte constantemente, te he enganchado en mi juego.

Las responsabilidades que no podemos evadir son:
- Nuestra responsabilidad fiduciaria para con nuestros hijos;
- Responsabilidades que hemos acordado llevar a cabo tales como un empleo que nos comprometemos a hacer y en el que los demás confían que lo terminemos;
- Expresar nuestra sabiduría más elevada cuando se nos consulta o cuando una situación se presenta por sí misma en el momento en que se necesita;

- La responsabilidad de no abusar del papel de padre/consejero que asumimos y que ofrece la oportunidad a otro para volverse vulnerable (motivo por el cual un psicólogo o consejero espiritual no puede tener una relación sexual con un cliente);
- Dar una mano amiga cuando tenemos la capacidad de ayudar a otro a salir de una crisis o un lugar de "estancamiento" con el fin de subir a un orden superior.

Sentidos de responsabilidad inapropiados:

- No somos responsables de salvar a alguien constantemente si su conducta indica que no está preparado para ayudarse a sí mismo y continúa volviendo a su antigua forma de conducta;
- No se nos pide sacrificar nuestra capacidad para evolucionar y de prosperar para cambiar los sentimientos de los demás;
- No somos responsables de proteger a los demás de ver sus propios defectos inventando excusas o disculpándonos por ellos;
- No somos responsables de ensombrecer nuestra luz para que otros puedan sentirse mejor con ellos mismos. Si todos nos hundimos al nivel del común denominador más bajo, no habrá nadie que nos inspire y nos asombre; nadie que nos dé una visión de lo que puede lograr la raza humana o llenarnos de esperanza para trascender nuestro ser limitado.

Nuestra responsabilidad principal es el realizar el propósito de nuestra creación; ese contrato que hicimos con el infinito para atravesar el misterio del ser con luz y echar atrás las fronteras de la oscuridad, iluminando con entendimiento compasivo hasta los recovecos más oscuros de la creación.

Acosadores vs. Soñadores

Para que el cosmos llegue a una solución que le permita volver al corazón de Dios en la inhalación, tiene que lograr algo similar a un ser humano preparándose para entrar a la conciencia de Dios. Las "funciones cerebrales" del hemisferio izquierdo y derecho o las formas de tener acceso a la realidad, se tienen que mezclar y trabajar juntas sin problemas. Los hemisferios izquierdo y derecho del cosmos están representados por las razas de los mismos. Uno de los desafíos más grandes que debe enfrentarse es el que estas razas cooperen e interactúen con éxito. Debido a que la tierra es el lugar donde se solucionan muchos de los problemas cósmicos, la humanidad consiste de individuos en los que domina tanto el hemisferio izquierdo como el hemisferio derecho.

El planeta es femenino y la gente de hemisferio derecho sobrepasa a la del izquierdo (llamaremos a los primeros Soñadores y a los otros Acosadores). Aquellos que encaran a la vida por medio del hemisferio izquierdo, los Acosadores, tienen lo que se llama un enfoque vertical de la vida. Los Soñadores de hemisferio izquierdo encaran a la vida horizontalmente.

El motivo de esta descripción es que, al momento en el que nace la conciencia (cuando ocurre la implosión), el componente mental del Infinito que es una forma de onda vertical, se fusiona con la forma de onda horizontal emocional. La conciencia consiste de ambas ondas, horizontal y vertical, unidas como dos ondas portadoras viajando juntas. Una sección transversal se vería como una cruz temblorosa.

Los Acosadores tienen más acceso a las ondas mentales verticales de conciencia y los Soñadores a las ondas horizontales. Los Acosadores tienen acceso a lo conocido profunda y analíticamente, como una linterna iluminando un muro con un rayo de luz pequeño, brillante y bien definido. Los Soñadores tienen más acceso a lo desconocido, como un círculo de luz amplia y difusa. Los Acosadores pueden hacer malabarismos con doce pelotas en el mundo exterior por cada una de las que los Soñadores pueden, pero los Soñadores recogerán más información no-cognitiva muchas veces.

La forma en que los Soñadores tienen acceso al mundo se ha malinterpretado. El sistema educativo está diseñado alrededor de la forma en que piensan los Acosadores. Tal como es, los Acosadores pueden captar información externa a la taza de treinta y cuatro unidades por cada veintiuna unidades que los Soñadores. En consecuencia, a los Soñadores se les ha subestimado y malogrado por tradición.

Debido a que arquetípicamente estamos buscando un camino para que se lleve a cabo una cooperación de estas dos partes desiguales de la Creación, estamos manifestando relaciones personales en las cuales se puedan estudiar estos enfoques.

Los Acosadores en las Relaciones

• En las relaciones personales, los Soñadores a veces encuentran a los Acosadores como fríos y calculadores. Se inclinan menos a hacer conversaciones pequeñas y piensan que están ayudando al analizar a sus compañeros o a la situación.

• A menudo los Acosadores disparan datos a sus compañeros de trabajo o empleados de una manera que a uno le recuerda una ametralladora. Pueden hacer una pausa para tomar aliento lo suficiente como para preguntar si existe alguna pregunta, ya que los Soñadores escuchas pueden estar lanzándole miradas de confusión. Sin embargo, los Soñadores no pueden asimilar tal avalancha de información, se pierden al principio de la conversación y en este punto ni siquiera saben cuáles son las preguntas.

• Los Acosadores se sienten no escuchados porque después de haber "explicado cuidadosamente" con gran detalle, está claro que nadie parece hacer las cosas como se les indicó (ya que nadie entendió).

• Los Acosadores pueden hacer una pregunta a los Soñadores (ya que casi siempre ellos conversan, es abstracto o profundo) y obtener respuestas no claras o evasivas. De nuevo se sienten no escuchados, sin entender que los Soñadores procesarán una pregunta interiorizándola, sintiéndola en su corazón. Sólo entonces ellos lo pensarán de nuevo; podría tomarse días.

• Los Acosadores se sienten no escuchados en particular cuando expresan sus sentimientos. Una conversación típica entre un esposo Acosador y una esposa Soñadora podría ser la siguiente:

El esposo llega a casa del trabajo y se queja de que el almuerzo que ella le prepara todos los días le está provocando acidez estomacal. Ella lava los platos, con trabajos levanta la mirada y dice: "Que bien, querido. A propósito, el baño del piso de arriba está tapado, lo arreglarías?" El piensa que a ella no le importa, pero lo que ella ha dicho en realidad es que no es el almuerzo, su "plomería" está bloqueada. Ella misma no sabe lo que significan sus palabras, tan sólo les da entrada. Se supone que ella debe analizarlas.

Los Soñadores en las Relaciones

• Los Soñadores se sienten no escuchados por los Acosadores. Los Acosadores encuentran las preguntas de los Soñadores como que están fuera de lugar, sin una pista o sin ir al punto. Por lo tanto, a menudo se les ignora cómo si lo que contribuyeran fuese irrelevante.

• Hay grandes regalos que pueden darse los Acosadores y los Soñadores. Los Soñadores tienen un truco para mejorar la calidad de su viaje por la vida. Puede tomarles más tiempo llegar a la meta, pero a menudo el producto final es más creativo. Ellos brindan mucha energía a los Acosadores a través de su sociedad. Los Acosadores se enfocan más a las metas y aportan organización a la vida de los Soñadores. Ellos son buenos en controlar la vida diaria y en crear orden de un caos, algo que atrae a los Soñadores quienes a menudo tienen dificultad en mantener en orden los aspectos físicos de su vida.

Hasta que los Soñadores y los Acosadores vean cómo utilizar los respectivos dones que cada perspectiva aporta a la relación, la fricción entre estos grupos continuará. Muchos de nosotros todavía buscamos uniformidad en nuestras relaciones, lo cual trae estancamiento más que crecimiento. El objetivo de tener unidad dentro de la diversidad promueve un crecimiento mayor pero requiere de comprensión, paciencia y tolerancia necesarias para apoyar las diferencias del otro.

Cómo pueden los Acosadores y los Soñadores unir el Espacio de la Comunicación

Si los dos campos diferentes desean comunicarse, tendrán que aprender el grupo de habilidades del otro.

Herramientas para los soñadores

- Puede verse a los Soñadores como lentos ya que, como se mencionó antes, su proporción para asimilar la información nueva es de veintiuno a treinta y cuatro con respecto a los Acosadores. Los ayudará a cultivar la herramienta de la lectura rápida. Las universidades ofrecen cursos sobre esto.
- Los Soñadores se abruman cuando se les bombardea con información. Ya sea que necesiten de tomar clases de taquigrafía o desarrollar su propio sistema de taquigrafía.
- Los Soñadores retienen muy bien patrones de recuerdos a largo plazo, pero no a corto plazo. Ellos tienen que cultivar mejor la memoria a corto plazo practicando con fragmentos de

información con las que puedan darse el lujo de fallar: leer un número telefónico, marcarlo; hacerlo mismo con una dirección. Al escribir algo en la computadora, intenten escribir más y oraciones largas sin ver las notas.

- Cuando reciban instrucciones complicadas, utilicen la taquigrafía, luego dense tiempo de asimilar y ordenar lo que se ha dicho. Busquen si hay algún hueco en la información y posteriormente formulen preguntas concisas pero comprensibles para obtener las piezas faltantes y no tengan miedo a preguntar.
- Recuerde siempre que los Acosadores rendirán cuentas de cada palabra que usted diga.

Herramientas para los Acosadores

- Los Acosadores deberán identificar a los Soñadores en su entorno y disminuir la velocidad de las instrucciones o la conversación por medio de metáforas, ejemplos, historias y humor. Cuando los Acosadores están hablando demasiado aprisa, los Soñadores no pueden hacer preguntas ya que no saben qué preguntas hacer.
- Los Acosadores deben recordar que los Soñadores pueden ser más inteligentes de lo que se cree, pero que el sistema no les ha permitido brillar. También recuerden que la mayoría de las personas son Soñadores.
- A menudo los acosadores se impacientan con los Soñadores y para entonces los Soñadores tienden a cerrarse cuando los Acosadores los confrontan, culpan o "controlan."
- Los Acosadores se aislarán de los demás a menos que sean más flexibles en sus expectativas. Al centrarse demasiado en los resultados pueden alejarse del resto del equipo. Recuerden, los Soñadores ven al tiempo de forma distinta. Aquellos que hablan

lenguas orientadas hacia las vocales (tales como los aborígenes), tienen puntos de vista del mundo más relajados sobre cómo recorrer la vida. Cuando yo comencé a hablar el lenguaje de las estrellas, mi concepto del tiempo cambió de inmediato.

• Los Acosadores necesitan tener lo que para ellos parece una "interacción social insignificante", con el fin de que los Soñadores se relajen al estar con ellos para que los Acosadores puedan ser escuchados. Si el Acosador tiene un jefe Soñador, es posible que se ascienda a compañeros de trabajo más arriba de él debido al valor que los Soñadores ponen en la calidad del viaje.

• Los Acosadores deben recordar que muchos Soñadores dicen cosas que no eran su intención. Al menos deben intentar y escuchar lo que hay detrás de las palabras de su intención utilizando el corazón más que la cabeza. Hagan unas cuántas preguntas cuando se desborden las emociones (muchos harán sentir cuestionados a los Soñadores). El desarrollar la capacidad de escuchar es la opción número uno para que los Acosadores cultiven el intentar tender un puente sobre ese espacio.

La Sexualidad Sagrada

Sólo existe un criterio para sopesar nuestras acciones: sirven a la vida interior o no? Si sólo sirven al mundo de la forma, sirven al que es irreal. Por otro lado, si las acciones sirven para evolucionar la conciencia, entonces están alineadas con el propósito de la vida interior.

El grado en el que los actos sexuales mejoran la vida interior de los participantes depende en la conciencia que los inicia. El estar consciente es ver el panorama completo. Los seres conscientes toman cuidadosamente en consideración los efectos de cualquier acto sobre los demás. Ellos saben que cualquier elección que hagan debe beneficiar a todos por igual en la evolución de la conciencia.

Muchas prácticas sexuales "espirituales" están diseñadas para mejorar la energía, la que a su vez aumenta la conciencia, pero no siempre de igual forma para ambos participantes. El utilizar a otro para mejorar la propia energía en primer lugar puede causar aumentos de energía a corto plazo pero a la larga mermará no sólo a uno mismo, sino a todo su entorno. Una práctica que se concentra en el beneficio propio es egoísta, una condición que quita las espirales de la cuerda del ADN y tuerce a la red de la existencia, creando así repercusiones kármicas.

Las antiguas tradiciones de mujeres: Chinas de la Tigresa Blanca permitió a las practicantes el permanecer jóvenes en sus noventas y más por medio de la energía que estas prácticas les proveían. Como vampiros de energía, hubo beneficio personal para ellas con poco intercambio. Las prácticas tántricas proporcionan más que un intercambio, mas sin embargo son mejores para los hombres.

Existe una cantidad limitada de poder y energía disponible de parte de la forma de la vida y un abastecimiento ilimitado de parte de lo Divino que da forma a la vida. La única manera de obtener energía y poder sin dañar a la red de la existencia es a través de una mayor percepción. El secreto para develar el don de la percepción que puede producir la sexualidad está en ese lugar de conexión con el Infinito: el momento presente. Es en esa quietud del momento que experimentamos la máxima historia de amor entre el Creador y la Creación. Esto se puede demostrar de la siguiente manera: si pasamos a ciegas por un arbusto de flores a lo largo del camino y omitimos ver que arde con la gloria de Dios, la naturaleza se marchita. La naturaleza crece con el aprecio. Si en un momento tranquilo de contemplación reconocemos realmente la belleza de una flor, eso permite que la planta se desarrolle con mayor rapidez en una forma más compleja de expresión.

De manera similar, el estar realmente en el presente entrando dentro los maravillosos milagros de nuestras parejas, contribuye a la evolución de sus conciencias. El pensar sobre las técnicas nos saca del momento hacia el mundo de la forma y lejos de la vida interior.

Cuando nos concentramos verdaderamente en experimentar al otro, las líneas de energía que rodean nuestros cuerpos se abren como los radiantes pétalos de una flor. Cuando esto ocurre, se liberan los bloqueos y el poder y la energía fluyen libremente por nosotros, permitiéndonos recibir una dotación más grande de fuerza vital. Sin embargo, una vez que cambiamos nuestro enfoque a la función o a las agendas personales, las líneas de energía se doblan hacia adentro, drenando la energía de nuestras parejas. La energía que drenamos de otro puede de momento aumentar la nuestra, pero tal como es en el caso del egoísmo, al final conduce al deterioro y a la muerte.

Nuestra insensibilidad al milagro de otro interrumpe la red de la vida porque es dañino tanto para ellos como para nosotros mismos. Los daña a ellos porque lo que no se reconoce disminuye y lo que se aprecia aumenta. Nos daña a nosotros porque nuestra verdadera identidad es un ser tan inmenso como el cosmos con todo existiendo en nuestro interior. Lo que es destructivo para uno es, por lo tanto, destructivo para nosotros mismos.

El experimentar realmente al otro es cuestión del corazón. La mente y los sentidos sólo pueden apreciar a la forma, pero el corazón puede conocer la esencia divina en el interior. De esta forma otro ser, ya sea un compañero o una flor, se convierte en una entrada que conduce del mundo de los espejos (forma) hacia aquello que es real (la vida interior).

La entrada del ser humano revela una expresión de vida mucho más compleja que la flor. Se puede describir a la Creación como un espejo que permite al Infinito verse a sí mismo. Un ser humano sostiene una pieza más grande del espejo, revelando más del rostro del Infinito que el fragmento de la flor. Un ser humano, a diferencia de la flor, tiene la capacidad de cometer errores. De esta manera el también refleja lo que el Infinito no es, lo que puede comprender más aquello que es.

Cada ser humano es una perspectiva única superpuesta a todo lo que es. El don que la percepción de la unión sexual nos ofrece es que podemos enriquecernos a nosotros mismos al experimentar la eterna perspectiva del otro. Cuando tu pareja tiene un nivel inferior de conciencia al tuyo, se vuelve más desafiante el atravesar las ilusiones (espejos). Si nos acercamos a los compañeros de manera superficial, nos enredamos en la red de sus ilusiones. Por otro lado, a través de un corazón abierto podemos ver la perfección pura de su esencia, razón por la cual el sexo y el amor deben ir de la mano. Al concentrarnos en la perfección debajo de las apariencias, vemos con los ojos de Dios. Ante tal mirada, la ilusión se disipa como la niebla antes del sol de la mañana.

El Poder de la Palabra Hablada

Las palabras que decimos portan una frecuencia que atrae al plano, creando así nuestra realidad. Estas son poderosas más allá de lo creíble y dan forma a nuestra misma existencia. Las palabras nos delatan al revelar las más profundas creencias que podemos abrigar sobre nosotros mismos y que esperamos ocultar. Aquellos promotores que hacen girar bien sus ilusiones pueden crearse un aura de glamur alrededor de una estrella de cine, pero en el momento en que ella abre la boca, se revela la flaqueza de toda su humanidad.

El trauma del nacimiento y el sufrimiento de la infancia temprana se revelan a sí mismos a través de lo superficial de nuestro aliento.[11] Podemos volvernos tan dominantes en otras áreas como queramos pero debe liberarse el trauma, contenido como dolor en nuestros pulmones, por medio de técnicas de re-nacimiento o ejercicios de respiración y recapitulación diarios. La percepción del por qué hemos venido a esta densidad y de nuestra verdadera identidad como seres de una vastedad infinita también pueden causar una re-capitulación espontánea del trauma de nacimiento que puede parecer un ataque de pánico acompañado de sentimientos de pena, desolación y abandono. La percepción es siempre el método para convertir el dolor en poder.

Mientras crecemos en la madurez espiritual necesaria para cambiar el sufrimiento de la humanidad en una gozosa participación en la vida, se nos pide tomar más responsabilidad. Ya no vivimos sin pensar y sin conciencia, pero nos damos cuenta que en lugar de orar a una fuente "externa" para que nos salve, nosotros somos creadores de la calidad de nuestro viaje. Cada pensamiento, cada palabra y cada acto moldea nuestras vidas en ya sea un viaje trágico o en una aventura mágica y con poder personal.

Los cambios en nuestros patrones del habla a los de poder personal comienzan estudiando las leyes ocultas de la palabra hablada.

• **Las palabras pueden ser vivas o muertas**. Esto significa que estas pueden ser ya sea comunicaciones que alteran la vida o

11 Para consultar las técnicas de respiración y remover estos bloqueos, ver *Una Vida de Milagros*.

sólo repeticiones de las opiniones o puntos de vista de otra persona. Lo que infunde nuestras palabras con esa chispa que les da vida es el verdadero conocimiento de la experiencia que hay detrás de ellas o la sinceridad de nuestras ideas. La sinceridad tiene un componente emocional, una convicción de que las palabras necesitan ser escuchadas. A través de las eras los oradores han influido en otros por medio de la sinceridad de su expresión oral. Muchos confunden a la sinceridad por verdad, pero ya sea originadas por la verdad o sencillamente por las convicciones de una persona, las palabras que están llenas de sinceridad están vivas e influyen en los demás.

- **Las palabras negativas no se registran** en esa delicada sustancia que llena el cosmos y responde a nuestros pensamientos y palabras. Este es un principio importante cuando evaluamos los verdaderos motivos de los líderes espirituales y de las entidades canalizadas. Si alguien se encuentra en una posición de liderazgo orientada a la espiritualidad, deben tener suficiente conocimiento intuitivo para juzgar los efectos de sus palabras en los demás. Si su expresión hace uso de negativos para resaltar sus puntos de vista, están programando su expresión en sentido opuesto de lo que su audiencia desea escuchar. "Usted no *es* tal y cual cosa" en realidad se registra como "Usted es tal y cual cosa."

- **Los gestos del lenguaje contraproducentes** ocasionan el fracaso en nuestras vidas.

  - El no terminar una oración antes de tomar aliento (debido al trauma de nacimiento, a una hernia hiatal y otras causas), no expresa la afirmación de la exhalación. Esto reduce su poder y capacidad para manifestarse.

  - El re-frasear afirmaciones como preguntas o elevando el tono al final como si se tratara de una pregunta.

• Negar la autoridad de la afirmación – "Es posible que me equivoque, pero…" o agregar diminutivos tales como: "Estás un poco gruñón este día."

• Pretender no estar seguro. Mucha gente muy inteligente cultiva deliberadamente un leve tartamudeo con el fin de que los demás lo acepten. Ellos fingen inseguridad para que parezcan ser no polémicos.

• Si tomamos en consideración la naturaleza sagrada de nuestra verdadera identidad como parte del YO SOY, queremos considerar cuidadosamente qué palabras elegimos para seguir la afirmación: "Yo soy…". Es un hábito empoderante el sólo utilizar palabras positivas para completar esta afirmación. Incluso las palabras "Yo lo siento" programan al subconsciente de forma adversa.

• Sarcasmo vs. Ironía

El cosmos opera de acuerdo a los principios basados en la verdad absoluta. A cada paso el gran arquitecto tiene como su propósito el convertir la ilusión en verdad. Cuando nosotros de alguna manera nos salimos de sincronía con este propósito, la vida disminuye y en cambio, la vida florece cuando se basa cada acción y palabra en la verdad.

En nuestra búsqueda de la verdad utilizamos las herramientas del discernimiento: el no hacer y sobriedad por lo conocido y soñar y sentir por lo desconocido. (Ver la sección de estas herramientas más adelante en este libro). Desafortunadamente, las herramientas pueden volverse menos efectivas cuando nuestros sistemas de creencia causan un diálogo interno que enloda las aguas de nuestro entorno. Por ejemplo, podríamos sentir que algo es "verdad" porque encaja con los sistemas de creencia que retenemos y otra cosa que no es verdad porque no lo es.

Otro obstáculo que impide entender si algo es cierto o no es que las almas avanzadas que han encarnado aquí para jugar su papel en el destino glorioso de la tierra como los guías para conducirnos de vuelta al corazón de Dios no conocen la falsedad. Ellas han venido aquí sobre todo desde los reinos que están más allá de la ilusión y la pureza de estas almas sólo conocen la verdad absoluta. Cuando se les confronta con aquello que no tenemos dentro, el alma retrocede y una sensación de confusión drena nuestra energía.

La ironía, como figura retórica, dice lo que es su intención pero de forma sardónica o irónica. Por otra parte, el sarcasmo dice lo opuesto de lo que es su intención. La intención es que ambos se utilicen con humor, aunque a veces lo hacen a expensas de otro.

Las células en el cuerpo, como réplicas microscópicas milagrosas del todo responden favorablemente a la verdad y liberan fuerza vital y energía cuando el cuerpo vive o expresa la falsedad. Por consiguiente, se pierde la energía ante la presencia de la falsedad y debido a su correlación con la conciencia, también eso se descarta.

Además, el envejecimiento de las células ocurre cuando la fuerza vital se pierde al vivir desfasado con la misión declarada de la Creación: buscar y entender a la verdad, incluso si esta se halla en los lugares más oscuros de la existencia. Por lo tanto, la ironía está en armonía con la vida interior y el sarcasmo – diciendo lo que es opuesto a la verdad, no. En un camino de impecabilidad en donde la energía se conserva con reverencia como la fuente de la vida material y el requerimiento más importante para la conciencia, ya sea que el sarcasmo se elimine por completo o se convierta en ironía.

Muchos son adictos al parloteo frívolo que los aleja de sentir el vacío de haber abandonado sus sub-personalidades. La fuga de energía de esta forma nos aleja de nuestra maestría. El verdadero guerrero es frugal en acción y en habla e incluso en el tiempo de interacción con los demás.

"Profundo en el silencio, primero debes perdurar
hasta que al fin seas libre del deseo,
libre del anhelo de hablar en el silencio.
Conquista por el silencio la esclavitud de las palabras."
Las Tablas Esmeralda, Tabla IV

Pasos Preliminares para Determinar Si Existe Conflicto

Si uno recorre un camino de impecabilidad, es imprescindible el suspender todo juicio cuando ocurre alguna ofensa o desacuerdo aparente hasta que hayamos obtenido claridad. Por ejemplo, algún conocido hiere nuestros sentimientos, pero nos damos cuenta que las palabras pueden engañar. Por consiguiente, preguntamos: "Qué quisiste decir cuando…?" o "Por qué dices tal o cual cosa?" Estas preguntas no se hacen juzgando, pues no se ha llegado a ninguna conclusión, sino más con una actitud de neutralidad.

Cuando hemos establecido el verdadero significado de lo que se dijo al sentir la intención detrás de las palabras y al obtener tanta claridad como sea posible, podemos proceder. Eso todavía hace que se encrespe nuestro plumaje o crea una reacción refleja? Si es así, necesitamos preguntar si tiene la importancia suficiente el llegar a una solución con la otra persona o si meramente esta presionó uno de nuestros "botones" con el fin de que examináramos algún acontecimiento en nuestra propia vida que espera darnos sus lecciones y su poder.

Sin embargo, si esto es importante, entonces necesita tratarse. He aquí algunos parámetros de cómo decidir lo que es suficientemente importante para que merezca la confrontación:

- Cuando existe una intención hiriente o destructiva.
- Cuando es injuriosa para el niño interior, irrespetuosa para el mundo sagrado o el sabio interno o despectivo para el cultivador interno.
- Cuando viola nuestra privacidad o nuestro espacio sagrado.
- Cuando viola nuestro mutuo acuerdo o confianza o es deshonesto en cualquier forma.
- Cuando nos subestima o nos reprime de expresar nuestra individualidad o nos hace tener que ser menos de lo que somos.
- Cuando intenta manipularnos, controlarnos o dominarnos.
- Cuando nos critica o acusa. Si este entra en cualquiera de los escenarios anteriores u otro similar, se deberá utilizar el siguiente enfoque:
- Primero que nada deberán acordarse algunos principios y quizá hasta escribirlos.
- Dentro de nuestras relaciones todo sentimiento es válido (significa que no critiquemos a alguien por sentirse de cierta manera).
- Toda emoción debe hallar un lugar seguro para expresarse.
- Se deben prohibir las frases tales como: "Tu siempre", "Tu nunca" y "Por qué tu?" (cuando la última no es una pregunta, sino una acusación disfrazada).
- Ni las palabras ni las emociones deben utilizarse para atacar o manipular.
- Cuando alguien está en las garras de la ira incontrolable, debe haber mecanismos de arreglo pre-establecidos. Deben lavar su cara y sus manos y dedicarse a una actividad vigorosa (bicicleta,

jogging, etc.) para organizar sus pensamientos antes de expresarlos.

• El escribir cartas sin enviarlas es también una forma productiva de comunicación donde existen temas de ira.

La persona enfrentada debe expresar los sentimientos y proponerse una solución. Esto puede hacerse unas cuántas veces antes de obtener resultados. "Cuando tú haces esto, yo siento esto. Es posible que podamos intentar esto o lo otro en el futuro?"

La forma adecuada para que una persona responda es asegurarse primero de que ellos entienden. "Estás diciendo que...?" Si ellos lo reconocen, entonces un cambio en la conducta es apropiado; es recomendable crear un plan de apoyo ya que los hábitos enraizados son difíciles de romper. "Podemos tener un gesto secreto con las manos o una frase para recordarte cuando salten los malos hábitos?" o "Podría hacerte a un lado para recordarte?"

Si al contrario la otra persona comienza a descargar, quédense tranquilos y dejen que se desahogue hasta que salga todo. Entonces repita lo que usted dijo, siempre volviendo la conversación al punto relevante. Si esto no funciona, escríbanlo y soliciten una respuesta escrita en unos cuántos días. Si esto no funciona para resolver la situación, más adelante en este capítulo se presentan los cuatro pasos para la solución de conflictos (por escrito, si es necesario).

Si acaso persistiera el desacuerdo, sólo quedan tres opciones:

1. **Evalúen** si lo que tienen en común contribuye lo suficiente a su vida para que continúen soportando las diferencias. Si estas son más importantes, rompan con la relación o prepárense para continuar con la incomodidad;

2. **Fluyan** alrededor de los obstáculos porque se ha determinado que la relación vale la pena. Sean creativos. El la avergüenza en

público? Forme un mundo privado para interactuar en él y haga apariciones en público sola tantas veces como sea necesario. A fuerza ni los zapatos entran, no es buena idea;

3. **Cambien** su actitud. Incluso si usted ejecuta el control de daño sugerido en el punto 2, todavía habrá momentos raros en los que haya una conducta ofensiva. Elévense sobre la situación como el águila que vuela sobre el mundo. Visualícense sentados en una burbuja aislante de luz violeta rosada, sosteniendo a su niño interno y hablándole durante el incidente. Nunca es para beneficio de la vida interior el aceptar lo inaceptable. También es algo desgastante el tener muchos "pequeños" incidentes un día sí y otro no. Qué tan diligente es la persona que trabaja en mejorar? Deben tomarse en consideración todos estos factores al llegar a una conclusión final. Otra herramienta útil es el imaginar que esta conducta durará durante los siguientes diez años y sopesarlo contra los aspectos positivos de la relación.

La Resolución de Conflictos de Acuerdo En el Plano Cósmico

Como se mencionó antes, es en los niveles densos de la Creación en donde se obtiene nuevo conocimiento y en donde la vida estalla en la más asombrosa selección de diversidad con el fin de maximizar la oportunidad de realizar con éxito el destino de todas las formas de vida y de explorar lo desconocido.

Pero el hombre es único entre estas formas de vida, inspirando en otras razas del cosmos tanto la esperanza como el temor. Para el hombre, aunque sumido en la ilusión, tiene la capacidad casi inconmensurable de moldear de manera directa el desarrollo del proyecto de la Creación y dentro de nuestro ADN está la clave para iniciar la inhalación de Dios: llevar al cosmos al borde de la

Creación desde el "camino rojo" llevándoselo del corazón de Dios hacia el "camino azul" que retorna.

Con el fin de ser los guías del cosmos, se nos ha creado para representar a todos los reinos y razas y ser una síntesis de todo lo que es dentro de la Creación; pero esta es un espejo del rostro de Dios y nosotros somos representantes de toda Creación, somos lo que representa al Infinito de la manera más completa. Es como si sostuviéramos una pieza grande de un espejo en el cual se observa el Infinito, mientras otras creaciones sostienen fragmentos mucho más pequeños que reflejan pequeñas porciones de la imagen.

Pero también es el deber sagrado del hombre el resolver todo conflicto que no ha llegado a una solución todavía. De esta forma no sólo evolucionamos en conciencia, sino que como el microcosmos del macrocosmos cargamos las lecciones obtenidas directamente a la Trinidad Primordial (el YO SOY). Como resultado de esta percepción aumentada, la Trinidad Primordial refleja hacia la Trinidad Creativa (el Creador) un mensaje alterado de lo que se necesita explorar por medio de la Creación. Entonces la Trinidad Creativa inyecta en los aspectos superiores de la Creación (la Trinidad de la Vida Interior del ser superior) un cambio en la forma en que el propósito del Infinito debe desarrollarse. En consecuencia, la Trinidad de la Materialización cambia la forma en que se moldea la vida dentro de la materialización y de esta manera las lecciones del hombre han cambiado a todo lo que es.

Pero debido a que representamos al todo, los proyectos divinos del panorama global también se pueden encontrar subyacentes a todas las situaciones de nuestra vida, desde lo más mundano hasta lo caótico en apariencia. La solución de conflictos no es distinta; esta refleja la evolución de la conciencia a través de las cuatro

Trinidades de todo lo que es. Esta se mueve del conflicto a la conciencia evolucionada por medio de las mismas cuatro etapas distintas expuestas en el panorama global.

Las Cuatro Etapas de la Resolución de Conflictos
Etapa 1

En la Trinidad Primordial, el YO SOY reúne a todo lo que en ella se carga desde las lecciones de nuestras vidas, toda la información nueva sobre el misterio del ser; pero dentro del Infinito los polos iguales se atraen y dentro de la Creación los polos opuestos se atraen. La Trinidad primaria por lo tanto atrae aquello que resuena igual. En otras palabras, se mantiene y crece más luminoso de aquello que reconoce ser igual, lo que enriquece la vida. El resto se pasa a la Trinidad Creativa para su resolución.

En la primera etapa de la resolución encontramos nuestra base común. A menos de que esta se identifique primero, no podemos determinar adecuadamente qué partes resolver en la Etapa 2. El no poder determinar qué es lo que tenemos en común con la oposición nos roba el don precioso de volvernos más conocedores al aprender nuevos aspectos y puntos de vista de lo que somos (base común). Muy a menudo los oponentes se concentran prematuramente en las diferencias durante esta primera etapa en lugar de sólo asimilar las similitudes para que se puedan recibir estos primeros dones de percepción.

Etapa 2

Una vez recibidos todos los elementos que el YO SOY no reconoció como similitud en resonancia, ahora la Trinidad Creativa se compromete en el análisis, sopesando las piezas de lo desconocido contra todo lo que se había conocido anteriormente.

Una vez más este reúne en sí mismo todo lo que encuentre como igual (enriquecedor de la vida), lo examina en un amplio contexto y aísla aquello que es diferente. En esta ocasión aborda la solución de estos fragmentos desconocidos externalizándolos a través de la Creación.

En esta etapa de resolución de conflictos debe llevarse a cabo un escrutinio estrecho de lo que es igual y lo que es diferente. Deben examinarse profundamente aquellos fragmentos desconocidos más que tomar en serio fragmentos de elementos comunes. Es necesario examinar estos detalles en el contexto del panorama global. Aunque podamos tener diferencias superficiales, estamos explorando un patrón similar? Son iguales los asuntos centrales a pesar de que nuestro método de lidiar con ellos pueda ser distinto? De esta forma las verdaderas diferencias a resolver se aíslan de las similitudes.

El último paso es el de exteriorizarlos con creatividad. Diseñen un escenario del caso – examinen los asuntos objetivamente como si les estuvieran sucediendo a alguien más. Inviertan los papeles examinando con honestidad cómo sería estar en los zapatos de la otra persona.

Etapa 3

Dentro de la Trinidad de la Vida Interior, los opuestos se atraen. Lo conocido (la luz) ya no aleja a lo desconocido, sino en su lugar desea incorporarlo dentro de él. Este desea convertir a lo desconocido en lo conocido por medio de la experiencia. Para ello, necesita de la forma, por lo que debe crear la materialización.

En la resolución de conflictos esta etapa requiere que abandonemos nuestra preocupación con nuestro propio punto de vista e intentar entender sinceramente a la parte opuesta. Ahora la necesidad surge para crear una situación para probar la validez del punto de vista opuesto; el ver y comprender es mejor al observarlo en acción. En donde están más altas las apuestas, la prueba de lo desconocido puede hacerse en escenarios controlados múltiples y más pequeños.

Su hija adolescente quiere tener una cita romántica; usted siente que ella es demasiado joven, ella siente que está controlando su vida porque todas sus amigas salen con chicos. Después de haber completado los pasos anteriores, se puede poner a prueba una o dos situaciones controladas en donde usted la deja y la recoge y en donde ella tiene que llamarle si es que se mueve de lugar. Esta opción es opuesta a la que requiere de un sí o no rotundo en la que una de las partes o el otro se siente no escuchado. Entonces se puede extraer una conclusión bien fundada de lo que se puede apoyar.

Etapa 4

En la Trinidad de la Materialización, lo desconocido se incorpora a lo conocido por medio de la experiencia. Los fragmentos desconocidos anteriores del ser Infinito se vuelven conocidos a través de la experiencia y de tomarse el tiempo para obtener las lecciones que producen esas experiencias. Se obtiene más conocimiento.

En esta etapa estamos de acuerdo en estar en desacuerdo. El nivel de interacción se determina por lo que se puede asimilar sin ser destructivo para la vida interior o sin ser ligero y reprimir el crecimiento. El elemento clave para el éxito de esta etapa es el continuar apoyando las áreas de base común y el crecimiento de todos. Algunos ejemplos de los diferentes grados de interacción que se pueden permitir son:

• Usted no es del agrado de su familia política, pero ellos aman a su esposa. Debido a que ellos demuestran su desagrado cuando están cerca de usted, usted no necesita estar en su presencia muy a menudo pero sin embargo, apoya a su esposa estando con ellos cuando ella lo desee. Si su intención es destructiva como para romper el matrimonio, esto se debe identificar claramente y entonces la interacción deberá ser mínima o terminante, en función del nivel de riesgo que le acompaña;

• Si las diferencias son sólo superficiales pero los objetivos comunes y las filosofías son sólidas, vemos que podemos vivir o trabajar cerca mientras honramos y apoyamos nuestra diversidad dentro de la unidad.

Al movernos a través de estas etapas, hemos encontrado las siguientes formas de relacionarnos entre sí:

• **Uniformidad**–esta es la etapa de la dependencia en la igualdad para comprendernos plenamente a nosotros mismos;

• **Explorar la igualdad vs. la diferencia**–se experimenta la co-dependencia pues encontramos igualdad en las diferencias. Nos comprendemos a nosotros mismos al observar lo que no somos:

• **Explorando las diferencias**–buscamos nuestra independencia concentrándonos en lo que no somos, como lo refleja la otra parte. Determinamos si vale la pena continuar con la relación;

• **Unidad dentro de la diversidad**–esta es la etapa de la inter-dependencia en donde cooperamos por el bien de los objetivos comunes, apoyando a la diversidad con la que cada uno contribuye.

Esta etapa final es el objetivo de toda vida ya que ofrece una gran oportunidad de crecimiento, considerando que la uniformidad frena el crecimiento a través del estancamiento. Cuanto más diferencias haya, más incómoda será la relación; cuanto más grande sea el compromiso con la meta, será más estable.

El Papel de la Irritación

El cosmos se expande y se contrae como una enorme dona enroscándose en sí misma. Para que el cosmos pueda moverse por el borde en su viaje de vuelta al corazón de Dios – de vuelta a la unidad de donde surgió – se necesita traer a la ira hacia su lugar correspondiente.

Para resolver la emoción no resuelta, se necesita de una percepción alterada. El nivel de percepción determina a la emoción y de la misma forma, la emoción afecta a la percepción. Todo en el cosmos, incluyendo a la irritación, sirve a un propósito cuando se ve desde el gran esquema de la Creación. Su propósito es el romper con el estancamiento o con patrones bloqueados. Las partes de la Creación más reacios a someterse a un orden superior son los fragmentos del ser Infinito que todavía son desconocidos.

La irritación es el resultado de la luz reprimida y se puede utilizar para indicar en dónde necesitan obtenerse apreciaciones y en donde lo desconocido puede convertirse en conocido.

De esta forma, nuestra irritación es el resultado de los fragmentos de nuestras vidas que aún no han producido apreciaciones. Es el método que nuestro ser superior utiliza para romper con los fragmentos bloqueados ya sea en nuestro interior o en nuestra interacción con los demás. Es importante que ahondemos en nuestras vidas para hallar los orígenes de nuestra irritación y liberar esos fragmentos que nos indican que están bloqueados. De esa forma renuncia a su poder sobre nosotros. El fracasar en hacer uso de la irritación para lo que estaba destinada puede causar que se desencadenen e inflamen acontecimientos que pueden herir o apartar a nuestros seres queridos.

Cuando nuestra irritación es el resultado del dolor físico o de gran fatiga, este surge en un desesperado intento por intentar cambiar la situación. Lamentablemente, a menudo termina en descarga contra quienes se encuentran en nuestro entorno porque ya no podemos ver con claridad y nuestra ira se torna indiscriminada. A ese punto tampoco podemos escuchar porque el uso inapropiado de la irritación es la causa de pensamientos tumultuosos internos. Entonces terminamos atacando en donde se desperdicia energía, parecido a la lucha de Don Quijote contra los molinos de viento.

La irritación también puede emerger como resultado de las rutinas en nuestras relaciones. Cuando sirve en esta facultad, se sentirá como el mismo viejo drama que se representa una y otra vez y a pesar de que hasta ahora hemos lidiado con el pacientemente, este de repente alcanza un máximo y nos damos cuenta que ha sido suficiente. Si esto ocurre, salgan de la irritación tan pronto como emerja, reconociendo su parte en el panorama global y permitiéndole expresarse pero desde su punto de vista objetivo. Sin embargo, es crucial dirigirlo hacia la situación y no hacia la persona para que no pueda dañar a los demás y afectar a la interconectividad de la vida.

Como promotores de la luz, necesitamos cultivar la suficiente disciplina para retroceder y determinar si el expresar la irritación sirve a nuestro propósito, que es el extraer sabiduría de la experiencia. Si no es así, necesitamos de un lugar inofensivo en dónde desahogarnos. Quizá tengamos la bendición de contar con un amigo comprensivo que sólo escuchará si preguntamos: "Puedo desahogarme?" Sin embargo, el que el amigo intente "resolverlo" sería fútil ya que a ese punto no podemos escuchar con claridad – solo se necesita de alguien que escuche.

Ya sea que se origine de la necesidad de romper con la energía estancada o de la frustración de las cargas de la vida que nos hacen tener miedo a que no podamos soportarlas, debemos estar conscientes de su origen. Es necesario convertir cada reacción en una respuesta constructiva por medio de la percepción. La energía es necesaria para la conciencia, así que necesitamos ser frugales y no agotarla a través de emociones desgastantes. Además, existe una enorme cantidad de energía atada a antiguos patrones que ya no nos sirven. Al romper con las viejas áreas bloqueadas, la irritación ayuda a liberar esa energía para nuestro uso.

Debe hacerse un examen de cualquier persona o situación que todavía saque a relucir emociones inquietantes o una reacción refleja. Rastréela hasta el primer incidente donde un acontecimiento similar ocasionó una respuesta similar. Luego extraigan las lecciones centrales de esta experiencia formulando las siguientes nueve preguntas.

(Tomen nota que las primeras cinco preguntas nos ayudan a ver lo que realmente está sucediendo. Hagan uso del intelecto para esta parte porque se diseñó para ayudarnos a discernir lo que se encuentra detrás de las apariencias externas.)

1. **Cuál es la lección?** Busquen la lección que nuestro ser superior quiere que aprovechemos. Por ejemplo, la lección puede ser que necesitamos expresar nuestra verdad. Se puede manifestar como laringitis o alguien puede reflejarnos el que casi siempre reprimimos nuestra vos. Él o ella pueden violar nuestros límites para llamar la atención. Necesitamos protegernos expresando nuestra verdad de que este comportamiento es inaceptable. El aceptar lo inaceptable no es piadoso, es disfuncional.

2. **Cuál es el contrato?** Todos los que interactúan con nosotros han hecho un contrato previo a su encarnación para apoyar nuestro crecimiento y para que nosotros apoyemos el suyo. Ellos pudieron acordar llevarnos hasta el límite y nosotros pudimos hacer lo mismo por ellos. Pregunte: "Cuál es el contrato que estamos representando?" Es con mucho amor que

estando en el mundo espiritual, la mayoría acordó ser nuestro catalizador. Cuando estamos en perfecto equilibrio no hay crecimiento, así que el desequilibrarnos es una señal del universo para que puedan continuar las lecciones. Así atraemos a nuestra vida a las relaciones que nos prueban en toda forma imaginable.

3. **Cuál es el papel?** Estoy representando a la víctima? Estoy representando al maestro o al estudiante? Qué papel estoy representando dentro de este contrato? Vea también el papel que está representando la otra persona. Por ejemplo, podemos tener a un tirano en nuestra vida; este puede ser nuestra pareja, nuestra madre o jefe. Una vez establecido, vea quién es usted con relación al papel de esa persona. Recuerde, podemos cambiar nuestro papel en cualquier momento porque nosotros creamos nuestra realidad.

4. **Cuál es el espejo?** Atraemos relaciones a nuestra vida que reflejan una de las siguientes cosas: un aspecto de quiénes somos, de lo que hemos entregado, de lo que todavía juzgamos o lo que todavía no hemos desarrollado. Por ejemplo, si nuestra inocencia se ha ido, podemos vernos atraídos intensamente hacia una persona joven. Si hemos entregado nuestra integridad, podríamos enamorarnos de un misionero que, a nuestros ojos, representa la integridad. Otra cosa que puede reflejarse es aquello a lo que juzgamos. Si tenemos problemas con la gente que miente, entonces estamos juzgándolos y por consiguiente, atraemos a los mentirosos.

5. **Cuál es el regalo?** Cada persona que nos encontramos ha llegado para darnos un regalo y también recibir uno. Esto aplica incluso con la relación más casual. Pregunte: "Qué regalo se supone que debo dar a esta persona?" Puede ser el regalo del amor incondicional o podemos reconocer algo hermoso en él

que nadie más ha visto. Podemos escuchar realmente a alguien y ellos se sentirán escuchados y comprendidos por primera vez en años.

(Nota: Las últimas cuatro preguntas tratan nuestras actitudes que rodean las respuestas a las primeras cinco.)

6. **Puedo permitir?** Este es el punto de discernir qué es lo que se puede permitir, qué tiene que cambiarse y encontrar el valor de actuar. Imagínese a sí mismo como el agua de un río. Si una roca está frente a usted, debe oponerse a ella o fluir a su alrededor? Hemos creado cada situación de nuestra vida con maestría, incluso a la roca. Es esta una prueba de flexibilidad y entrega? O es esta una batalla qué enfrentar? Vale la pena enfrentar una batalla si vale la pena ganar el juego. Si usted ya ha aprendido la lección, no hay necesidad de volver a luchar.

7. **Puedo aceptar?** No podemos aceptar las cosas dolorosas que nos suceden a menos que comencemos a ver la perfección debajo de la red de las apariencias. Una creencia común es que se nos colocó en la rueda de la reencarnación, sufriendo vida tras vida hasta que hayamos vivido las vidas suficientes para volvernos perfectos. Fuimos creados en perfección con la capacidad de ser un creador. Los pensamientos en combinación con las emociones crean nuestro entorno. El corazón es como un micrófono: cuanto más fuertes sean las emociones, más fuerte es la respuesta del universo para manifestar nuestros deseos; pero el universo no discrimina. Este manifestará cualquier cosa que pensemos, ya sea positiva o negativa. Es importante que aceptemos que nosotros hemos co-creado la situación, lo que elimina cualquier sensación de que se nos hicieron las cosas 'a' nosotros.

8. **Puedo liberar?** El liberar es dejar ir la energía que rodea a una persona o situación. Si no liberamos, lo mantenemos vivo

alimentando su energía a través de los pensamientos (en ocasiones a nivel subconsciente). Incluso si alguien nos ha quebrantado de alguna forma, el trabajar por medio de estos pasos para obtener las apreciaciones más amplias que se hallan detrás de las apariencias, cambia el enfoque a una perspectiva eterna. Esto revela la perfección debajo de las apariencias.

9. **Puedo ser agradecido?** Si hemos pasado por los ocho pasos anteriores y podemos sentir una verdadera gratitud por las apreciaciones obtenidas, esto eleva la conciencia. La gratitud es una actitud poderosa que puede ayudarnos a transfigurarnos hacia un estado superior del ser. Esta cambia a los obstáculos en peldaños para avanzar.

Si ya hemos completado los primeros ocho pasos y no sentimos gratitud, el pasar por ellos de nuevo para obtener apreciaciones aún más profundas será de gran ayuda.

Es tiempo para que los promotores de la luz tengan un entendimiento más comprensivo de lo que consideramos nuestros fragmentos "indeseables" o emociones. Muchos creen que llevan a cabo su parte al enfocarse sólo en la luz y el amor, pero el sobre-polarizarse hacia la luz es tan perjudicial para la evolución de la conciencia como el sobre-polarizarse hacia la oscuridad. En ambas instancias ocurre el estancamiento y se retarda la evolución de la conciencia.

Es parte de la ley universal de la compensación que fortalezcamos aquello a lo que nos oponemos. Esto aplica no sólo a los rasgos en nuestro interior, sino de igual forma a los rasgos en los demás. Por otra parte, el reconocer la perfección debajo de las apariencias que rodean a la irritación disminuye su dominio sobre nosotros y proporciona una percepción alterada. A través de la percepción viene la transfiguración hasta que al final la ira revela esas partes de la vida que vale la pena conservar. La ira que queda se vuelve una herramienta invaluable para extraer apreciaciones de la experiencia.

Cordones

Los cordones son el resultado de las visiones del mundo y las etiquetas personales que no han sido recapituladas. Si la persona promedio pudiera ver qué tan unidos están por estas limitaciones impuestas por el condicionamiento social, entenderían la esclavitud a la cual están sometidos. El guerrero de la luz pasa toda una vida monitoreando sus motivos, trabajando y eliminando las visiones del mundo y quitando estas ataduras. Entonces el guerrero emerge como un ser libre y auto-determinante morando dentro del silencio de la mente para recibir orientación de su sabiduría interior.

Los cordones se forman como resultado de estos puntos de vista condicionados limitantes que se pueden ver con la fotografía avanzada Kirlian y pueden quitarse con la intención de un sanador o con la de uno mismo; pero tal como toda enfermedad, se volverán a manifestar si no se corrige la percepción errónea. Los campos del cuerpo son extraordinariamente susceptibles a la sanación de forma instantánea, pero para que estos campos se reparen permanentemente y para una reparación más gradual del físico, necesita recapitularse la percepción errónea que causó el problema.

Ser un Pacifista

A menudo los promotores de la luz cometen el error de ver los asuntos físicos a través de cristales color de rosa de un punto de ventaja espiritual y después tratarlos como si de hecho fueran espirituales más que físicos. Algunos ejemplos de esto serían:

• Bill ama a su hermano Sam, pero las experiencias de su infancia lo han hecho inclinarse a encontrar la seguridad en el dinero. A través de la manipulación confabuladora, Bill engaña a Sam con la parte de su herencia. Ya que Sam sólo puede ver cómo Bill ha sufrido, cuánto significa el dinero para él y debido a que también sabe que en el fondo Bill lo ama, lo deja que se salga con la suya.

Conclusión: Sam mismo cree estar actuando noblemente, pero de hecho el está lastimando a Bill. Bill ahora puede continuar con su ceguera al llamar inteligencia al robo y se le ha permitido crear un karma que atraerá circunstancias similares sobre su propia cabeza. Si él no ve con claridad cuando coseche su karma, esto tendrá que suceder una y otra vez. Sam ha dejado pasar la oportunidad de hacer saber a Bill de manera amorosa y firme que su conducta es injusta e inaceptable.

• La hija mayor de Mary parece estar luchando por mantenerse a flote en toda área de su vida y Mary se siente culpable porque cree que ella es en parte responsable de no haber sido una mejor madre durante el tiempo en que ella misma luchaba. Ella continúa salvando a su hija y como consecuencia, tiene que prescindir de ello para poder controlar su presupuesto.

Conclusión: El ver la razón de las deficiencias de uno no es excusa para ellos. Podemos tener una comprensión compasiva por la causa de su conducta, pero el consentir la conducta misma los mantiene encerrados en esa posición. El compensar la carencia en la percepción de alguien más les roba la oportunidad de crecer. Al no permitir que alguien crezca sólo para aliviar nuestra culpa, estamos actuando con egoísmo.

Si nosotros rendimos servicio al crecimiento de todos los involucrados, no veremos nuestro papel como conciliador, como el que cubre la insensatez de alguien. El promover la paz significa enriquecer el crecimiento sin el más mínimo esfuerzo y en ocasiones significa el exponer el punto de vista imperfecto de alguien. También significaría ayudarle a alguien a formular el tipo de preguntas que los puede liberar del círculo vicioso de la falta de percepción. Un ejemplo de ello podría ser:

• Hay tres amigas: Jane, Sue y Beth. Sue y Beth llegan a un desacuerdo e intentan resolverlo por medio de cartas dirigidas entre sí. Sue envía todas las cartas primero a Jane para que las "verifique", preguntándole si suena demasiado contradictoria y planteando otras preguntas que eluden el tema principal, a saber, que ella está violando un acuerdo verbal en el que Beth se ha basado y bajo el cual ha actuado durante meses. Jane ama a sus dos amigas y desea hacer las paces. Por lo tanto, se enfoca en ayudar a Sue a escribir lo más amable posible, intentando dar respuesta a las preguntas irrelevantes que desvían la concentración de lo que realmente está ocurriendo.

Ella intenta evitar escrupulosamente dar cualquier consejo, sin señalar que en realidad las preguntas no conducen al descubrimiento del desacuerdo o problema central, sino que lo prolonga. Ya que Sue pide a más amigas que le aconsejen y todas dan una respuesta neutral o una positiva a su posición (sin conocer ambos puntos de vista, ella se desvía cada vez más de hacer la pregunta central: "Tuve un acuerdo verbal en el cual dependía mi amiga y me estoy retractando?" Los espejos a su alrededor no le han dado una clave de cualquier defecto en su razonamiento y por consiguiente, está cada vez más convencida por el momento en el que se justifican sus actos.

Si por otro lado, Jane se da cuenta que al jugar este juego evasivo con Sue no está siendo amiga ni de Sue ni de Beth, en su lugar puede preguntar: "En dónde está el punto ciego de este asunto?" Entonces después de reunir hechos de ambos lados, ella pudiera encontrar el centro del desacuerdo. Cuando esto se le es señalado con amor a una amiga u otra, por fin el desacuerdo tiene una oportunidad de ser sanado tarde o temprano.

En un intento por evitar tomar partido o en un esfuerzo equivocado por concentrarse en lo positivo (lo que ayuda sólo si uno también está preparado para señalar los errores en la percepción), los pacifistas tienden a complicar las cosas. Cada desafío tiene un misterio central o punto ciego. No importa cuánta limpieza de emociones se tenga que hacer, debe llevarse a cabo para que todos los involucrados crezcan.

Como conciliadores, nuestra tarea es revelar la raíz del conflicto, servir sólo a la vida interior más que a los espejos de la ilusión. Los espejos atrapan, la verdad nos libera.

Capítulo Cinco

EL VIAJE DE LAS SEMILLAS ESTELARES

Florecer vs. Sobrevivir

La tierra está emergiendo de un ciclo de sueño. El tiempo de este despertar, como el ciclo antiguo se abre camino para uno nuevo de toma de conciencia, está a sólo unos cuantos años. Hay mucho que des-estructurar en la vida como la conocemos antes de que se anuncie este período de luz.

La humanidad ya ha perdido mucho de su visión y por consiguiente, mucha de su esperanza. La carga adicional del aparente caos de des-estructuración puede por tanto, ser muy dañino. Cuando el bajo orden abre camino para un orden superior, la pérdida de energía que resulta de la confusión podría catapultar a la humanidad hacia una era de mayor oscuridad más que de luz.

Es por tal motivo que se ha enviado a los guías, a los que se sientan atraídos por este libro. Ellos han venido para ser los portadores de las antorchas durante los últimos años de oscuridad, para ser una base sólida de esperanza y visión cuando fracase todo en lo que la humanidad depende. Para la conclusión exitosa de su misión, ellos deben aprender a florecer más que a sobrevivir al mantener su enfoque en el panorama global, incluso cuando el mundo a su alrededor se desmorone.

Estos guerreros de la luz llegaron para luchar contra la ilusión, armados con la inocencia de sus corazones y con una visión renovada. Ellos son ajenos a la experiencia humana, sembrados desde las estrellas entre los hombres. Muchos de estos promotores de la luz encuentran la crueldad y la destrucción de la humanidad como algo que oprime sus espíritus. Siempre es confuso el hallar esas cualidades que nosotros mismos no poseemos.

Si permitimos que la confusión consuma la energía necesaria para la conciencia, la esperanza del mundo está perdida. La esperanza y la solución descansa en nosotros, los luminosos que hemos venido a mostrar que existe un camino para florecer dentro de la adversidad a través del ejemplo de nuestras propias superaciones. Al abrazar a nuestros desafíos y a nuestros grandes maestros, podemos convertir a la oscuridad en luz, un paso a la vez.

Entendiendo la Locura del Hombre

Se eligieron siete planetas para resolver el fracaso de acontecimientos futuros dentro de una espiral de tiempo. Cinco ya se han auto-destruido y el sexto, una civilización de 2ª dimensión dentro del sistema estelar de Sirio, hará lo mismo dentro de los próximos veinte años.

Si no aprendemos las lecciones necesarias con éxito para rediseñar el futuro, la espiral de tiempo con todas sus dolorosas experiencias se repetirá una y otra vez hasta que aprendamos. A estas alturas, la última esperanza de éxito descansa en la tierra y la humanidad.

La humanidad ha perdido el rumbo, tambaleándose como un ebrio llevando una carga pesada cuesta arriba de un pasaje montañoso. Las consecuencias de hundirnos en nuestra destrucción son incomprensibles. Muchas semillas estelares han venido entre nosotros como baluartes y para fortalecer la vida en la tierra con su presencia. Están aquí para obtener lecciones de la insensatez del hombre y en el aprendizaje de las lecciones de su parte, para levantarlos suavemente de la rueda de los ciclos de la destrucción cataclísmica.

Para aquellos de nosotros que estamos aquí en servicio a la humanidad, la aparente locura de la gente de la tierra puede ser desalentadora. Si nos dejamos abrumar por las preguntas de por qué los demás actúan de la forma en que lo hacen, gastamos energía. Al hacerlo, perdemos conciencia y corremos el riesgo de hundirnos nosotros mismos en la ilusión. Para llevar a cabo nuestro destino como los que sostienen la visión para la humanidad, necesitamos entender el problema y algunas de las presiones que lo agravan, particularmente conforme nos acercamos al final de la espiral del tiempo.

El término "locura" se refiere a la condición de creer que lo irreal es real. Este se caracteriza por las emociones irracionales, la conducta y la incapacidad de ver la relación que existe entre la causa y el efecto. Toma muy poca percepción el ver que la definición tal como se da, se aplica a la conducta del hombre. La mayoría creen que los espejos de la vida material son reales y debido a que han participado vidas superficiales, las emociones no procesadas ocasionan que ellos re-accionen de manera irracional más que responder a los desafíos de la vida con maestría.

Al no ser capaces de prever que al destruir su hábitat planetario a la larga están amenazando la sobrevivencia de la raza, es un claro indicativo de que la humanidad no puede ver la relación entre la causa y el efecto.

Doce Motivos por los que está Distorsionado el Pensamiento del Hombre:

1. El aumento de radiación que se experimenta debido a los agujeros en la capa de ozono causan el mismo pensamiento distorsionado que sufrieron los antiguos Atlanteanos. Justo antes del hundimiento de la Atlántida 9,564 años antes de la crucifixión de Cristo, su desinterés por la preservación del medio ambiente ocasionó que ocurriera un problema similar.

2. Como se había mencionado, la oscuridad se está volviendo menos oscura debido a que la estamos convirtiendo en lo conocido (luz) por medio de la experiencia. Por otro lado, la luz se está volviendo menos luz pues aquellos de nosotros que la representamos asumimos algo de la distorsión de Lucifer y sus anfitriones como medio de descenso hacia esta densidad. Entonces intentamos convertirla en luz al atraer la experiencia necesaria para obtener sus apreciaciones.

   Al reducirse la polaridad entre la luz y la oscuridad, el movimiento del despliegue del cosmos disminuye: un año podría convertirse en diez años. A nosotros nos podrá parecer un año, pero con diez años de experiencia acumulados. La sensación subjetiva de este fenómeno es que el tiempo se ha acelerado.

   El estrés de esta experiencia de vida acelerada ha puesto una tensión insoportable en el hombre. Existe tiempo entre los desafíos para obtener las lecciones y la falta de lecciones son atraen un cambio forzado (dolor).

3. Debido al dolor y al estrés, ahora estamos en nuestra tercera generación de consumidores de drogas. Las adicciones están aumentando exponencialmente pues los niños ven que sus padres hacen uso de estos mecanismos de defensa, los cuales se vuelven fáciles de obtener. El consumo regular de drogas y alcohol producen distorsión psicológica y como todo refugio en la vida, también crea estancamiento.

4. No sólo existen desafíos en aumento, sino debido a que muchos ciclos están llegando a su fin, los asuntos kármicos están llegando a una resolución. Cuestiones que no hemos resuelto durante muchas vidas se intensifican dolorosamente y llevan asociaciones desagradables que son difíciles de señalar. Esto se agrega al estrés que estamos experimentando en la actualidad.

5. Las antiguas profecías y escrituras han indicado que, en este tiempo, la humanidad experimentaría un acontecimiento sin precedentes: la oportunidad de vivir durante un período de 20 años con dos rejillas guiando nuestra realidad. Una rejilla que pertenece a una especie le dice a ésta como operar. Es una matriz geométrica de líneas de luz que están rodeando a la tierra.

   Desde 1987 la humanidad ha tenido no sólo la rejilla tridimensional acostumbrada, sino también una nueva rejilla de 4ª dimensión de conciencia de grupo…una rejilla basada en el amor. En ocasiones, cuando no estamos sujetos al temor, nos las arreglamos para tener acceso fugazmente a la rejilla de conciencia superior antes de volver de golpe a la rejilla basada en el temor. El resultado es una sensación de inestabilidad, de vivir en una especie de 'maniaco depresivo' espiritual.

6. Existen métodos tecnológicos utilizados por varios grupos sin escrúpulos con la intención de controlar a las masas para

dominar las emociones de los segmentos de la población en algunas zonas geológicas.

7. Existen interferencias extranjeras que intentan evitar que la conciencia del hombre se eleve al programar la rabia y el miedo en la población. Hay varias razas que se han dado cuenta que los resultados beneficiosos de su futuro dependen de su supervivencia. Otros han visto que cada vez que nos elevamos en conciencia, ellos parecen ser empujados cerca de lo que les parece ser una extinción, pero es de hecho una elevación hacia un tono superior o dimensión.

8. La gran cantidad de ondas provenientes de los satélites, celulares, radio, torres de T.V., etc., distorsionan la información que hay entre una especie y su rejilla específica. La mitad de las especies de aves canoras han desaparecido tan sólo en los Estados Unidos; cada vez más ballenas están siendo expulsadas del océano, los animales están mostrando conductas y patrones de migración extraños. La misma distorsión se puede hallar justificadamente entre los humanos.

9. Las explosiones solares aumentan en frecuencia. Las fluctuaciones energéticas que estas ocasionan pueden por instantes debilitar o anular por completo los campos electro-magnéticos terrestres. Estos contienen a la memoria en su lugar, también al espacio entre la causa y el efecto. Cuando perdemos estos campos incluso por un momento, se vuelcan los fragmentos sin resolver y nos obliga a hacer un cambio caótico.

10. Dado que el aprendizaje informático sustituye al aprendizaje de experiencia práctica, de ahí se derivan los espacios entre las habilidades cognitivas. Las capacidades para pensar "fuera de la caja" y para visualizar las relaciones mentales son algunas de las capacidades que sufren. Esto nos hace cada vez menos

capaces de conectar con naturalidad los puntos en áreas de la vida que van más allá de una experiencia específica. En otras palabras, nuestro pensamiento se vuelve cada vez más bidimensional.

11. La omisión de estados emocionales también perjudican al pensamiento y aumentan la respuesta irracional a la vida. Si la familia se desbarata y es disfuncional como resultado del trauma, toma siete generaciones el superar este desequilibrio. Debido a la "aceleración" de los acontecimientos sobre todo durante los últimos 2,000 años, los traumas han estado llegando con mayor frecuencia; por ejemplo, han ocurrido dos guerras mundiales y una depresión en el último siglo. Estos acontecimientos globales eclipsan a los incalculables traumas familiares que no son menos devastadores. Cuando las familias no tienen el tiempo de sanar y están sobrecargadas por el estrés, se interrumpe la infancia. No se enseñan las capacidades que permiten que cada generación subsecuente se forme sobre el conocimiento de las anteriores. Se pasan por alto capacidades más refinadas tales como el cómo afligirse o encontrar la felicidad, a favor de aprender a sobrevivir. Las etapas emocionales de la infancia que se omiten crean irracionalidad y perjudican el juicio si no se corrigen por medio del trabajo interior.

12. La humanidad en general no ha sido capacitada con las herramientas del discernimiento y del pensamiento original. Ellos dependen de la programación exterior para que les diga cómo ser y qué hacer. Por ende, están a merced de las visiones irrealistas de la vida representadas por la televisión, las películas y otros medios. Se ha deteriorado la orientación de y la confianza en las autoridades pues los medios exponen sus defectos. Como resultado, la humanidad está confundida y

desorientada, sin saber en dónde buscar consejo.

Sin embargo, a menos que uno pueda tener un panorama global con su orden superior, el panorama más pequeño puede parecer muy caótico. Desde la perspectiva humana, la perfección del plan general se oscurece debido al punto de ventaja limitado. Nosotros somos los guías y hemos venido como la solución a este dilema terrenal. Somos la esperanza del futuro y como tal, se nos ha bendecido con la capacidad de hacer una enorme diferencia.

Si le negamos el derecho de existir y errar a cualquier parte de la creación para reconocer que, aunque no seamos capaces de ver que la insensatez y la percepción distorsionada de la humanidad tienen un gran valor, entonces fortalecemos a la locura. Ante la mirada global de un maestro capaz de ver más allá de la tormenta, la ilusión disipa y revela sus lecciones a los muchos ojos que observan el acto final de esta gran obra terrenal.

Enfrentándose con la Insensatez de los Demás

Muchos guardan la creencia de que estamos fortaleciendo la insensatez de los demás cuando nos protegemos a nosotros mismos de ella. De algún modo se percibe como el tener fe en la negatividad y por consiguiente, originándola. Como resultado, los trabajadores de la luz a menudo son sorprendidos de manera desagradable cuando el comportamiento sin escrúpulos de su prójimo golpea sus nociones ingenuas.

Al evaluar qué tanta preparación debemos tener contra posibles calamidades, necesitamos preguntarnos qué tanto estamos preparados para perder. Lo primero a tomar en cuenta tiene que ver con lo más precioso y el artículo más codiciado en el cosmos:

la energía. La energía es necesaria para la evolución de la conciencia. La conmoción o la sorpresa agota la energía y por lo tanto, disminuye nuestra conciencia. La garantía de haber obtenido niveles de conciencia es uno de los motivos de peso para estar preparados.

El nivel de percepción que otro es capaz de tener es desconocido y debe ser evaluado a través de herramientas no-cognitivas (sentimientos o símbolos que surgen en la meditación o en sueños). Sin embargo, esta es una de las causas más comunes de las sorpresas desagradables ya que utilizamos herramientas para evaluar a lo conocido (motivo) para juzgar el nivel de conciencia de otro. Por tanto, podemos pensar que un acuerdo verbal es suficiente más que un contrato ya que la otra persona está tan "evolucionada". Algunas cosas a tomar en cuenta a este respecto son:

• Los más iluminados son a menudo los que pueden ver que las apariencias de la vida no son reales. Si aún no son capaces de tener acceso a la vida interior, todo lo que pueden saber con claridad es que no saben. Esto los deja vulnerables a las influencias externas que los puede dominar o engañar;

• Incluso otro que esté seguro de sus mismas opiniones puede engañar a alguien en conciencia de Dios. Sus mentes son vaciadas de todo condicionamiento social y hasta que tengan acceso al pensamiento original en la etapa de Maestro Ascendido, todavía pueden ser programados por opiniones externas.

A menudo ignoramos las señales de advertencia de que algo está mal porque vemos la realidad de 4ª dimensión más que a la tri-dimensional: puede ser más exacto "Esta persona está reflejando mis asuntos", pero su conducta puede aún ser inaceptable.

Cuando nos damos cuenta de que la mayoría de la gente no se involucra en el pensamiento original sino reacciona a las influencias externas, podemos ver qué tan inestable y poco fiable deben ser. En materias de importancia es mejor tener un plan de reserva. Por ejemplo, si se supone que alguien debe pasar por nuestro hijo al jardín de niños, es sabio dejar a la maestra el número telefónico de una persona emergente que pase por el niño.

No es posible para nadie el comprender realmente las complejidades que hacen que alguien sea como es: una perspectiva única superpuesta sobre todo lo que es. Sin embargo, la mayoría parece buscar comprensión por parte de otro constantemente. Quizá sea que la gente se ha abandonado tanto que buscan la identidad en los espejos que los rodean. Para promover este intento fútil, ellos divulgan sus secretos más íntimos, asumiendo que esto es intimidad.

Muchas relaciones están basadas en el triángulo co-dependiente de la conducta:
1. Te doy lo que quieras de mí.
2. Ya que yo doy demasiado, tengo que controlarte.
3. Si no me dejas controlarte, te ataco.

Por consiguiente, el muy querido "amigo" con facilidad puede convertirse en el futuro enemigo, armado con los secretos que tanto compartimos. Si por otra parte vemos realmente al otro en lugar de intentar ser vistos, estamos involucrándonos en una intimidad genuina.

El pasar por alto los defectos de otro no fortalece la relación. Si alguien no puede controlar el dinero y le permitimos que nos lleve a la deuda, estamos obligados a sentirnos menos amorosos y felices por ellos que si hubiéramos tomado en cuenta sus capacidades y frenar sus gastos. El ver los defectos de otro y protegernos contra ello nos permite el lujo de esperar lo mejor.

Habiendo reforzado las áreas frágiles de la relación con un control de daños, podemos permitirnos el disfrutar y aceptar a la otra persona.

El Propósito de la Acción

"Hasta que uno se compromete, existe la duda, la posibilidad de retirarse, ineficiencia permanente. En todos los actos de iniciativa y creación existe una verdad elemental, y el ignorarla elimina innumerables ideas y planes magníficos: en el momento en que uno se compromete, la providencia también mueve. Ocurren entonces todo tipo de cosas positivas, que de otro modo nunca se habrían producido. Una serie de acontecimientos se derivan de la decisión, poniendo a favor incidentes fortuitos, encuentros y material de apoyo, que ningún hombre podría haber soñado con lograr. Puedes comenzar cualquier cosa que hagas o sueñes. La osadía tiene genio, poder y magia. Empieza ahora!"

Johann Wolfgang von Goethe, poeta Alemán del Siglo 19

El futuro, nuestro destino, el resultado…todos estos son lo desconocido. Cuando no estamos familiarizados con las herramientas que se utilizan para tener acceso a lo desconocido, el sentir y soñar, tendemos a retardar la acción hasta que nuestra razón nos dice que es algo seguro (referirse a la sección de Herramientas para el Discernimiento). La razón demanda certidumbre del resultado, incluso cuando no puede calcularse. Esta falta de previsibilidad evita que la persona promedio desarrolle su pleno potencial ya que continuamente lo pospone hasta que la razón siente que puede controlar el resultado.

La imposibilidad de determinar el momento de actuar se ve

agravada por la incapacidad de la persona promedio de leer las señales en el camino que nos indican la dirección correcta...las señales en nuestro entorno. Gran parte de la conducta egoísta y centrada de los humanos surge de la ilusión de que tenemos que luchar por nosotros mismos. Parece como si estuviéramos abandonados en el laberinto de la vida, sin una guía, perdidos y solos.

Pero todo en la vida está interconectado; lo que daña a uno, daña a todos. Por lo tanto, quienes tengan ojos para ver, toda vida que nos rodea se vuelve nuestro espejo, guiando cada paso que damos. Es imperativo el desarrollar un sistema de comunicación a través del cual podamos recibir orientación de nuestro sub-consciente y de la red de la vida, el sub-consciente recibiéndolo de nuestro ser superior.

Por ejemplo, en el sistema de símbolos que yo utilizo para interpretar mis señales guía, un auto es el vehículo o modo de ir por la vida. Un cuervo significa el camino del poder y la comida significa alimento espiritual. Cuando pregunté si debería formar a estudiantes individualmente a lo largo de su camino hacia la liberación de los límites mortales, sucedió lo siguiente: Conduje mi auto hacia la tienda y mientras intentaba estacionarme en un espacio, un cuervo se posó en medio de ese espacio comiendo una manzana. Avancé más y más, pero él continuaba comiendo su manzana. Por fin tuve que estacionarme justo encima de él. Debido al comportamiento inusual del cuervo, supe que era una señal. La forma en la que yo intentaba avanzar por la vida (el vehículo que yo había elegido, por ejemplo, el comenzar a formar aprendices), había llegado sobre el camino del poder que tiene que ver con dar alimento espiritual.

Para mí, un gato significa asuntos temporales. Al tratar de ingresar a la entrada de mi casa, vi un gato negro corriendo en dos direcciones divergentes. No parecía que eso fuera posible y la forma en que corría no era común. Por poco me paso la entrada . Esto me advirtió el no desviarme permitiendo que cuestiones temporales divergentes y no resueltas (negras) o cosas que me sacaran de curso distrajeran mi atención.

Los animales con un comportamiento normal no se pueden tratar como señales, a menos que se presenten en el horizonte de la percepción. El único momento en que el comportamiento normal debería interpretarse como una señal es cuando este llame la atención de manera marcada.

Por ejemplo, un carro conducido por la calle no es anormal, pero en una ocasión, después de haber planteado una pregunta al universo mentalmente sobre si había elegido la mejor medida con respecto a una decisión en mi vida, sólo vi autos blancos en las calles. Esto continuó durante diez minutos aproximadamente, a pesar de que los autos eran diferentes. Eso me dijo que estuviera en paz (blanco) con la forma en que yo había decidido avanzar.

En los sueños se interpreta cada símbolo. Una pregunta clara formulada antes de ir a dormir generará una respuesta en la forma de un símbolo. Una grabadora o libreta de notas serán de gran ayuda para registrar esta información. Las señales de los sueños incluso responden a preguntas que no hicimos, iluminando los puntos ciegos que oscurecen nuestra visión y nos impiden progresar.

En ocasiones, cuando las decisiones y las señales parecen oscuras y sentimos que estamos confundidos, la acción puede romper con el estancamiento. La acción puede servir al propósito de mostrarnos qué dirección no deberíamos tomar para que podamos identificar el curso correcto. La acción puede ser mejor que no hacer nada y con la intención pura podremos encontrar nuestro destino.

Cuando nuestras acciones están paralizadas, la fuerza vital se cierra y el dolor entra a nuestra vida para indicarnos que necesitamos de un cambio. Por otra parte, el tomar acciones que nos exponen continuamente a nuevas oportunidades atrae nueva fuerza vital. Esto se debe a que nos coloca en la corriente rápida del río de la vida en donde esta siempre es fresca y nuestros cambios para servir al Infinito a través del aprendizaje de la experiencia se maximizan.

Tocamos en cada puerta ante nosotros para que podamos ver cuál se abre, pero el buscar oportunidades para aprender por medio de la experiencia no significa que sembremos nuestra energía innecesariamente. Como seres soberanos, no desperdiciamos energía por medio de las acciones que son intentos para complacer a los demás. Permanecemos en la quietud y el poder en medio de nuestro círculo, respondiendo sólo a las instrucciones de nuestro ser superior tal como se reciben a través de la guía de nuestros corazones. De esta forma rendimos el servicio más elevado a toda vida.

Nuestras acciones se llevan a cabo sin apego al resultado. Cuando somos capaces de escuchar los dictados del interior e interpretar las señales externas, nos hemos vuelto plenamente cooperativos con el desarrollo de la vida; nos hemos convertido en un canal claro para la luz de Dios.

El Valor de Asumir Riesgos

En ocasiones los personajes de Shakespeare eran gente real y en otras la representación de los rasgos de la personalidad. El tenía la capacidad para dar un nombre y una voz sin igual a un personaje. Dijo: "Yo espejo tuyo seré y te revelaré cosas que tú mismo no sabes."

Se le puede llamar a la obra Julio César - de Shakespeare - la personificación del valor. El comentó sobre el miedo: "Somos dos leones paridos el mismo día, y yo soy el más viejo y el más terrible y César irá delante." Como todo gran hombre, él sabía que el miedo puede paralizar e inmovilizar a cualquiera que divierta y entretenga su presencia. El dijo: "De todas las maravillas que he escuchado, me parece muy extraño que los hombres tengan miedo, ya que la muerte, un final necesario, vendrá en su momento." Cualquiera con esta actitud y el valor de respaldarlo, debe triunfar.

Julio César era epiléptico, un estado de salud que muchos utilizarían como excusa para no triunfar. El formó un valor bueno, útil y robusto al hacer cosas difíciles. Nadaba todos los días por el río Tíber estando en Roma mientras que otros lo observaban desde la ribera. El se arriesgó cuando otros se quedaban atrás.

En la obra de Shakespeare, Casio y los demás líderes Romanos creyeron haber visto el fantasma de César después de su asesinato. Incluso después de su muerte, permaneció como una fuerza que había que tomar en cuenta. Uno a uno comenzaron a suicidarse, llevados por sus miedos y dudas.

De alguna manera, todo fracaso es causa de suicidio pues lo producimos en nosotros mismos. El único fracaso verdadero es el fracaso de aprender. A medida que mantengamos firme en la mente el gran propósito de la vida, a saber, la evolución de la conciencia a través de la exploración de los misterios del ser, nos desapegamos del resultado. Cada batalla es una lucha por la percepción – no tenemos nada que probar y tenemos mucho que aprender.

Para una vida de aventura y riesgo – una vida en la que podemos hacer una gran contribución al Uno expresado como el colectivo – hemos llegado al sitio correcto. Es aquí en esta densidad donde los riesgos son mayores y en donde se obtiene todo el nuevo conocimiento. La diligencia con la que abordemos este papel como exploradores de la conciencia depende en nuestra voluntad para arriesgarnos y para ampliar las fronteras de nuestras zonas de conforte.

Muchos buscan la comodidad de lo que es familiar y la seguridad de lo conocido, sobre-polarizándose hacia la luz. La ironía de la situación es que la seguridad de lo conocido es todo menos segura: se estableció la vida para producir estancamiento con el cambio forzoso, que es el dolor. Aquello que se utiliza para romper con el refugio del estancamiento y que nos obliga a cambiar es el enojo o la ira.

Todo lo que nos ayude a evitar el participar activamente en las experiencias de la vida y no nos permita crecer por medio de una mayor percepción, atrae la ira de fuentes externas. El pasivo siempre atrae al proactivo. Todo escape de nuestras propias emociones negativas se manifiestan en circunstancias exteriores y son reforzadas en el interior. Entonces nos enfrentamos a tener que aumentar el escape o a experimentar mayores arranques emocionales. Algunos refugios o formas de evitar el tener que enfrentar a la vida incluyen las drogas, el alcohol, el trabajo, el vivir a través de la TV o de libros indirectamente y hacer uso de la meditación como un escape hacia la éxtasis más que a una técnica de recopilación informativa no-cognitiva. Algunos de estos refugios son con toda certeza formas válidas para relajarse, pero pueden convertirse en sustitutos de la vida vibrante si se utilizan en exceso.

El destino del hombre es presionar los límites existentes de lo que se conoce, arriesgarse desarrollando un valor fuerte y útil. Dentro de este destino, se ha ensombrecido el valor de presionarnos más allá de nuestras zonas de confort. Se nos enseña a pensar las cosas y no tomar riesgos innecesarios, pero al tener el valor de explorar lo desconocido por medio de la experiencia, debemos ir más allá de donde la lógica o la razón pueden predecir el resultado.

Lo que nos hemos comprometido a resolver en nombre del Infinito nunca ha sido resuelto antes durante todos los ciclos anteriores de la vida. Como siempre, al tratar con lo desconocido, los sentimientos de nuestro corazón nos indicarán el camino, incluso cuando la razón discuta lo contrario. Requerirá de pasión y confianza en la perfección del propósito más grande – muy parecido a los antiguos marineros que lanzaron sus naves en un viaje impredecible y hacia mares inexplorados. No existe certidumbre en el resultado, sólo la profunda convicción de que el arriesgarnos con todo nuestro corazón es infinitamente mejor que el desconectarnos de la vida al permanecer en la seguridad del puerto hasta que las tormentas nos lancen a la deriva forzosamente.

La Previsibilidad nos hace Vulnerables

El río de la vida o el flujo de la conciencia avanza inexorable creando cambios. Este flujo de la vida siempre cambiante explorándose a sí misma es la única constante con la que podemos contar. Tal como el agua y el movimiento del río nunca son los mismos a cada momento, así también la vida rompe todo intento por aferrarse al pasado.

Los antiguos patrones a los que solíamos aferrarnos incluyen: viejos mecanismos para sobrellevar las cosas, eventos que todavía no nos han entregado sus lecciones y que aun nos provocan, viejas identidades que nos damos a nosotros mismos; defectos que no hemos convertido en sabiduría y muchos otros viejos hábitos y rutinas que nos hemos creado para nosotros mismos.

Estos patrones que llevamos a lo largo de la vida nos hacen predecibles y por lo tanto, vulnerables. Cualquiera que conozca y observe estos patrones predecibles en nuestro interior los puede utilizar en contra nuestra. El matrimonio de hoy puede convertirse en el divorcio del mañana; las relaciones de negocios que comenzaron tan amigablemente pueden convertirse en la demanda más hostil. De hecho, ya que la vida no desea que continuemos aferrándonos a estos patrones de bloqueo, nos alentará a ver que estos no nos sirven al producir éxtasis de circunstancias adversas. Así que la previsibilidad nos deja vulnerables y expuestos desde todos los ángulos.

Examinemos algunas de estas áreas que permiten que la vida nos acose por medio de nuestras relaciones.

- Acontecimientos pasados que no han producido lecciones y por lo tanto, todavía saca nuestros detonantes pueden fácilmente utilizarse para manipularnos. Por ejemplo: Frank fue abusado sexualmente por un miembro de su mismo sexo y por lo tanto, tiene una reacción casi fóbica cuando hay algún interés homosexual dirigido hacia él. Si un competidor en su trabajo se entera de ello, es posible que se sepa que Frank es el blanco de los intereses sexuales de su jefe. A pesar de que Frank puede intentar ocultar su reacción fóbica, puede de inmediato intentar no permanecer en la misma oficina con su jefe, no hacer contacto visual o evitar asistir a reuniones porque siente que todos sospechan que él está sosteniendo una relación con su jefe. El jefe puede pensar que Frank está perdiendo interés en el trabajo y lo pasa por alto al momento de los ascensos.

- El revelar nuestra identidad a otro es igualmente peligroso. Joe dice a su esposa que la única manera de que pudiera abofetear a una mujer es cuando sea necesario sacarla de un estado de histeria. Entonces ella comienza a tener un romance y quiere que el salga de su casa. Ella finge estar histérica y cuando él la abofetea, ella llama a la policía. Lo acusa de ser una amenaza para su seguridad y a Joe le aplican una orden de restricción que lo mantendrá alejado de ella y de la casa.

- Cuando tenemos una necesidad, otro puede utilizarla como gancho. La gente co-dependiente del mundo ha dominado esta dinámica. El juego se lleva a cabo una y otra vez hasta que los co-dependientes se vuelven bastante hábiles al medir la necesidad de la otra persona, ofreciendo satisfacerla a cambio de lo que ellos quieren. De esta manera se determina a la mayoría de las relaciones, no sólo por su más elevada sabiduría, sino por sus necesidades más frecuentes.

- El tener una rutina nos hace blanco fácil de acoso. Muchas víctimas de violación, asesinato o robo fueron cuidadosamente estudiadas por sus atacantes, quienes utilizaron su previsibilidad en contra de ellas.

No debemos vivir nuestra vida esperando lo peor, pero con el fin de tener el lujo de esperar lo mejor, debemos estar preparados para lo peor. Se nos tomará por sorpresa si nos dejamos vulnerables a nosotros mismos, agotando la energía de la conciencia. A pesar de que los ejemplos anteriores se tratan sobre dejarnos vulnerables a la manipulación de los demás, el verdadero adversario es la vida misma. El propósito del infinito para evolucionar la conciencia a través de la vida material no permite que el bloqueo, los fragmentos predecibles de la existencia permanezcan así por mucho tiempo.

Para maximizar el aprendizaje sobre los misterios del ser Infinito a este nivel, se necesita de tanta diversidad como sea posible. La fuerza vital disminuye donde existe uniformidad o antiguos patrones de conducta. La fuerza vital aumenta donde las experiencias de la vida y nuestro enfoque para abordar los desafíos que la vida nos trae son nuevos y evolucionan constantemente. Nos encontramos en la posición de ya sea cultivar la conciencia de lo que ya no sirve a nuestro nivel superior de percepción y lo dejamos ir o la vida lo hará por nosotros. Algunos criterios para determinar lo que puede volverse obsoleto son:

• Reflejan esta decisión mi identidad más elevada como un ser tan inmenso como el cosmos teniendo una experiencia humana?
• Esta decisión hace que mi corazón cante y refleje mi percepción más elevada?
• Me provoca esta situación una reacción refleja? Si es así, existen apreciaciones que no se produjeron alrededor de cuestiones similares en la vida y que necesito buscar para ya no tener la necesidad de manifestar situaciones como esta.
• Me siento en expansión por una relación o actividad en particular o me siento contraído y desgastado o disminuido?
• Cuando me aproximo a una situación desconocida, caigo en la trampa de alguien que ha tomado las ilusiones (espejos) de la vida en serio al responder en una o más de las siguientes formas?

1. Creyendo que sé lo que está sucediendo;
2. Obsesionándome sobre la pregunta, lo cual consume energía;
3. Sólo reconociendo qué es lo que se ajusta a unos sistemas de creencia ya establecidos y ya sea atacar, ignorar o ridiculizar el resto.

O por el contrario, estoy reconociendo el que cada persona, situación y momento es nuevo y único y que se debe abordar con el mayor nivel de conciencia y mente abierta?

La recompensa final por haber eliminado lo predecible de nuestras vidas es una fluidez al encontrarse entre quienes se han dominado a sí mismos. Cuando co-operamos plenamente con los cambios que traen el crecimiento, nuestra oposición a la vida se rinde. Ya no nos ocultamos más en la aparente seguridad de nuestros refugios, abrazamos nuestros desafíos reavivando la llama de nuestra pasión por la vida, derramando nuestros corazones en cada experiencia.

Convirtiéndose en las Siete Direcciones

Por su naturaleza, todas las cosas en el cosmos están alineadas con una dirección (uno de los elementos o pilares de la Creación) u otra. Las sub-personalidades no son la excepción. Cada dirección también está representada por un elemento.

A medida que traemos al cultivador interno, al niño interno, al sabio interno y al guerrero interno en equilibrio y expresión durante la fase Adepto 2 de la identificación del ego, los elementos de tierra, fuego, agua y aire también se equilibran. Nosotros nos convertimos en las cuatro direcciones en las que personificamos sus cualidades, antiguas y eternas.

En la segunda fase (fase del éxtasis) de la conciencia de Dios, equilibramos la dirección de abajo, que entró en medio de nuestro círculo al momento de la desconexión con el ego. El elemento de abajo es el amor.

Durante la fase del éxtasis, el amor del vidente se desborda por todo límite. Para que el corazón pueda abrirse plenamente, la mente debe permanecer quieta, lo cual está en este punto. El amor que se derrama está por lo tanto, más allá de cualquier cosa que pueda experimentarse mientras que el diálogo interno existe durante la conciencia de identidad.

El amor lo abarca todo, tanto que el vidente es muy vulnerable a la explotación. El elemento del amor desbordando las células del cuerpo del vidente comienza el proceso de prepararlo para la inmortalidad durante la siguiente etapa de Maestro Ascendido.

Durante la segunda fase de la etapa de Maestro Ascendido, él o ella debe volverse uno con el elemento de la luz para que las células puedan llenarse con luz y espiritualizarse a tal grado que puedan volverse materia inmortal o eterna y el maestro pueda convertirse en el Yo Soy El que Soy.

Al final de la etapa de la Maestría Ascendida, la dirección interior se expresa plenamente, inundando al Maestro Ascendido con el primer pilar de Todo Lo que Es: la Conciencia Original, el elemento principal.

Para traer a la Conciencia Original en una personificación total, el pensamiento original debe convertirse en parte de la vida. El aprender a entregarse a ello por completo se lleva a cabo por todas las tres fases de la Maestría Ascendida. Habiéndose liberado del condicionamiento pasado, el maestro se encuentra en una "aspiradora" mental ya sea para llenarla de nuevo con apuntes externos o inundarla con el pensamiento original de la Fuente misma.

Cuando la Conciencia Original tiene total acceso, la dirección del interior se vuelve una con el Maestro Ascendido y él se convierte en la puerta de todo. Para comprender este profundo concepto esotérico, imagine una X con la parte superior prolongándose eternamente y la parte inferior haciendo lo mismo. El cuerpo es el punto de encuentro.

Todo lo que es está fuera está también dentro. No hay interior o exterior y dondequiera que se encuentre el cuerpo, es el centro de toda existencia. Cuando realmente interiorizamos esta percepción, comenzamos a afectar conscientemente a toda vida. Es en este punto en donde entramos al reino de Dios.

Sintiéndose en Casa en la Tierra

A medida que la exhalación y la inhalación de Dios crea la expansión más grandiosa y los ciclos de contracción dentro del macrocosmos, también ellos se reflejan dentro del microcosmos. Existen aquellos que viven principalmente en la expansión (salida) y quienes viven en la contracción (entrada). El sentirse en casa dentro de la vida en la tierra requiere primero de que nos familiaricemos con estos principios para luego crear un equilibrio entre estos ciclos de expansión y contracción en nuestras vidas. (*Ver Figura 23, Los Ciclos de Expansión y Contracción*)

Viviendo dentro de la Expansión

Quienes viven principalmente en un estado de expansión son las personas con alas. Ellos quieren explorar, lograr, conquistar y vivir una vida llena de aventura que empuja los límites de lo conocido hacia lo desconocido. Ellos son los portadores del fuego que buscan lo nuevo y encuentran que las rutinas insensibilizan al alma. Su amor se derrama en lo que ellos hacen, lo cual es pasión.

Tipos de Energía

La energía eléctrica (masculino) domina sobre la magnética (femenino) y como consecuencia, a veces estos individuos prefieren el otoño y el invierno cuando la energía magnética es mucho más fuerte y ayuda a equilibrar su sobreabundancia en energía eléctrica. Su actividad mental es muy fuerte y les puede resultar difícil descansar.

Tendencias Positivas

A ellos les gusta ser una causa más que un efecto. Les gusta construir y convertir sus objetivos en realidades. Su fuerte es el pensamiento original y la solución de problemas. Ellos ahondan en lo desconocido en donde se origina el crecimiento y por ende,

Los Ciclos de Expansión y Contracción

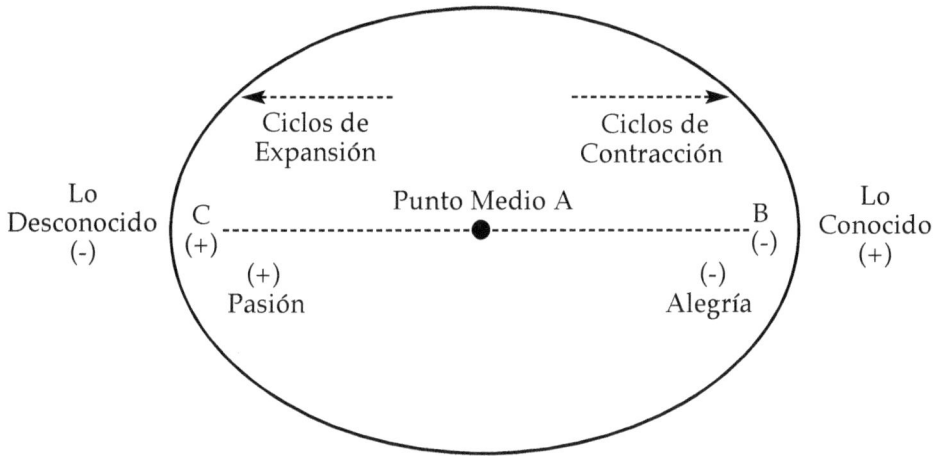

C=*nuestro propio masculino interno (+)*   B=*nuestro propio femenino interno (-)*

La distancia en grados que tengan los polos determinan el grado de atracción. Cuanto más lejos, más fuerte es la atracción. Cuando el ciclo de expansión va completamente hasta C, está aún más lejos del polo negativo de B que es el de lo desconocido y rebota hacia la contracción.

(Figura 23)

crecen y cambian rápidamente. Ellos valoran el logro y el crecimiento.

Tendencias Negativas

Si el crecimiento es demasiado rápido, sus ambiciones pueden carecer de anclaje y de los cimientos adecuados. La gente pierde su soberanía cuando tienen alas pero no raíces en donde sienten la necesidad de un lugar de anclaje. Anhelan un hogar y tienden a no alimentarse a sí mismos; esto los hace susceptibles a la manipulación en las relaciones. En algunas instancias, se vuelven adictos al sexo en un intento por equilibrar sus chacras inferiores. A veces tienden a ser desatentos durante una relación.

Causas del Sobre-Equilibrio

El condicionamiento social que afirma que el valor del individuo radica en lo que él hace en vez de quién es él, es un factor importante en la causa de este sobre-equilibrio. También puede ser el resultado de acontecimientos pasados sin resolver tales como una vida hogareña demasiado estresante o cuestiones que ocasionan la necesidad de probarse a sí mismo. Otro factor contribuyente podría ser un punto de vista global resultante de las experiencias de vidas pasadas en donde la pasividad produjo calamidad.

Solución

Cuanto más alto vuele el pensamiento de un individuo, más grande es la necesidad de las raíces. El niño y el cultivador interno expresados brindan una fuente de energía magnética para ayudar a crear la totalidad en el interior. Se necesita hacer un esfuerzo concentrado para incorporar los elementos nutritivos en nuestro entorno. Por ejemplo: calzado cómodo para usarlo debajo del escritorio, empacar una almohada o manta favorita para una estancia en un hotel, un respaldo y música favorita en el auto y un paquete de bebidas con proteína o tés de hierbas durante descansos regulares.

Deben programarse convivencias con la naturaleza en la vida activa de este triunfador. Veinte minutos al día será de gran ayuda, así como unas cuantas horas cada fin de semana. Es necesario que estas experiencias sean pasivas; los deportes de acción todavía se dedican a hacer más que a ser. Estos deben ser momentos de inversión y receptividad más que de producción.

Viviendo dentro de la Contracción

Quienes viven dentro de la contracción han sido sacerdotes y pastores por tradición más que reyes y conquistadores. Ellos buscan la felicidad vs. la pasión; caminar en un bosque fresco y verde más que buscar un tesoro perdido. Sus raíces son profundas y su conexión con la tierra es sólida. Disfrutan de los placeres sencillos y obtienen satisfacción al crear.

Tipo de Energía

Su energía magnética domina a su energía eléctrica. Tienden a valorar la seguridad y por lo tanto, no son aficionados a correr riesgos. Ellos son los emisarios del agua y valoran la calidad del viaje más que los resultados finales. Son receptivos y su energía es más pasiva.

Tendencias Positivas

Quienes tienen un sobre-equilibrio en su energía magnética tienden a sentirse como en casa dondequiera que van. Ellos alimentan al ser y a otros y por lo general se sienten cómodos cerca de los demás. Si sus necesidades básicas son satisfechas, encuentran contento en las experiencias de la vida diaria. Ellos sobresalen en crear una atmósfera agradable en las oficinas y calidez en los hogares. Traen creatividad y calidad al viaje de la vida.

Tendencias Negativas

Quienes viven dentro de la contracción tienden a sobre-polarizarse hacia la luz (lo conocido), en donde se sienten seguros y a salvo, pero debido a que el crecimiento se encuentra abrazando a la luz (la oscuridad o la luz inflexible), tienden a estancarse. Son menos adeptos al pensamiento original y a la planeación y por consiguiente, carecen de confianza en su capacidad para alcanzar sus objetivos. Esto puede provocar una falta de soberanía y una necesidad que puede manipularse en las relaciones. Cuando tal persona se siente con falta de poder, puede volverse destructiva y crítica de quienes intentan construir y lograr sus objetivos. Algunos hacen uso de la meditación como un escape de los desafíos (la televisión y otras adicciones también pueden utilizarse como escape). Otros pueden volverse sobre-protectores obsesivos.

Causas del Sobre-Equilibrio

Cuando las experiencias de vidas pasadas y de la infancia revelan al mundo como un lugar inseguro e inestable, el deseo por permanecer en la seguridad de lo conocido se vuelve obsesivo. La toma de riesgos y el aventurarse a lo desconocido se vuelve indeseable. Este tipo de sobre-equilibrio también ocurre cuando alguien crece en un hogar en el que la paz se ve perturbada por ataques de ira amenazantes. Entonces se ve a la pasión como algo destructivo.

Solución

Con el fin de traer nueva energía para que disipar el estancamiento, se deben atraer nuevas experiencias a nuestras vidas. Debe hacerse un intento deliberado para impulsar a los límites de su zona de conforte un poco más cada día hasta que sus alas les permitan volar. El ver hacia adelante y establecer un objetivo, dividir el objetivo en proyectos y los proyectos en tareas diarias, ayudará a fortalecer la confianza y la auto-determinación.

Cada vez que hay fragmentos internos no desarrollados, invertimos nuestro tiempo en hallarlos afuera, otorgando nuestro poder a otro para completarnos, pero no se puede hallar el equilibrio afuera si no se halla en el interior. Esto significa que el flujo de la conciencia tiene que romper esa relación con el fin de reflejarnos que una fuente externa no es un lugar confiable para encontrar nuestro sustento.

Mientras tengamos alas sin raíces, dependeremos de otro para hacernos sentir como en casa. Por el contrario, mientras tengamos raíces sin alas, nos estancaremos y nos ahogaremos en el dolor para obligarnos a cambiar y crecer. También necesitaremos confiar en los demás para que nos ayuden a lograr nuestros objetivos. Cuando confiamos en nuestra capacidad para determinar nuestro futuro, equilibramos los ciclos de expansión y contracción de nuestras vidas. Dejaremos de añorar las altas esferas de las cuales provenimos y en su lugar creceremos al sentir la satisfacción de estar en nuestro hogar en la tierra.

Las Leyes de los Ciclos

Para comprender el por qué los ciclos se expanden y se contraen, pulsando de uno al otro, debemos recordar que existen grados de polaridad. Una cosa puede ser un *poco* negativa con respecto a otra y una tercera puede ser *demasiado* negativa con respecto a sí misma.

Como la puerta de todo, tenemos la misma inmensidad interior como la exterior y las mismas leyes aplican. Por tal motivo, el mismo principio nos hará volver de expandirnos demasiado lejos en la pasión por ejemplo, como lo haría el convertir la exhalación de Dios en la inhalación. En las vidas humanas, alguien que ha perdido de alguna manera su mecanismo de seguridad que evita que los ciclos salgan de los límites, se vuelve maniaco depresivo.

Como se muestra en la Figura 21, lo desconocido tiene una polaridad negativa pues tiene nuestro propio femenino interior, el cual contiene nuestras partes desconocidas. Lo conocido tiene una polaridad positiva, ya que tiene nuestro propio masculino interior, el cual contiene nuestras propias partes conocidas.

A medida que profundizamos en lo desconocido de nuestro mundo con el deseo de conocerlo (que es la pasión), viajamos de la A a la C. La emoción de la pasión tiene una polaridad positiva y es atraída por la polaridad negativa de lo desconocido. En nuestra gráfica circular (*Ver Figura 23, Los Ciclos de la Expansión y la Contracción*), los polos adicionales están separados; cuanto más grande es el grado de polaridad, más fuerte es la atracción.

Para cuando la expansión se haya movido todo el camino hacia C, estará mucho más apartado de su propio polo femenino B que del desconocido femenino exterior y por consiguiente, estará más atraído repentinamente a su propio polo interior negativo. Esto impulsa a la expansión de vuelta hacia la atracción más fuerte de B en la contracción y el deseo de vivir (alegría).

Para cuando se haya impulsado a la vida hasta B, el impulso de C se vuelve tan fuerte que vuelve a impulsarlo todo hacia la expansión. El momento de todo ciclo es más rápido inmediatamente después de que cambia de dirección, yendo más despacio cuanto más progresa. Por lo tanto, podemos esperar que la primera parte del camino azul hacia el hogar se formará muy rápido.

Cuanto más nos expandimos hacia lo desconocido, es decir, cuanto más extendemos A-C, más volvemos y extendemos A-B, haciendo cada vez más grande nuestro círculo. Como materia práctica significa que cuanto más valientes somos en llevar a cabo nuestro contrato para explorar los fragmentos desconocidos de la existencia, más profunda se vuelve nuestra alegría.

Exactamente de la misma forma, pulsan los otros tres grupos de polos emocionales y se ayudan mutuamente para crecer: El miedo (-) nos muestra qué partes de la existencia no hemos incluido todavía en nuestro amor (+). El enojo (+) rompe con lo que ya no es necesario para que podamos ver con claridad qué es lo que vale la pena proteger (-) o por lo que vale la pena luchar. El dolor (+) como el deseo de cambiar, quita lo que no enriquece a la vida para que podamos encontrar lo que deseamos conservar, que es la satisfacción (-). De esta manera el equilibrio dinámico de nuestros ciclos emocionales permanece intacto, incluso cuando los ciclos se vuelven cada vez más grandes e incluimos más y más existencia en nuestra experiencia.

Encontrando nuestra Pasión

Cuando el condicionamiento social de nuestras vidas ha dejado la clara impresión de que no es seguro participar plenamente en el juego de la vida, podemos quedarnos en la seguridad de lo conocido, temerosos de hacernos un objetivo nosotros mismos. Podemos tener miedo de que la pasión cause que brille nuestra luz tan intensamente que otros pudieran intentar derribarnos para que su propia falta de brillo no sea tan obvia.

Si negamos nuestro deseo de expresarnos con pasión lo suficiente, terminaremos siendo unos extraños para la pasión…sin saber cómo hallarla ni reconocerla incluso si lo hiciéramos. El hipotálamo lateral nos dice cuando hemos comido lo suficiente, el hipotálamo ventromedial nos dice cuando tenemos apetito. De la misma manera si negamos los dictados de estas porciones del cerebro, terminaremos ya sea obesos o anoréxicos. Cuando eso sucede, tenemos que suavemente entrenarnos a nosotros mismos para reconocer cómo se siente su dictado. Cuando la pasión llama, sentimos calidez y emoción, nuestros rostros se sonrojan y nuestra imaginación se agita con preguntas como: "Qué tal si?" y "Qué hay más allá del próximo horizonte?" Esta nos inspira a actuar y nos brinda la creencia de que podemos arriesgarnos y construir.

Encontramos nuestra pasión siguiendo los anhelos que evocan nuestros momentos de alegría en nuestros corazones. Es la canción perdida que el cantante siente oculta dentro de las sombras de su mente. Es el ritmo perdido que el bailarín busca para siempre. Son los misterios del cosmos que esperan a que el científico o el metafísico descifre. Es el deseo inspirado por la inocencia en la mirada de nuestro hijo para formar una vida de maravilla y belleza para nuestra familia.

Si la pasión se ha vuelto una extraña para nosotros, tendremos que volvernos a familiarizar con ella una faceta a la vez. Al expresarla, la pasión consiste en arriesgarse, en logros y en construir de algo nuevo. Esta añade nuevas experiencias, fronteras más lejanas y nueva profundidad a nuestras vidas.

Al entrenarnos a nosotros mismos a escuchar de nuevo la voz de la pasión, encontramos el anhelo de nuestro corazón y lo seguimos a donde nos lleve. Hacemos un esfuerzo conjunto para liberarnos de la prisión de la rutina y de las expectativas, limitaciones condicionadas por la sociedad y sistemas de creencia auto-impuestos que nos mantienen en la mediocridad. Tomamos unos cuantos minutos al día para atrevernos a soñar en lo que haría cantar a nuestros corazones. Despertamos cada mañana y decidimos vivir el día ante nosotros como si fuera el último. Vemos nuestras vidas como si fuera la primera vez, con una perspectiva fresca que puede detectar las áreas faltas de alegría y de auto-sacrificio. Con valor y gran consideración por las consecuencias que nuestras acciones tuvieron en los demás, implementamos nuestros primeros pasos para devolver el brillo de la pasión a estas áreas.

El tomar una decisión puede llevarse un minuto, pero para que esta altere la vida como deseamos que lo haga, necesita del apoyo de una base sólida. Esto requiere de planeación, así como de cierto análisis. Cuál es el objetivo? Qué recursos se necesitarán? Existe discrepancia entre lo que necesitamos y lo que tenemos y cómo podemos llenarlo? Muchos negocios fracasan llevándose consigo muchos sueños porque no se piensa lo suficiente en lo que se necesita para apoyarlos en términos de tiempo y dinero. Una vez que se identifica el objetivo, desglósenlo en proyectos y tareas. Jack London es uno de los escritores mejor pagados si uno toma en cuenta la inflación. El utilizó el mismo método para conseguir el éxito. Inmigrante y estibador, Jack London soñó en liberarse del trabajo duro y extenuante y convertirse en escritor. Antes de comenzar su largo día, estudiaba gramática en Inglés durante una hora y posteriormente trabajaba como estibador para ganarse el pan. Por la noche, tomaba clases de escritura creativa en la librería y se dedicaba a escribir cuando llegaba a casa. Su meta se desglosó en proyectos, luego en tareas y estructuró su día para acomodarlos.

Muchos envidian los logros de los demás, pero no están preparados para echarlos a andar. En ocasiones es necesario quemar todos los cartuchos para realizar un sueño. Es nuestra pasión la que mantiene encendido nuestro entusiasmo y nos da un segundo aire para volar tan alto de lo que jamás hubiéramos imaginado.

Encontrando nuestra Alegría

Ya que la pasión explora la infinidad de posibilidades a través de lo que podemos expresar, así la alegría se concentra en la sencillez del momento. La alegría es un tipo de mentalidad, cierto enfoque que ve la perfección del aquí y el ahora, proyectando un brillo dorado sobre las experiencias del ayer. Convierte a lo mundano en poesía y captura el momento en una imagen de naturaleza muerta.

Milton dijo: *"La mente en su propio sitio y por sí misma puede convertir al infierno en cielo y al cielo en infierno."* Turner, el gran pintor Inglés, dijo en el final de su vida dijo que en toda su vida jamás había visto algo feo. Franz Lizt sintió el impulso de escribir sus memorias, pero dijo: *"Es suficiente haber vivido esta vida."* El encontró tal alegría en sus experiencias que no tenía que exteriorizarlas para apreciarlas.

Se puede reconocer a la alegría por el profundo sentimiento de satisfacción que provoca, por la sensación de que uno ha vuelto a su casa en sí mismo. Esta toca el tranquilo lugar de nuestro interior que alimenta el alma y llena a la mente. Bajo su hechizo, la alegría nos hace sentir ligeros y jóvenes otra vez, conectados a la tierra y libres de nuestras preocupaciones.

La clave para hallar nuestra alegría radica en nuestra capacidad para trabajar con el tiempo. En un mundo donde las crecientes responsabilidades nos impulsan a hacer más en menos tiempo, muchas tareas se realizan apresuradamente. Sin embargo, parece que no tenemos más tiempo para disfrutar de la vida. El tiempo que se supone es libre tiene aún más faenas inconclusas que compiten por él. El motivo por el que esto ocurre es porque cuando nos apresuramos, aceleramos el tiempo y parece que tenemos aún menos a nuestra disposición. Tal como el construir con pasión requiere de asignaciones de tiempo cuidadosas y disciplinadas, el vivir con alegría requiere de la capacidad de comprimir el tiempo. Si nos concentramos en los detalles que están frente a nosotros en este momento, el tiempo se desacelera. Incluso si hoy no podemos encontrar una hora para hacer las cosas que disfrutamos, podemos buscar el tiempo para disfrutar las cosas que hacemos: Al cortar los vegetales para el guisado podemos ver los colores de las zanahorias, explorar la diferente textura de cada vegetal y percibir la fresca fragancia mientras pelamos su piel.

Incluso el trabajo repetitivo puede convertirse en un mantra o una oración en una línea de producción al enviar bendiciones y ayuda angélica a los hogares donde llegarán estos productos. Al caminar por la calle concurrida podemos sentir la tristeza de los demás pero podemos convertirla en alegría al imaginar que se derraman bendiciones en sus vidas. Se puede utilizar la pérdida en la vida de los demás para inspirar alabanza y gratitud por las bendiciones en la nuestra.

Al optar por que la alegría llene nuestro tiempo libre, buscamos aquello que nos inspire a los logros. A medida que la alegría fluye hacia dentro de la superficie, la pasión que esta inspira se pliega hacia el exterior por debajo de la superficie. Cuanto más grande es nuestra alegría, más grandes son las acciones que inspirará.

Dejando que Brille Nuestra Luz

Por tradición, no ha sido seguro el dejar que brille nuestra luz, el demostrar demasiada pasión o una felicidad muy profunda. Esto ha originado persecución de la tribu cuya carencia de luz se vuelve aparente en comparación. Las tribus existen dondequiera que la gente vea la seguridad de la uniformidad y estos grupos rechazan aquello que no puede ser controlado.

Cuando se enfrenta a algo superlativo que va más allá del status quo, la tribu tiene la incómoda opción de ya sea vivir con excelencia entre ellos y sentirse menos en comparación, cambiando su propia conducta para ajustarse al nuevo estándar o, alternativamente, expulsar de la tribu a quienes sobresalen.

A lo largo de la historia quienes han demostrado una gran pasión o alegría han sido a menudo aislados o rechazados. Los grandes hombres en nuestro medio han encontrado que, más a menudo, el precio de la grandeza ha sido la soledad, pero el callar nuestra canción interior para ajustarse a la mediocridad es un suicidio psicológico. Hemos llegado demasiado lejos a través del espacio y del tiempo para ser los guías de este planeta, para permitirnos mezclarnos en lo gris de las masas inconscientes.

Rodeados de nuestra propia familia interna, llevados por la pasión y sostenidos por la alegría, caminemos con valor por el sendero de una vida bien vivida. Realicemos nuestros destinos como faros de luz hacia el mundo.

Viviendo una Vida Equilibrada

Hay un dicho: "La vida es un viaje, no un campamento." Ya sea que avancemos o retrocedamos, pero nunca permanecemos quietos. En el inmenso río del cambio que llamamos vida, toda forma de vida se mueve ya sea con él o es arrastrado para ser reemplazada por otra. Las formas de vida que se oponen constantemente a la vida pueden, después de muchas vidas, incluso perder la capacidad de encarnar en lo físico. La falta de crecimiento debilita la fuerza vital que hay a la disposición de uno. Sin fuerza vital y energía suficientes, no puede llevarse a cabo la formación de un cuerpo inferior o físico. Se requiere de una enorme cantidad de energía para crear a la forma material.

Debido a que todo está en cambio continuo, el equilibrio no puede permanecer estático; tiene que consistir de movimiento. Muchos buscadores de la luz piensan que el equilibrio vive siempre sereno y paz sin importar lo que suceda. Lo que no comprenden es que este llama a la oscuridad cuando se rehúsan a adoptarla. Cualquier cosa a la que le neguemos el derecho de existir no reconociendo su contribución dentro del cosmos, se fortalece ya sea en nuestro interior o dentro de nuestro entorno.

Nosotros somos el microcosmos del macrocosmos, pero el macrocosmos es todo menos pacífico y sereno. A pesar de que algunas partes de este pueden ser tranquilas, también es destructivo y explosivo y gloriosamente apasionado. El único constante es la matriz: el esquema subyacente que brinda el propósito global y el tiempo y el espacio asignado dentro del cual los ciclos creativos juegan su papel.

Al entrar en la conciencia de Dios, vemos el panorama completo. No es sino hasta que entramos de nuevo en la condición humana que prestamos atención a los altibajos tormentosos de la vida. Incluso cuando llorar o reír una vez más en el drama de la vida humana, aún mantenemos nuestro enfoque interior en el panorama completo, la perfección del plan divino. Tal como la matriz cósmica que es la base del drama pasional del cosmos, esta gran perspectiva interior es la base de los cambios tormentosos en nuestras vidas. Esta proporciona estabilidad dentro del flujo, medida dentro del movimiento.

Al mantener nuestros ojos fijos en la perfección debajo de las apariencias se le puede llamar la primera mitad del equilibrio. Es el masculino, la polaridad positiva del equilibrio. Aprender a traer equilibrio al movimiento o al flujo de la emoción es la otra mitad, el femenino, el aspecto magnético. Si tenemos una visión expandida sin permitir que ocurra la interacción equilibrada de la emoción, el crecimiento se detiene y comenzamos a estancarnos. Cuando a la emoción se le niega el derecho de existir, al final emerge como áspera y desproporcionada; en otras palabras, fuera de equilibrio.

A menudo la ira es rechazada, mientras que se valora a la alegría. Muy pocos utilizan el valor inmenso de la ira y aprenden cómo equilibrarla. La ira surgirá en el mismo grado que es reprimida, y con frecuencia se volverá destructiva. Cuanto más identifiquemos a la ira con la destrucción, más tendemos a reprimirla, formando de esta manera un desequilibrio en aumento que no sólo sofoca a la ira, sino también a la alegría.

El gran don de la ira es el de romper patrones bloqueados. Si dejamos que la ira emerja no dirigiéndola hacia otro sino tan sólo sintiéndola correr por nuestro ser, esta puede seguir su curso. Una vez que haya pasado, pregunten: "Qué es lo que puedo ver ahora que no pude ver antes?" Si preguntamos con suficiente persistencia, se revelarán lecciones ocultas. Una mayor percepción aporta una mayor energía y poder, que a su vez incrementa nuestro deseo de vivir. El deseo de vivir es alegría. El deseo de vivir nos impulsa sucesivamente hacia la exploración de la vida y de lo desconocido. Las porciones desconocidas de la vida son una de las partes más "bloqueadas" de la existencia y no han aportado durante todos los ciclos creativos anteriores. Por consiguiente, se necesita que la ira exista para ayudar a romper con la ilusión.

De esta manera, las fuerzas emocionales opuestas en nuestro interior se someten una a la otra. El temor nos alerta sobre esas partes de la creación que todavía no hemos incluido dentro de nuestra comprensión compasiva para que nuestro amor pueda crecer. La pasión y la alegría se alternan al suplirse una a la otra.

Al dársele un valor equitativo a todos estos componentes internos, nace un equilibrio dinámico que promueve el crecimiento. Un flujo y movimiento de ida y vuelta proporciona el ímpetu de ayudar a conducirnos cuesta arriba por la espiral de la conciencia. Por otro lado, la mirada fija que mantengamos en el panorama completo proporciona el equilibrio que necesitamos para asegurarse de que conservemos una perspectiva eterna.

El Viaje de Vuelta al Corazón de Dios

El Camino Rojo

La exhalación de Dios, el ciclo de expansión lejos del corazón de Dios, se ha diseñado para explorar lo desconocido. Llevados por la emoción de la pasión, hemos estado viajando en el camino rojo lejos de la Fuente hacia reinos más densos debido a la luz sin desarrollar.

Este universo, el más denso y el más joven de todos, ha permanecido al borde de donde se empuja toda vida hacia lo desconocido. En estos niveles densos la luz y la frecuencia se distorsionan con facilidad. Aquí, la pasión con la que nosotros, el Uno expresándose como el colectivo, emprendemos este viaje de exploración, a menudo se convierte en agresión. Este es el caso en particular cuando no está equilibrada con la alegría.

Desde una perspectiva muy amplia, nuestro viaje se ha hecho más lento y el progreso se ha vuelto más laborioso. La ley de compensación decreta que cuando algo se quita, algo más debe darse. Debido a la pérdida de velocidad en nuestro progreso, se sustituye a la diversidad. No sólo la gran diversidad de formas de vida en esta densidad mejora nuestras oportunidades de aprendizaje, sino también la diversidad de experiencias.

La reducción de velocidad del movimiento cósmico ha desacelerado el tiempo. Como resultado, un período dado tal como un año podemos todavía sentirlo como un año, pero contiene muchas más experiencias que aprender ya que en realidad puede ser el equivalente a diez años. En términos psicológicos, se siente como si el tiempo se hubiera acelerado.

Como se mencionó antes, la primera razón de esta desaceleración del ciclo de expansión es que la polaridad entre la oscuridad y la luz ha disminuido. La segunda es que en el borde del ciclo de expansión, no sólo lo desconocido está comenzando a tirarnos hacia adelante, sino que también hacia atrás por nuestro propio femenino interno. Cuando alcanzamos el borde del tiempo y el espacio asignado para este ciclo de expansión, el tirón de nuestro propio femenino por fin prevalecerá y nos impulsará de vuelta hacia el camino azul que conduce al hogar.

Se puede comparar al camino rojo en el viaje de expansión y al camino azul en el viaje de la contracción con la sangre roja moviéndose por las arterias lejos del corazón y la sangre azul regresando por las venas. Recibimos información no-cognitiva de los diferentes niveles de luz a través de chacras minúsculos localizados en cada célula; entonces esta se descarga en la sangre roja de las arterias mientras que la sangre azul regresa al corazón donde el timo la interpreta.

La energía mental ha dominado el camino rojo en el cual hemos andado; se ha ensanchado en una complejidad cada vez más grande. Igual que la sangre roja, esta se ha cargado de información que debemos llevar de vuelta hacia la unidad, para que el Uno se enriquezca con las experiencias del colectivo.

Como el microcosmos del macrocosmos, la vida en la Tierra refleja el estado de la complejidad en aumento: en su explosión demográfica, su consumismo, sus déficits presupuestales y la inflación, sus estructuras de deuda infladas, la complejidad en aumento de los sectores judicial y gubernamental, el peso en aumento del medio ambiente. Todos ellos son indicadores de que el eléctrico (masculino mental) está tan sobre-equilibrado que estamos listos para ser lanzados hacia la contracción.

El Camino Azul

Ya sea que hablemos del camino azul (el ciclo de contracción) de la vida en la tierra o en el cosmos, estos contienen muchas similitudes. En primer lugar, el cambio de la expansión a la contracción ocurre en un abrir y cerrar de ojos cuando se alcanza la masa crítica. Segundo, al principio de cualquier ciclo, cuando el fuerte tirón de uno solo de los polos opuestos influye en nuestro viaje (diferente al final de un ciclo, cuando dos polos opuestos tiran de nuestro viaje como en un juego de estira y afloja), el cambio es increíblemente rápido.

La característica predominante de nuestro viaje a casa es su naturaleza des-estructurada y su tendencia a simplificar y reducir. Mucho de lo que conocemos tan sólo se volverá obsoleto. El criterio para lo que queda es si este aumenta la alegría en el cosmos. Para proporcionar alegría a toda vida, tiene que enriquecer la vida interior.

Ya que el ciclo de contracción es emocional e introspectivo, la mejor preparación que pueden tener los promotores de la luz es el retornar al hogar dentro de sí mismos, el lograr una relación equilibrada con sus partes internas y conseguir la soberanía emocional. Es imperativo que obtengamos la inquebrantable realización de que nuestro ser es nuestro sostén, que nos convirtamos en nuestra propia fuente de felicidad y apoyo. El modo de buscar lo que necesitamos fuera de nosotros prevalece durante el tiempo en el que se expande la vida, pero no sobrevivirá al tiempo de contracción.

Estamos entrando en un tiempo en el que la vida se librará de lo que no ha dado paso a sus lecciones. Es momento de que la vida superficial que está llena con diversidad que no ha sido examinada, haga camino para una vida profunda y con sentido. Si nos despojamos de aquellas cosas que no hacen que cante nuestro corazón, estas pueden ser reemplazadas por las que sí lo hagan, o podemos esperar a que un cambio cataclísmico lo haga por nosotros.

La razón por la que hemos mermado no sólo a nuestro medio ambiente sino también a nosotros mismos, se debe a nuestro apetito insaciable por llenarnos de lo externo y ya que esto no se puede hacer, tomamos más de lo que necesitamos. La frugalidad no significa que perdamos el derecho a la abundancia, sino que dejemos de necesitar y por ende, recibamos sólo aquello que nos corresponde desde una posición de plenitud.

A medida que nuestro mundo interior se vuelve nuestra fortaleza y apoyo, sólo actuamos cuando es necesario. Luchamos sólo aquellas batallas en las que se puede obtener percepción e interactuamos con los demás con moderación. Ya no gastamos energía con palabras. Nuestra vida se ha convertido en la vida disciplinada de un guerrero que lucha contra la ilusión. Igual que un maestro, encontramos nuestra alegría en el momento, entregándonos al cambio con gracia y con nuestros corazones indicándonos el camino.

Los Dones de los Ciclos de la Vida

La naturaleza de los ciclos de expansión es el construir. Por otra parte, la naturaleza de los ciclos de contracción es el des-estructurar. Cuando los ciclos están desequilibrados, no se emiten los dones de estos ciclos de la vida y su naturaleza se distorsiona. Por ejemplo, la des-estructuración puede convertirse en destrucción y la pasión en agresión.

Incluso cuando los ciclos están equilibrados, si no estamos conscientes de los dones inherentes en su naturaleza, no podemos cosechar sus beneficios por completo. A los que llamamos santos (s = serpiente, an = cielo, quienes co-operan con las espirales de la conciencia), siempre han sido aquellos que han obtenido primero las lecciones ocultas de las fuerzas cósmicas y de sus ritmos y después aprendieron a cosechar sus beneficios al cooperar con ellos.

Para cosechar los dones o sus recursos de construcción, lecciones, infraestructura, expansión, experiencia o un estilo de vida que deseamos tener durante la expansión, necesitamos de la diversidad. Debido a que este ciclo profundiza en lo desconocido, necesitamos abrir nuestras posibilidades. Debemos explorar con gran conciencia las posibles vías accesibles y tocar a las puertas que nos hagan señales. Observamos los indicadores en el entorno con mucho cuidado, probando lo nuevo y explorando incluso lo improbable si así se nos indica. Los diversos enfoques maximizan nuestras oportunidades para lograrlo.

Tal como un conducto toroidal o una gran dona doblándose hacia afuera durante el período de expansión, el fondo invisible se dobla hacia adentro. Esto significa que incluso cuando la pasión se expresa como la emoción dominante, la emoción de la alegría perdura oculta a la vista como una fuerza guía. Cuando tocamos a las puertas que están ante nosotros y estas revelan un posible futuro, la siguiente pregunta es: "Qué hará cantar a mi corazón?" De esta forma, nuestra alegría interior nos ayuda a guiarnos en nuestras decisiones.

Debemos estar dispuestos a actuar y a arriesgarnos cuando se nos guíe. El creer que podemos controlar o predecir el futuro cierra las puertas de la posibilidad. En ocasiones debemos ser valientes al intentar algo, pero muy conscientes de las consecuencias de nuestras acciones. Cuando actuamos, debe siempre ser en beneficio de la vida interior.

Si el ciclo de expansión con su diversidad se puede comparar a arrojar lodo contra un muro para ver qué es lo que se queda adherido, el don del ciclo de contracción de la des-estructuración limpia el lodo que no se adhirió. Es durante el ciclo de contracción cuando domina la alegría que los fragmentos en nuestra vida que carecen de ella son vistos como lo que son y se descartan. El decir "no" a las partes irrelevantes de nuestras vidas hace espacio para un enorme "sí" a las posibilidades más grandes que las anteriores.

Un ejemplo de una contracción exitosa se puede apreciar en el surgimiento y la caída del Imperio Británico. Su expansión incluyó la incorporación de diversas culturas bajo el estado de una sombrilla en expansión. De haberse aferrado tenazmente a sus territorios, al final hubiera sido conquistado. Este se extendió demasiado débil y sus familias que fueron desplazadas alrededor del mundo estaban ansiosas por volver a sus raíces. En lugar de esperar por un cambio forzoso, la Bretaña renunció a muchos territorios, pero conservó aquellos que contribuyeron, fueron controlables y desearon permanecer como parte de la mancomunidad (Commonwealth). Cuando la guerra llegó a las riberas de su isla, esta tenía el beneficio de una infraestructura expandida, una base industrial sólida, muchos aliados y una riqueza en experiencia de los conflictos relacionados con su período de expansión. Además, sus soldados no estaban agotados por haber enfrentado muchas guerras territoriales.

Los períodos de actividad alterna y de contemplación se reflejan en la naturaleza a través de los ciclos del día y la noche, así como del verano y el invierno. El tigre hace una pausa antes de atacar. Los campos permanecen en el barbecho antes de florecer. La vida va de compleja y diversa a simple y de vuelta a ciclos de expansión eterna. Si nosotros traemos armonía a nuestras vidas con estos ritmos más antiguos que el cosmos, debemos prosperar en todas las formas imaginables.

Impecabilidad vs. Integridad

La integridad, a como se utiliza la palabra en general, se refiere a un estándar de conducta universal y que puede aplicarse a todos. La impe-cabilidad significa que usted está actuando sobre la verdad más elevada o la percepción a su disposición.

Debido a que estamos explorando lo desconocido a través de nuestras acciones a cada momento, nuestra percepción e interpretación de la verdad se desarrolla adecuadamente (la forma en que el propósito del Infinito debe desplegarse). El nivel de percepción que tenemos hoy no es el de ayer y nuestra impecabilidad estará basada en los varios niveles de cambios en la percepción.

A menudo nos reprendemos por acciones pasadas que vimos como errores. Esta es una de las causas principales de la culpa. La culpa hace que queramos evitarla por medio de la percepción selectiva, la cual crea un diálogo interno y nos atrapa en la mente. La culpa es en especial fuerte si los demás sufrieron por nuestra ceguera; pero todos entran a nuestras vidas en el momento exacto para recibir de nosotros los dones y los espejos que traemos para ayudarles a resolver esa parte del misterio que ellos acordaron resolver con el Infinito.

Por otra parte, el actuar sin impecabilidad es estar des-integrado en lo que la percepción no coincide con la acción. Esto se puede originar ya sea de una actuación deliberada contraria a lo que conocemos como la decisión más elevada o no ser sinceros con nosotros mismos acerca de dónde se originó la acción.

Por otro lado, la integridad universal apoya la vida interior. Es la fuente de toda acciones que no distorsiona la red de la inter-conectividad de la vida. Es el máximo estándar por el que se mide la conducta del hombre, sin importar sus sistemas de creencia o credos. Es la forma más elevada de honor por la que se rige un ser humano. Esta no deja ningún karma y no excluye a ninguno de sus beneficios, pues contiene la visión más grande de la unidad de la vida. Todos se benefician por igual de las acciones de quien camina en la integridad universal.

Quien camina en la impecabilidad, siempre viviendo su verdad más elevada, debe progresar en develar su conciencia personal con rapidez. La percepción de esa persona aumenta pues el horizonte se aleja para siempre. Al principio pueden ocurrir destellos ocasionales de integridad universal, pero al final se volverá una forma de vida, pues la impecabilidad ha de conducir a la vida impersonal en donde el más grande bien es lo primero que siempre hay que tomar en cuenta, hasta que al fin el ego se aquiete y se llegue a la conciencia de Dios.

Qué es el Karma?

Cuando examinamos los cuatro pilares del Infinito y su Creación: tiempo, espacio, energía y materia, pueden imaginarse como un río. Las riberas y la forma del río son el espacio; el movimiento del agua es el tiempo; la fuerza del agua es la energía y el agua misma es la materia.

El río es el propósito develado del Infinito; lo único cierto es que se mueve. Si hay un obstáculo, el río fluirá a su alrededor o aumentará su fuerza hasta que logre pasar. Cuando la vida avanza en espiral lleva consigo misterios sin resolver (lecciones inexploradas) hasta que los convertimos en luz.

Estas lecciones que han sido retenidas son karma. Se retienen lecciones sin resolver de vidas anteriores como constricciones dentro del cuerpo etérico, emocional y a veces del cuerpo físico del hombre, obstruyendo el flujo de energía de sus cuerpos superiores. El darma o el karma colectivo de una nación o un planeta se retiene en la rejilla del mismo. Esta se asemeja a una construcción. Estas construcciones crean nuevas oportunidades para explorar los asuntos no resueltos y obtienen las lecciones inexorables por medio de la experiencia.

A pesar de que parece que exploramos nuestros propios temas de forma autónoma, la interconectividad de la vida nos hace representar un papel más grande. Somos como escaladores de montañas conectados por una cuerda, ascendiendo una montaña empinada. Si uno de nosotros va con cargas pesadas (karma que no ha sido atendido), nuestro ascenso será más lento y todos a nuestro alrededor se verán impedidos en su capacidad para progresar.

Para rastrear nuestro karma necesitamos buscar temas recurrentes y reacciones reflejas. Lo que es de más ayuda es la regresión a vidas pasadas. El increíble patrón de altruismo que encontraremos al trazar nuestra interacción con quienes hemos experimentado la intensidad de emociones más grande a través de vidas pasadas, es capaz de remover el dolor más profundo. La respuesta a la disolución del dolor siempre ha sido la percepción. En este caso descubriremos con qué dedicación nos hemos prestado para ser un espejo el uno para el otro y qué comprometidos siempre hemos estado con la evolución de la conciencia; cada acción que hemos tomado ha tenido su origen en el amor divino.

LIBERANDO A LA HUMANIDAD

Por qué no hay Respuesta a las Oraciones

Los seres humanos se han sentido muy abandonados pues han negociado, suplicado e intentado continuar teniendo fe en cualquier forma de Dios ante la que han orado a lo largo de la existencia humana. En dónde están las respuestas a nuestras oraciones? Por qué Dios no responde cuando intentamos poner de nuestra parte con sinceridad?

Algunos han mantenido su creencia firme en un Dios que recompensa con bien al bien y que se oculta o castiga cuando no son buenos. Después de todo, sus iglesias les han dicho que si no pueden escuchar la voz de Dios o si sus oraciones no son escuchadas, entonces hay algo "malo" en ellos. Esto ha dejado a la raza humana, la cual sabe en lo más profundo que la vida no debería ser tan dura, con una reserva increíblemente grande de culpa y vergüenza.

Esta culpa se transmite de generación en generación, agravada por las enseñanzas que muchas religiones principales imparten de que la carne es un vehículo indigno y profano para el espíritu. Cómo es que uno puede abrazar a la vida con alegría estando en un cuerpo "pecaminoso" o indigno? Una vida sin alegría es sólo una muerte lenta y por ende, en lugar de abrazar a la vida, muchos abrazan a la muerte. Esto manifiesta circunstancias auto-destructivas y una vida llena de fracasos. Mientras tanto, el dolor - el–deseo del cambio – nos empuja más y más hacia una mejor percepción y entendimiento.

Este círculo vicioso de la culpa, la vergüenza, el abandono y la pena en los que la humanidad se ha sumergido es tan doloroso que ocurre una de dos cosas: ya sea que vive en su cabeza suprimiendo sus sentimientos de angustia por medio de su percepción selectiva, o viven hedonísticamente. En cualquier forma, sus vidas están tan vacías que se vuelven más infructuosas para entregar percepciones. Tiene que aumentar el nivel de dolor por la misma razón de que la existencia (evolucionar la conciencia) es ignorada a través de tal vida y las espirales de la conciencia se vuelven cada vez más pequeñas. Cuanto más aumenta el dolor, estas se vuelven a las drogas, alcohol, televisión, compras, comida, trabajo o incluso alguna forma de religión o servicio que los hace sentirse "dignos" de nuevo.

Algunos ocultan su dolor porque "Dios los abandonó" en la ira, viviendo destructivamente como burlándose de Dios. "Si no estás ahí para mí, no tiene caso ser bueno." Otros que tienen un pequeño fragmento de lo que ellos perciben como verdad, se aferran a él como a la vida en este escenario de incertidumbre. Intentan convertir a todos a lo largo del camino a su "única" verdad con una gran cantidad de fervor dogmático.

Cuáles son las percepciones que nos están indicando qué es en realidad una oración y cómo podemos ser maestros de nuestro propio destino?

Las Percepciones con respecto a la Oración:

• Como se mencionó antes, hemos estado orando a Dios el Padre, Dios el YO SOY o Dios el Creador. Este es el equivalente al cuerpo físico pidiéndole al mental o al emocional que mejoren cuando las porciones sin resolver de los cuerpos mental y emocional son la misma causa de la incomodidad física. En otras palabras, esperamos que el paciente sea el doctor.

Solución:

El comunicarnos con nuestro propio ser superior que contiene el plano de nuestras diferentes vidas es mucho más propicio para realinearnos con nuestro propósito. Sin embargo, si deseamos imponer nuestra voluntad en el camino que andamos de forma que no sirva a ese propósito, la ayuda será negada. Si nuestras oraciones son para el planeta el cual es parte del cuerpo físico de Dios, entonces el dirigir nuestra petición a los tres cuerpos superiores del Infinito, el espiritual emocional, el espiritual mental y el cuerpo espiritual (la verdadera Madre del YO SOY), es el canal más directo. Si el concepto de la Madre de Dios nos es demasiado vasto, el ser superior puede guiarnos pero de ninguna manera cambiará el plano original.

• Las oraciones pueden tomarse más tiempo de lo que nos damos cuenta porque la misma naturaleza de la palabra "densidad" denota una relación más compleja entre el tiempo y el espacio. Esto significa que el proceso por el cual se devela el propósito del infinito se desacelera y existe un espacio mucho más grande entre la causa y el efecto. La personalidad que dejó mi cuerpo el 16 de Diciembre del 2000 lo hizo para disminuir la presión (sufrimiento) en los niveles más densos de la existencia; pero como un globo que ha recibido un pinchazo en su superficie reduciendo la presión interior, aún así tiene que desinflarse gradualmente. Como ya lo hemos visto, el sufrimiento precede y provoca percepción.

De alguna manera, el desarrollo de la conciencia de la humanidad será menos dolorosa como resultado de nuestras oraciones, a pesar de que el proceso pueda tomarse más de miles o millones de años.

Solución:

Si cambiamos nuestro enfoque de la forma a la vida interior, nos liberamos de las expectativas del resultado o del tiempo. Si lo hacemos, el sufrimiento no es la verdadera tragedia sino el no hacer uso de la valiosa oportunidad que tenemos de recibir información a la que nunca antes se había tenido acceso y la que nos comprometimos a aprender. Habiendo venido al único lugar en el cosmos en donde se pueden obtener nuevas perspectivas y después no aprenderlas, coloca la carga en los demás quienes ahora tienen un doble peso con el cual lidiar.

El que adopta el desafío como el único camino para obtener este nuevo conocimiento no tiene nada por lo cual orar. El hacer a un lado los propios desafíos es el hacer a un lado el propio crecimiento. La única opción que queda es el entregarse a la vida con la mayor conciencia. Esto disminuye drásticamente el nivel de dolor requerido para producir el cambio. La vida se vuelve una danza fluida y cooperativa entre el buscador de luz y su ser superior.

• Sentimos que no podemos recibir ni escuchar orientación de los reinos superiores. En algunas instancias hasta podemos sentir como si fuera injusto nuestro sufrimiento ya que llega para llevarnos al cambio cuando esto no sería necesario si Dios tan sólo nos dijera qué hacer. Después de todo, no es nuestra obediencia o que renunciemos a nuestra voluntad lo que quiere Dios?

Solución:

Dios, en cualquier forma que se le perciba, es luz. La luz es lo conocido. Nosotros estamos explorando lo desconocido. Si lo único que Dios desea es la obediencia, se detendría todo crecimiento ya que permanecería siempre dentro del pozo de lo conocido. Veámoslo desde diferente ángulo: El Infinito tiene las herramientas para tratar sólo con lo conocido. Es por ello que el Infinito nos necesita: nosotros tratamos con lo desconocido al sentir la vida interior por dentro. A través de este sentimiento, tenemos acceso a la verdad que hay detrás de las apariencias, así que el Infinito no sólo necesita de obediencia, pero de nuestra diligencia como exploradores de la conciencia para aprender las cosas que el Infinito aún no conoce. El renunciar a nuestra voluntad para el más grande propósito de nuestro ser es inclusividad. No pedimos facilidad, sino impecabilidad de conducta. Sólo pedimos claridad para ver la opción más elevada en cada paso.

Pero cómo podemos conseguir esa claridad si no podemos escuchar?

"…no te habla con palabras para que tus oídos las escuchen, es una voz que se siente, una vibración tan dulce e inconfundible como la música de las Esferas."[11]

11 Tomado de *La Puerta de Todo* de Ruby Nelson, página 154

Las dos razones principales de nuestra inhabilidad de escuchar son el estruendo del diálogo interno en nuestras cabezas y la torpeza de nuestra capacidad para recibir estas vibraciones delicadas y refinadas debido a las emociones negativas causadas por nuestras percepciones incorrectas.

A través de una diligente recapitulación, llenando nuestros corazones con amor, alabanza, gratitud y práctica, ya no necesitamos "...*presionarnos o hacer un esfuerzo, sólo sentarnos en silencio y dejar que la Luz coherente juegue en las cansadas células del cerebro de tu mente superficial...confía, obedécele y ámala y aumentará tu receptividad.*"[11]

Pero aún cuando la sabiduría más elevada los guía, sepan que debido a que ustedes están abriendo un camino hacia lo desconocido, simplemente hay lugares en los que tienen que caminar, algunas veces con pasos vacilantes a través de territorios inexplorados en donde no hay otra guía que su sentido de lo que es la vida más enriquecedora existente. Tu puedes hacerlo con impecabilidad con un escudo de la verdad como tu protección. Ustedes han llegado hasta aquí sólo para este propósito con la afilada espada de la conciencia para cortar una ancha franja de oscuridad y convertirla en luz.

• Existe una idea equivocada general de lo que es la oración. La oración es lo que por medio de la intención, manipula o afecta a la naturaleza de la realidad. Los pensamientos caen en la reserva del corazón y combinados con la emoción, actúan sobre la sustancia de las cosas que se esperan, aquellos rayos cósmicos infinitésimamente pequeños que se convierten en átomos para formar la materia. Por tanto, los pensamientos más los sentimientos crean las circunstancias de la vida. Entonces cuál es nuestra oración más predominante, las pocas palabras pronunciadas por la noche a toda prisa o los pensamientos que ocupan nuestras mentes todo el día?

La capacidad de los seres humanos para crear su propia realidad no es un accidente; somos el microcosmos del macrocosmos con la misma capacidad creativa que el Infinito quien hizo uso del pensamiento y de la emoción para crearnos. Pero la violencia y otras negatividades del mundo del entretenimiento en el que nuestros niños crecen cargan a la mente con pensamientos negativos y crean un ambiente negativo.

Al permitir que el temor se apoye en nuestras emociones (a menudo impuesto externamente), los pensamientos y emociones negativas crean un mundo negativo.

Hemos hecho esto de forma inocente, sin darnos cuenta que somos muy poderosos. El verdadero poder del hombre ha sido oscurecido deliberadamente por quienes han representado el papel de detractores de la luz por todo lo que depende de nosotros. Muy pocos seres en el cosmos han estado conscientes de qué tan inmenso es el papel que representamos y que estaremos representando. Incluso los promotores de la luz tienen una noción del poder inherente en el hombre.

Solución:

Debido a su capacidad de flexionar la red de la interconectividad que incluye a toda vida y que crea el karma, los guerreros de la luz siempre acosan a su mente. Se esfuerzan para llenar sus mentes sólo con los pensamientos más hermosos posibles, pues es esa su oración. Ellos crean su realidad conscientemente, con reverencia y alegría.

Que tragedia que muy pocos hayan entendido el gran don de la auto-determinación otorgado a la humanidad y en su lugar se regodean en la auto-compasión y el resentimiento de que la vida no es mejor de lo que es y que algún Dios omnipotente y lejano no presta atención a sus oraciones para eliminar los resultados negativos que ellos mismos provocaron. Podemos ser el niño en términos de la descendencia creada por el Infinito, pero se nos ha dotado de todo lo que necesitamos para crecer y crear el hermoso mundo por el cual rezamos.

El Dolor Central de la Humanidad

Al enfrentar nuestros desafíos, estos se van retirando como capas de una cebolla hasta que sólo queda el centro. Casi siempre hay una cuestión personal central tanto como una racial. Nuestro contrato con el Infinito determina la cuestión personal central en cuanto a qué parte del misterio resolveremos y las piezas no resueltas, o karma, resultantes de las experiencias que hemos diseñado con el fin de aprender de nuestras perspectivas. Al revisar la cuestión racial de la humanidad, encontramos que cada individuo la enfrenta de forma algo distinta y desde una perspectiva única.

En el caso de la humanidad, estas cuestiones han sido la causa de la destrucción masiva en la superficie que parecía imposible evitar. Esta sensación de ser presa fácil esperando a que golpee la siguiente catástrofe ha creado un sentimiento de profunda vergüenza por nuestra falta de poder, ira al sentirnos atrapados en el papel de víctimas, frustración al ser incapaces de proteger a nuestros seres queridos y a la larga, una gran pena como resultado de nuestra vulnerabilidad. Nos sentimos inseguros, así que nos volvemos controladores pero esta resistencia misma a la vida nos hace vulnerables a la muerte y a la enfermedad.

Ya que muchos sienten que la vida podría ser erradicada en cualquier momento, viven hedonísticamente como si no hubiera mañana. Viven superficialmente porque la reserva de dolor interno es tan profunda que temen que cualquier otra cosa los ahogará. Ellos permanecen con la mente activa, evitando el silencio al enfrascarse en juegos de video, TV o cualquier otra cosa que los mantenga ahí. Eso a su vez, los hace incluso menos conscientes de las señales que les indican que es posible que necesiten prepararse y protegerse, así que una vez más son tomados por sorpresa. La sorpresa agota a la energía, esta es necesaria para la conciencia. Cuando la conmoción de una catástrofe agota suficiente energía, una raza o civilización completa podría caer en conciencia. Eso es precisamente lo que le ha sucedido al hombre.

Al llegar desde el futuro, las almas que encarnaron en los cuerpos de la humanidad (una "nueva" creación y una síntesis de todas las razas originales), cayeron en conciencia debido a la conmoción de la devastación catastrófica que había ocurrido. Una vez aquí, los desastres continuaron experimentándose; así como en el futuro, seres hostiles estelares introdujeron y practicaron la magia negra, perturbando la interconectividad de la vida y causando estragos. La historia oral de los Toltecas habla de cuatro grandes cataclismos que han causado un descenso de la humanidad.

El primer gran cataclismo reportado en la historia oral Tolteca ocurrió hace 1,000,000 de años, cuando la superficie de la tierra cambió drásticamente y la Atlántida emergió para convertirse en una masa de tierra importante.

Un segundo cataclismo fue el resultado de una serie de erupciones volcánicas que ocurrieron hace 800,000 años y hundieron gran parte de lo que había sido el vasto imperio de Lemuria. La Atlántida se fragmentó en multitud de islas. La tercer catástrofe ocurrió hace 200,000 años, descubriendo la tierra en el norte de Asia que había estado sumergida hasta ese punto. Las tradiciones orales dicen que la mayor calamidad de todas fue el levantamiento de los Himalayas en donde había existido una planicie muy poblada.

Hace alrededor de 75,000 años, una inclinación en el eje de la tierra provocó que una pared de agua, hielo y escombro golpeara el sur de las Américas y los restos de la Atlántida. Otra pared de agua sin hielo llegó al norte de Asia. El resultado fue el surgimiento del continente Americano de hoy en día, de la mayor parte de Asia excepto por un gran mar central y el levantamiento de gran parte de África. Australia había alcanzado su tamaño actual y la Atlántida era alrededor de dos tercios del tamaño de Australia. La Atlántida y lo que quedaba de Gondwanaland se hundió en un solo día, hace 9,564 años antes de la crucifixión de Cristo.

Este breve resumen muestra la carga de dolor que hay en la memoria del hombre. La mentalidad del estrés post-traumático que causaría que destruyamos incluso nuestro propio hábitat es el resultado de ese dolor. Sin embargo, a pesar de la devastación y sus recuerdos, la antigua sabiduría ha sobrevivido esplendorosa y brillante. Algunas veces de forma abierta, otras invisible, un pequeño grupo de Toltecas y sus descendientes se han esforzado por preservar los fragmentos restantes de ese conocimiento. Eso es todo lo que queda de la sabiduría de la Tierra Madre.

Entonces cuál es la respuesta a nuestra capacidad de prevenir tales desastres? Primero, ser capaces de desarrollar la correcta recopilación de herramientas informativas para el uso de lo conocido y lo desconocido; segundo, ser capaces de tener acceso a las otras realidades disponibles al hombre. Esto nos permite entrar y salir de las realidades como alguien iría de una habitación a otra. Este ha sido el caso con algunas tribus antiguas. Al verse amenazadas, dejaron una realidad por otra, no siendo víctimas sino maestros de su propio destino.

La Mente Silenciosa—La Llave a la Soberanía

Perder la soberanía es en proporción a entregar el control a fuentes externas. El control puede llegar a nuestras vidas como un ladrón en la noche, robando a hurtadillas nuestra libertad de elección, o puede llegar mostrando los dientes en un alarde de fuerza abrumadora.

Cada grupo de edad tiene su vulnerabilidad en particular al permitir que los demás impriman sus ideas en el psique, oscureciendo los dictados del destino.

Los niños pequeños y los más iluminados tienen una cosa en común: ellos solo saben que no saben nada. Cuanto más conscientes nos volvemos, más evidente es que estamos viviendo en un mundo de espejos, que la forma no es real y a lo que la mente no tiene acceso y los cinco sentidos. Cuando aquellos que tienen tal certeza sobre la forma en que son las cosas nos dan las respuestas, fallamos en ver que todo lo que tienen es una astilla del espejo y suponen que ellos saben. Los niños pequeños y quienes han dejado atrás la identificación del ego están en la conciencia de Dios.

En el caso de los niños muy pequeños, este estado dura alrededor de los nueve primeros meses de su vida. Para quienes están en la conciencia de Dios, el mundo interior está tan expandido que los límites ilusorios de la forma tienen poco significado; por lo tanto, ellos sólo permiten. Esto los hace estar completamente abiertos al control de otro. Mientras que sus espíritus son libres, el lado de la forma de la vida puede todavía ser controlado.

En los años de la pre-adolescencia, los niños están innatamente conectados con sus sub-personalidades. Su guerrero interno lucha por lo que quiere, ya sea un juguete o el no tener que ir a la cama.

Es un hecho que el cultivador interno cuida del niño y es uno con el niño interno y sus necesidades. Por ejemplo, el niño pide lo que desea: la galleta más grande, el lugar más suave del sillón. La guía del sabio interior revela quién es una persona "mala" y aunque la madre puede tratar de hacer que el niño sea educado con esa persona, el puede decir: "No me gusta."

La intacta unión familiar le refleja mas allá estas partes internas al niño. La madre cuida de las necesidades del niño, el padre lo protege y los abuelos tienen el tiempo de compartir su sabiduría por medio de historias de sus propias vidas.

Pero es durante estos años de pre-adolescencia que el niño se identifica con los espejos de sus sub-personalidades-su familia. A menudo un jovencito dice: "Cuando crezca quiero ser como mi Papá", cuando pretende cazar o pescar o ser un soldado como su padre. Se puede escuchar a las niñas platicar con sus muñecas en el mismo tono que utiliza su madre al hablarles a ellas y poco a poco el condicionamiento social de la familia comienza a determinar la forma en que el niño lo ve a él o a ella y al mundo. En un grado u otro, este condicionamiento lo controlará a él o a ella por el resto de su vida, a menos que el activamente se desligue.

Cuando el niño entra en la etapa de la adolescencia, se sale de la identificación con los miembros de su familia y trata de hallar su propia identidad. Ya que la humanidad como un todo no ha entendido el valor de las sub-personalidades, a menudo se alienta al adolescente a abandonarlos, provocando un gran dolor por alienarse de sus fragmentos internos.

El niño interno es rechazado pues no pertenece a la nueva identidad tentativa de la adultez emergente. El niño interno se desconecta y así el cultivador satisface al adulto emergente, lo que hace al adolescente demasiado egocéntrico.

El resultado es que los adolescentes son totalmente egoístas durante gran parte de sus años adolescentes. Debido a que el trabajo del guerrero es proteger la soberanía del individuo al cuidar de sus fronteras, cuanto más grande es el control paternal sobre la niñez, más se rebela el adolescente contra su autoridad. A menudo no entienden su propia rebelión y se sienten culpables y confundidos además del dolor de la alienación. En este torbellino la suave voz orientadora del sabio interno deja de escucharse. El resultado de esta crisis de identidad interna es que el adolescente busca su identidad en lo externo. Los medios sacan provecho de esto al publicar ciertas imágenes como algo deseable. El adolescente, perdido y separado de la guía interior y paternal, ahora puede ser controlado al buscar su identidad a través de cosas materiales tales como posesiones, marcas, etc. Los grupos de compañeros ahora se vuelven una fuente más no sólo de identidad, sino de aprobación. El niño que es criado con más desaprobación que con elogios es particularmente vulnerable al control de su grupo de compañeros.

En nuestros veintes, a medida que avanzamos hacia la adultez, encontramos el control abrumador del gobierno, de instituciones y otros sistemas que corroen la ilusión de que tenemos la libertad de formar nuestro mundo y ser lo que queremos ser. En su lugar, ahora las exigencias del mundo nos forman a nosotros. Hay facturas que pagar, solicitudes de empleo, impuestos, la necesidad de empleados.

La idea de un ser humano libre parece ser un mito cuando nos vemos controlados por las exigencias de la vida material, la esclavitud del acondicionamiento social y en el caso de una niñez dolorosa, por el dolor del pasado. En dónde puede hallarse el concepto de la libertad y vivirlo físicamente? La respuesta está en ese lugar de silencio total, el lugar donde el tiempo no existe: el punto cero.

Para quienes viven en el constante clamor de la mente, es difícil imaginar una existencia en donde el silencio es el prevalente estado de la mente. Este silencio interior es el sello de quien ya no se identifica más con el ego y la forma, sino en su lugar se ha convertido en uno con su propia identidad, un ser tan vasto como el cosmos teniendo una experiencia humana.

Durante las tres primeras fases de la conciencia de Dios (el vacío, la plenitud o éxtasis y la etapa del re-ingreso a la experiencia humana), interrumpimos nuestro silencio sólo para relacionarnos con otro. A la larga, cuando entramos a la etapa final de la evolución de la conciencia humana, el Maestro Inmortal, nuestra palabra y escritura no tienen pensamientos conscientes detrás de ellos. Incluso cuando nos relacionamos con los demás nosotros permanecemos en el silencio. Hemos entrado a lo que se le puede llamar como el vacío o el punto cero.

Dentro de esta etapa vibramos sólo con lo que es real, la vida interior. Se puede ver al mundo y a la forma por la ilusión que es y no tiene más poder sobre nosotros. Ninguna ambición o tentación terrenal puede controlarnos. Incluso el controlador más grande de todos, la muerte, debe ceder ante nosotros pues hemos dejado de oponernos a la vida.

Los pensamientos surgen como una oposición a la vida. El diálogo interno de la mente es el resultado de la percepción selectiva con el fin de evitar ver ciertos aspectos de nuestras vidas. Está dentro de la capacidad de cada buscador de la verdad el silenciar este diálogo hasta tal punto que algo tan simple como una máxima experiencia espiritual o una apreciación clave puede transfigurarnos hacia la conciencia de Dios en un instante.

Somos vulnerables a la violación de nuestras fronteras durante las primeras dos etapas de la conciencia de Dios, pero entonces pasamos de nuevo a la experiencia humana porque nos damos cuenta que nuestra contribución más valiosa con el Infinito es la lección obtenida a través de la experiencia. Una vez más protegemos nuestros "límites" del personaje que representamos en el escenario de la vida, no porque creamos que los límites sean reales, sino para que otros puedan aprender.

Para lograr esta libertad y soberanía interior, este lugar eterno y silencioso, debe aquietarse el diálogo interno que mantiene las barreras dentro de nuestra mente y que nos deja ver sólo lo que esperamos ver. Esto requiere de una perseverancia disciplinada al extraer las lecciones generadas de las experiencias pasadas.

Comenzamos con acontecimientos actuales que nos tiran y que rastrean cualquier acontecimiento similar en nuestro pasado hasta que identificamos las cuestiones subyacentes que estamos tratando de resolver por medio de la experiencia. Entonces establecemos lo que son las lecciones y los dones del acontecimiento. Apartar media hora cada noche para recapturar las lecciones del día es un buen comienzo. Entonces podrán abordarse temas más amplias durante un periodo asignado una vez a la semana.

Cuando practicamos al observar con mucho cuidado si nuestras preguntas están programadas o guiadas por la sabiduría interior y luchamos por obtener las lecciones que están ocultas dentro del dolor del pasado, nuestra mente se aquieta cada vez más. Se gasta menos energía en pensamientos enmarañados. Luego, de repente, cuando se ha acumulado una masa crítica de poder personal, nos encontramos dando ese salto hacia la libertad.

Ya no podemos ser gobernados por el temor, pues el temerle a alguien más es temerle a uno mismo. Aunque al principio pueden destruirse nuestras formas, por fin nuestros espíritus son libres. A medida que viajamos por las etapas de la conciencia de Dios hacia las de la Maestría Ascendida, al final nos volvemos libres incluso de los límites humanos y de la muerte.

Qué Importancia tiene el Silencio?

Cuál es ese lugar de no-tiempo que hay dentro del corazón humano? Es el lugar donde los maestros viven para comprimir el tiempo. Para aquellos que se encuentran en el entorno de tal persona, pareciera como si el maestro estuviera rodeado de un torbellino de caos; pero para una persona con visión limitada, el caos para otro es tan sólo un orden superior.

Muchos de nosotros pudimos experimentar la compresión de tiempo en determinado momento. Por ejemplo, cuando estamos involucrados en un accidente automovilístico, los momentos antes del impacto parecen una eternidad en la que evaluamos la seguridad de cada uno que se encuentra en el vehículo, decidimos dónde esperar el impacto y mucho más. Esta desaceleración de tiempo es lo que vivimos cuando siempre comprimimos el tiempo. Para un espectador, podría parecer como si todo estuviera ocurriendo a su paso acostumbrado; la desaceleración del tiempo es sólo una experiencia interior.

Vivir en ese lugar de no-tiempo es mucho más que sólo una técnica útil para separar los hilos de la red de la vida para una cuidadosa inspección. Es el lugar donde los pensamientos se aquietan y todas las cosas se vuelven posibles dentro de esa calma. Es la culminación implícita de las prácticas meditativas en las que la meditación se vuelve una forma de vida. Es en este lugar donde ni las cargas del ayer ni las preocupaciones del mañana nos agobian. Es verdaderamente el santo de los santos en donde la edad se detiene y donde retorna la magia de la infancia, pues también es el lugar de la inocencia.

El lugar del silencio no puede conseguirse sin razón o lógica, sino es el resultado de nuestra atención total al ahora. Es un sitio de conciencia alterada, sin limitaciones de la auto-reflexión. Es la mirilla hacia la eternidad en donde todas las cosas se vuelven igual de importantes a la vista de la perspectiva completa.

El despliegue del cosmos, como un enorme conducto toroidal rodante, es similar al creado por el corazón humano. Un corazón humano abierto forma un conducto toroidal de energía, el cual se expande a medida que nuestra compasión se vuelve más íntegra. Los pensamientos no aquietados interrumpen este despliegue en el campo de la energía del corazón al cerrarlo y sacarnos del momento.

Cuando penetramos en el momento con plena conciencia como si no existiera otro momento, el conducto toroidal de nuestro corazón se alinea con el del cosmos. Es como si hubiéramos entrado en el corazón de Dios en donde somos capaces de contribuir con el despliegue del cosmos más eficazmente utilizando las lecciones obtenidas por medio de la experiencia.

Las Herramientas del Discernimiento

Es imprescindible cultivar las herramientas que tienen acceso tanto a lo conocido como a lo desconocido. La gente que es muy buena al analizar o al tratar con lo conocido, a menudo confían sin éxito en este para abordar lo desconocido. Quienes son buenos en sentir, lo cual es una herramienta para lo desconocido, a menudo son incapaces de analizar sus sentimientos, haciéndolos inseguros de cómo actuar para responder a ellos. Cada persona debe cultivar las cuatro herramientas del discernimiento con el fin de elevar la conciencia y tener acceso a tanta realidad como sea posible.

Las Cuatro Prácticas

Existen cuatro prácticas que al incorporarlas a la vida diaria, dan paso a las cuatro herramientas de discernimiento (*Ver Figura 24, Herramientas de Discernimiento dentro de las Bandas de Compasión, y Figura 25, Prácticas para Desarrollar las Herramientas*).

1. **Despojándonos de Nuestros Puntos de Vista Mundiales**. Para descartar el acondicionamiento social que nos mantiene cautivos se requiere que rastreemos laboriosamente el motivo que hay detrás de cada acción. De esta forma, a cada momento, encontramos y nos deshacemos de las áreas de nuestras vidas que son una respuesta programada. Además, rastreamos los orígenes de cada reacción hasta que encontramos el acontecimiento original que lo lanzó. Esto debe re-capitularse (ver #2) para dar paso a las apreciaciones que liberaron su poder. El ignorante reacciona ciegamente, pero el que ha traído claridad a todas las áreas de su vida responde con maestría desde un lugar de calma y con pensamiento original.

2. **Recapitulación.** Recorremos los acontecimientos que todavía "tiran nuestras cuerdas" para encontrar la lección, el contrato, e identificar nuestro papel. Miramos con cuidado lo que nos muestran los espejos: Es algo que somos o es algo que aún tenemos que desarrollar? Es algo que juzgamos o algo que hemos entregado? Cuál es el regalo? Vemos a través de regresiones a vidas pasadas[12] qué parte del gran rompecabezas estamos tratando de resolver. Cuando recapitulamos nuestra vida cada vez más, un día nos damos cuenta que hemos logrado

12. Se explica con más detalle en *Una Vida de Milagros*.

Herramientas de Discernimiento Dentro de Las Bandas de Compasión

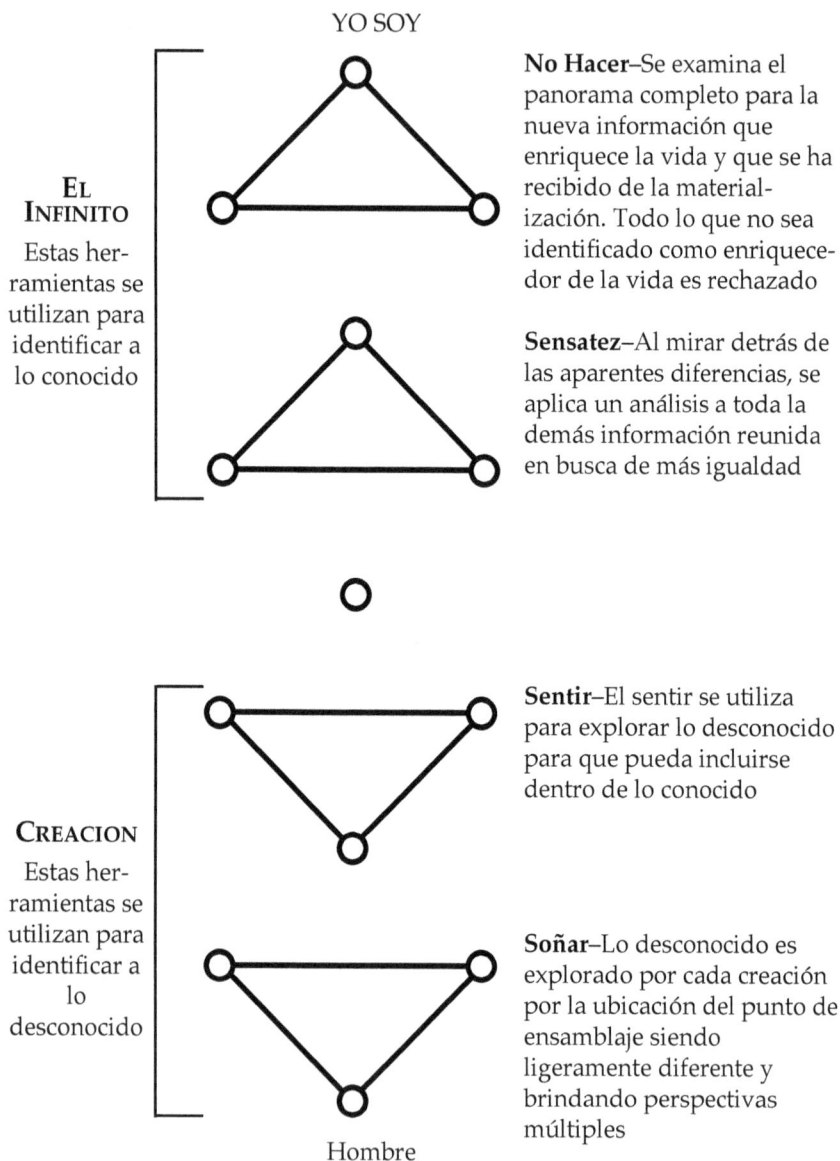

YO SOY

El Infinito

Estas herramientas se utilizan para identificar a lo conocido

No Hacer–Se examina el panorama completo para la nueva información que enriquece la vida y que se ha recibido de la material-ización. Todo lo que no sea identificado como enriquece-dor de la vida es rechazado

Sensatez–Al mirar detrás de las aparentes diferencias, se aplica un análisis a toda la demás información reunida en busca de más igualdad

Creacion

Estas herramientas se utilizan para identificar a lo desconocido

Sentir–El sentir se utiliza para explorar lo desconocido para que pueda incluirse dentro de lo conocido

Soñar–Lo desconocido es explorado por cada creación por la ubicación del punto de ensamblaje siendo ligeramente diferente y brindando perspectivas múltiples

Hombre

A las Cuatro Grandes Bandas de Compasión también se les puede llamar trinidades, ya que cada una contiene un componente positivo, negativo y neutral.

(Figura 24)

Prácticas para Desarrollar las Herramientas

Eliminando Puntos de Vista Mundiales
Descartando sistemas de creencia y
eliminando el acondicionamiento social

**Despojándose
de las Etiquetas**
Borrando nuestra
identidad

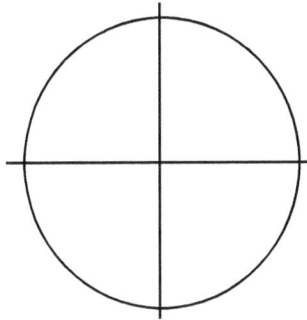

Recapitulando
Reuniendo las
lecciones de
acontecimientos
pasados causantes de
las reacciones reflejas

Fluidez
Dejando de oponerse a la
vida y viviendo el momento

Herramientas de Discernimiento

No Hacer
El arte de observar la escena global
desde una perspectiva completa

CONOCIDO

Sentir
Reuniendo señales
no-cognitivas que
proporcionan
información sobre
lo desconocido

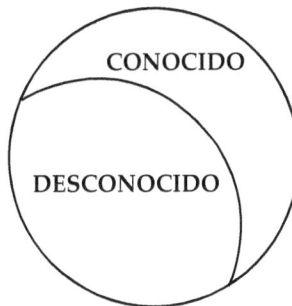

DESCONOCIDO

Sensatez
Viendo detrás de
las apariencias

Soñar
El arte de alterar la percepción a través del
movimiento del punto de ensamblaje

(Figura 25)

297

un milagro: el diálogo interno de la mente se ha abierto camino hacia el silencio y dentro del silencio todas las cosas son posibles.

3. **Eliminando** nuestra identidad personal. Hemos quedado atrapados por etiquetas que otros nos imponen y por aquellos a quienes nos entregamos. Estas cajas en nuestra mente crean puntos ciegos y un sentimiento oscuro puro. Los eliminamos al observar cuál de nuestros papeles creemos que es nuestra identidad.

4. **Cultivando** la fluidez. Hacemos esto al dejar de oponernos a la vida. Cultivamos una actitud que fluye con los cambios que llegan a nosotros. Cuando nos deshacemos de actitudes rígidas al extender nuestra zona de conforte un poco más cada día y viviendo con una concentración total en el momento. La actitud de la fluidez viaja ligera por la vida, dejando atrás las cargas de los momentos pasados y sólo conservando las apreciaciones. La fluidez coopera plenamente con la vida, aliviada por el peso de la auto-reflexión y capaz de cambiar de dirección en cualquier momento.

Las Cuatro Herramientas Principales del Discernimiento

1. **Soñar** es el resultado de un movimiento sostenido del punto de ensamblaje y se utiliza para discernir lo desconocido. Durante el sueño, el punto de ensamblaje se mueve a una determinada posición y los símbolos resultantes son medios para interpretar lo desconocido. Durante la meditación también mantenemos un ligero cambio y se presentan las respuestas sobre lo desconocido de manera sutil. Pero el verdadero poder detrás de esta increíble herramienta sólo se manifiesta una vez que hemos silenciado el diálogo interno dentro de nuestra mente. A este

nivel de conciencia, moverse hacia dentro y hacia afuera de la percepción alterada se vuelve algo natural.

2. **Sentir.** Es imperativo que al hacer uso de las siguientes dos herramientas se haga lo más objetivo posible, así como esta y la anterior. A través de esta herramienta se tiene acceso a lo desconocido por medio de las impresiones no-cognitivas sobre la vida interior. Para no quedar atrapados en el mundo de los espejos o las apariencias, nuestra primera evaluación de todo se hace con el sueño. Entonces se reúnen más impresiones con esta herramienta. No teniendo ya ninguna etiqueta que sustentar, no estamos comprometidos a estar en lo correcto, sólo en aprender el propósito de la vida interior conforme se desenvuelve ante nosotros. Por ende, notamos cualquier matiz que podamos recopilar a través de nuestros sentimientos. El sentirse como una herramienta para tener acceso a lo desconocido es fiable una vez que se ha ido toda identidad personal.

3. **Sensatez.** Esta es la capacidad de ver detrás de las apariencias y más allá de lo obvio. La sensatez es una herramienta para lo conocido. Sabemos que el valor nominal de cualquier cosa oculta lo que en realidad está sucediendo, aquello que es el propósito de la vida interior escondiéndose dentro de la forma. El análisis cuidadoso que es parte de la sensatez incluye el buscar cualquier símbolo en el entorno que refleje el verdadero significado del acontecimiento y analizar la información no-cognitiva de las dos herramientas anteriores. Cuando utilizamos la sensatez para obtener una respuesta tal como qué decisión tomar sobre un serie de hechos conocidos, planteamos la pregunta con claridad y entonces observamos lo que aparece en el horizonte de nuestra experiencia. Quizá estuvimos a punto de pararnos sobre una serpiente muerta. Nos damos cuenta que la

serpiente representa la sabiduría y estuvimos a punto de pisar donde la sabiduría está muerta. La sensatez es una herramienta para lo conocido.

4. **No hacer o la Visión de Águila.** Utilizamos esta herramienta para evaluar lo conocido, muy parecido a como hace el águila cuando vuela sobre el valle en lo alto en busca de cada detalle, pero también viendo el panorama completo. Nos ayuda a salirnos de los acontecimientos para poder ser completamente objetivos en nuestra evaluación. Esto también asegura que ni siquiera en el calor de la batalla perdemos la perspectiva que garantiza que actuamos de forma impecable. Todos somos igual de importantes desde la perspectiva del águila.

No hacer es como entrelazar en detalle el análisis obtenido de la herramienta anterior, la sensatez, para formar un rompecabezas parcialmente armado y entonces deducir el resto del panorama. Los hombres y mujeres de visión que han dominado este arte han sido los que han estado progresando antes de tiempo en lo que han vivido.

No sólo estas cuatro herramientas nos ayudan a estar lo más consciente posible para evitar ser tomados por sorpresa, sino nos ayudan a obtener las apreciaciones que silenciarán a la mente.

Existen treinta y dos realidades disponibles para el hombre: 10 realizadas manteniendo un cambio completo del punto de ensamblaje y 22 son el resultado de cambios parciales. Dentro del silencio de la mente radica la capacidad de llevar a cabo estos cambios y deslizarse hacia adentro y hacia afuera de esta realidad. Con suficiente poder personal, ustedes incluso pueden llevar con ustedes a los demás como lo hicieron los antiguos Incas o los Anasazi, por ejemplo.

Ya sea que utilicemos estas herramientas para propósitos místicos profundos como realidades cambiantes, como medio de silenciar la mente al obtener apreciaciones de la experiencia o para ayudarnos a interpretar la realidad, encontraremos que estas nos han liberado de los espejos.

Ya no esperaremos a que sucedan las catástrofes con desesperada impotencia. Ya no somos cautivos de la tiranía de los acontecimientos imprevistos. Nos hemos convertido en seres libres del cosmos y después de vivir una vida en disciplina y alegría, deslicémonos más allá del más grande tirano de todos…la muerte.

Deber

El primer deber y responsabilidad más importante que nos comprometimos a cumplir es ese contrato que hicimos con el Infinito en el ocaso de la Creación en lo que respecta a qué parte del misterio del ser resolveremos. Como nuestro ser superior diseña nuestras experiencias, esta tarea y obligación sagrada es el factor determinante para toda y cada vida.

No se desperdicia ni siquiera la partícula más pequeña de energía o experiencia; todas las cosas existen para evolucionar a la conciencia. La ira de Lucifer se utiliza para facilitar el descenso de la luz a la materia. Incluso los puntos ciegos que tenemos y que crearon consecuencias kármicas se utilizan como espejos no sólo para que los veamos nosotros, sino también para que los demás experimenten los espejos de sus destinos o contratos.

Nuestros contratos con el Infinito a los que llamamos destinos, tocan las densidades de los demás exactamente de la misma forma que los pentágonos se tocan entre sí para formar un dodecaedro, como la superficie de un balón de soccer. Hay normalmente otros cinco que tocan vida tras vida de cada persona. Por ejemplo, Jane pudiera tener como su obligación el resolver cómo el sufrimiento puede causar que mejore el aprendizaje contra la pérdida de conciencia. Peter pudiera estudiar cómo se puede unir el espacio de la percepción entre una víctima y un perpetrador. Ellos pueden descubrir que están encarnando juntos, reflejando varios papeles entre sí vida tras vida.

Nuestros seres superiores reciben el panorama completo de por qué estamos entrando a la Creación (nuestros destinos) desde nuestro ser superior (nuestra individuación dentro del Creador) y saber qué es lo que necesitamos llevar a cabo durante nuestras encarnaciones. Los papeles que representamos están diseñados para cumplir con nuestros contratos. El desear el papel de alguien más es algo imprudente que va más allá de la comprensión si lo vemos desde esta perspectiva. En ocasiones luchamos tanto contra el oponernos a nuestras vidas cuando nosotros mismos diseñamos cada minuto para maximizar nuestras oportunidades de obtener esas apreciaciones que son necesarias para nuestro destino.

El sentido equivocado del deber que la mayoría de la gente tiene es el resultado de creer que los espejos de la vida son reales. Ellos entregan sus alianzas a los sistemas de creencia que aprisionan al hombre y atan al progreso, a cambio de ese sentido de pertenencia que alivia temporalmente el dolor de la alienación de su divinidad interior.

Cuando vivimos menos que nuestra verdad más elevada, también impedimos el crecimiento de los demás en nuestra familia álmica con quien hemos estado encarnando. Cuando aceptamos lo inaceptable o cubrimos y compensamos los errores de los demás, este sentido equivocado de la obligación evita que tanto ellos como nosotros crezcamos. Al preguntar dónde está nuestra más alta obligación, la respuesta siempre será la misma: con aquello que promueve la evolución de la vida interior. Ya sea doloroso o placentero, este criterio nos permite cumplir con nuestro llamado superior todo el tiempo.

La Esclavitud de la Oscuridad

Una percepción distorsionada produce una emoción distorsionada. Cuando se distorsiona la emoción de la experiencia que no ha dado sus lecciones, a su vez distorsiona la percepción actual. Por lo tanto, ocurre una espiral hacia abajo que oscurece la visión más alta a tal grado que incluso los impulsos innatos se tuercen.

Impulsos innatos, o la sabiduría instintiva del hombre, reciben su sabiduría de la rejilla de las especies. Cada especie cuenta con una matriz geométrica de líneas de luz que les da dirección con respecto al cumplimiento del destino de esa especie. Piensen en ello como el sistema guía que se activa cuando un individuo pierde su camino. En las siete direcciones, esta parte del psique es la dirección de abajo. Cuando un individuo gira hacia abajo en un vórtice de confusión e ilusión, los mensajes básicos que le dicen cómo ser también están distorsionados. El instinto básico de un ser humano susurra suavemente sobre un lejano destino mucho más grande de lo que parece. Este empuja al hombre hacia el conocimiento de que incluso una acción insignificante en apariencia puede ser el eje sobre el cual el destino se balancea. Visto a través de la distorsión, tal impulso puede ocasionar que la persona busque el empoderamiento por medio del uso de la magia negra. La magia negra, el uso de la magia del primer anillo[13] con propósitos para destruir la vida, no requiere del acumulamiento de poder personal a través de la percepción. Como consecuencia, no

---

13. La magia del primer anillo utiliza técnicas externas, mientras que la del segundo anillo manipula la realidad a través de tecnología interna y del poder de la intención.

contiene una lección que lo acompañe para aconsejar sobre su uso. Es una habilidad del hemisferio izquierdo que cualquiera que tenga un maestro puede adquirir a cierto grado. Una pequeña acción puede provocar un enorme daño (qué tan grande, depende del nivel de habilidad) y así el mago negro puede sentir el empoderamiento para impactar la vida. Es una percepción distorsionada e invertida del destino del hombre.

Cualquier intento por hacerle daño a la vida o ejercer nuestra voluntad de esta forma sobre el desarrollo del destino distorsiona la red de la vida y el practicante crea karma. Esto trae más hechizos y maldiciones de vuelta hacia él, distorsionando más su percepción. En muchos casos, un hechizo es una jaula distorsionada de luz colocada alrededor de alguien más.

Cuanto menos puedan ver los magos negros, menos son capaces de cambiar hasta que quedan atrapados en una red de su propia creación. El dolor es una fuerza que los esfuerza hacia un cambio, cada vez se agrava más. Para escapar de ello, se mueven más y más dentro de sus mentes, aumentando su percepción selectiva que los previene de ver cómo pueden revertir su espiral descendente, disminuyendo su capacidad de sentir algo. Entonces quedan atrapados, incapaces de recibir orientación mientras que acumulan cada vez más karma doloroso. El destino de los magos negros y su espiral descendente puede aplicarse fácilmente a cualquiera que cometa actos hostiles inconcebibles contra la humanidad y la naturaleza. Los promotores de la luz encuentran perpetradores de todo tipo en varias vidas que los dejan destrozados o conmocionados. Resulta muy difícil comprender lo que no está en el interior.

La ira es un resultado natural de la luz reprimida y sirve para romper con patrones decadentes o estancados. Una ira enorme e incontrolable puede bien ser el último intento de un perpetrador para liberarse del engrosamiento de la prisión que él mismo se ha formado. Mientras el pueda sentir, al menos puede saber que está vivo y que aún queda un rayo de esperanza; pero para los puros de corazón, un muro de ira puede ser devastador. Por qué manifestaríamos tal oscuridad en las vidas dedicadas a alcanzar la luz?

Ya que podemos ver desde una perspectiva más elevada y a que sentimos una profunda compasión por toda vida, toleramos su presencia en nuestras vidas con el fin de entender la causa de tal descenso hacia la oscuridad. La evolución de la conciencia requiere de ciertas experiencias para explorar ciertos fragmentos del ser Infinito. Si obtenemos esas apreciaciones para los demás, sus experiencias dolorosas no son un desperdicio y nosotros los elevamos de su rueda suave y compasivamente. Ahora ellos se liberan para explorar con mayor productividad otras porciones del misterio.

El karma no toma represalias; es meramente un punto ciego suplicando por una resolución por medio de lecciones impartiendo experiencia. Al obtener lecciones en nombre de quienes luchan con la oscuridad, ayudamos a remover su karma por medio de la gracia. Nos convertimos en un salvador para los demás en el verdadero sentido de la palabra. En cambio, nuestra propia luz aumenta.

Cuando por fin expandimos nuestra visión a tal grado que podemos ver a esas almas por lo que realmente son, la gratitud inunda nuestro corazón y nos puede elevar hacia la ascensión. Si se tuvo que representar dicho papel para producir lecciones determinadas, estos acosados han asumido el papel de un triste descenso de una creencia en el propósito del Infinito. Ellos también lo llevaron a cabo para que nosotros no lo hiciéramos. Quizás durante muchas vidas todo lo que pudimos ver fue la auto-lástima de nuestro papel como víctima y ellos tenían que repetir su papel como perpetradores, confiando en que al final nosotros aprenderíamos las lecciones y los elevaríamos de nuevo.

Siendo el Uno expresándose como el Colectivo, hemos venido del amor. Incluso cuando miramos los lugares oscuros dentro de la Creación, todo lo que encontramos allá a la larga es amor.

El Pensamiento Original– La Contraseña hacia las Estrellas

En la conciencia de la separación, la forma más dominante es la Conciencia Evolutiva. La evolución de la conciencia se lleva a cabo por medio de ciclos de desafío que progresan a través de tres etapas definidas de transformación, transmutación y transfiguración. Durante estos ciclos se maximizan las oportunidades de aprendizaje por la presencia de una gran cantidad de oposición y la naturaleza repetitiva de los ciclos que se aseguran que aprendamos al presentar los desafíos una y otra vez hasta que obtengamos sus lecciones.

En la conciencia de Dios, se experimenta en su totalidad la extensa visión que llega como el don de la Conciencia Inherente. Esta conciencia que se origina dentro del Infinito viaja hacia afuera en una línea recta que presenta muy pocas oportunidades, motivo por el que el Infinito formó la Creación (en donde se origina la Conciencia Evolutiva) para reunir sus lecciones. Si alguien que está en la conciencia de Dios permanece en el éxtasis, el crecimiento se detiene. El desafío es el re-ingresar a la condición humana y representar a los ciclos de la experiencia mientras se conserva la visión completa. Esta combinación de Conciencia Inherente y Evolutiva es esencial para progresar hacia la etapa final de la evolución humana: la Maestría Ascendida.

Antes de entrar a la conciencia de Dios, toda programación del pasado se limpia al silenciarse la mente. El desafío se convierte en eso; al borrar las antiguas formas de pensamiento, no llenamos el vacío resultante de la mente con nuevos apuntes de nuestro entorno. Para un maestro que está en la conciencia de Dios, existe la tendencia de sólo permitir; permitir que influencias externas nos digan cómo actuar.

Durante la tercera fase de la conciencia de Dios, es primordial que el maestro acepte el hecho de que quienes están ansiosos de decirle al maestro cómo actuar sólo pueden ver los espejos, mientras que el maestro ahora sirve sólo a la vida interior. Si el maestro resiste la tentación de permitir que otros controlen su vida y que establezcan de nuevo límites para que los demás puedan aprender, entonces puede progresar hacia la Maestría Ascendida.

Durante la Maestría Ascendida el significado del verdadero genio se vuelve aparente, pues el maestro entra en la fuente de todo conocimiento: la Conciencia Original. La Maestría Ascendida es la última etapa antes de que entremos al reino de Dios, capaces de emitir la orden: "Que haya luz" y que así sea. Como vehículos de la voluntad del Infinito, no podemos recibir indicaciones de los espejos en nuestro entorno, sino en su lugar debemos abrirnos al flujo puro y firme de la información proveniente de la Fuente a través de la Conciencia Original, esa conciencia en forma de arco que produce un pensamiento verdadero y original. Sólo cuando permitimos que este inunde nuestro ser, es cuando nos convertimos en co-creadores con lo Divino y tomamos el manto de la responsabilidad del uno que se ha convertido en el YO SOY LO QUE SOY.

Al referirse a sí mismo en busca de aprobación y ya no participar en los mezquinos juegos de los demás para calmar a quienes tienen una percepción menor, el maestro se convierte en la gloria del cosmos: un ser soberano y auto-dependiente. El destino del maestro ahora puede llegar a una realización plena pues toma su lugar como uno de los de los guías entre las estrellas, una luz hacia toda vida y una joya en la corona del Dios Viviente.

Cierre

Me he maravillado con las revelaciones de estos profundos misterios de la creación conforme se han desarrollado a lo largo de la escritura de este libro. Estoy impresionada ante la perfección y la sabiduría infinita que gobierna a toda vida. Se ha derramado esta gran luz desde el silencio de la Fuente en el magnífico destino y los orígenes del hombre.

Estoy humildemente agradecida por estos vislumbres de eternidad que se me ha permitido experimentar y transcribir. Pueden compartirse tantas visiones magníficas? Sentirán su gloria como yo la siento aquellos que sean guiados a buscar este libro? Pero entonces yo los siento presentes a mi alrededor a quienes leerán estas grandes verdades, conforme mi pluma fluye por el papel y sé que son ustedes quienes están evocando esta información. Son ustedes quienes se rehúsan a aceptar las respuestas trilladas y las explicaciones impecablemente empaquetadas que las nobles palabras han hecho apetecibles. La pureza de sus espíritus ha reclamado que se quite el velo y que se revele la verdad del cosmos.

Aquellos hijos e hijas de la luz que han llegado a la tierra para ser los guías, han venido juntos a través del tiempo y el espacio desde los primeros instantes de la vida creada para encontrarse en este planeta y dar vuelta a las llaves que darán comienzo al viaje hacia el hogar, de vuelta al corazón de Dios. Se me ha llamado para la tarea específica de tocar los corazones de quienes son pilares del templo, de quienes sostienen a la humanidad por la luz de su presencia ahora y en el futuro.

A ustedes mi amada familia, dedico este libro. Que sus corazones reconozcan los muchos niveles de luz que este imparte. Que ustedes y yo llevemos más luz al futuro para poder llenar la tierra con esperanza y paz y dejar el camino hacia un nuevo mañana.

Oración

Gran Dios de Luz, en quien moramos y tenemos nuestro ser, llena nuestros corazones de valor nacido de la visión y a partir de este valor podamos sacar la fuerza para entregarnos al desplegar de nuestras vidas, confiando donde no podemos ver, en la perfección de tu plan.

A ti, la gloria por los siglos de los siglos, Amén.

Otros Libros de Almine

Una Vida de Milagros

La segunda edición ampliada **incluye una sección prima de Belvaspata**

Se trazan las habilidades y el conocimiento espiritual que Almine desarrolló durante su niñez en Sud-Africa hasta que surgió como una mística, para consagrar sus dones en apoyo de toda la humanidad. Profundamente inspiradora y única en su comparación de la relación del hombre como el microcosmos del macrocosmos. Una guía detallada para vivir una vida alegre y balanceada y provee una guía cuidadosamente trazada para lograr un destino magnífico que espera en la cúspide de la experiencia humana: Ascensión.

Publicado: 2009, 314 páginas, cubierta suave, 6 x 9, ISBN: 978-1934070-14-7

www.ingramcontent.com/pod-product-compliance
Lightning Source LLC
Chambersburg PA
CBHW060247100426
42742CB00011B/1665